Sobre a certeza

FÓSFORO

LUDWIG WITTGENSTEIN

Sobre a certeza

*Tradução, organização, apresentação
e vocabulário crítico*
GIOVANE RODRIGUES E TIAGO TRANJAN

Posfácio
PAULO ESTRELLA FARIA

7   APRESENTAÇÃO
    Giovane Rodrigues e Tiago Tranjan

19 Sobre a certeza

223 POSFÁCIO
    Uma investigação lógica
    Paulo Estrella Faria

267 VOCABULÁRIO CRÍTICO

301 ÍNDICE REMISSIVO

Apresentação

As observações filosóficas que compõem o *Sobre a certeza* foram as últimas escritas por Wittgenstein e, em seu conjunto, formam o texto mais representativo do período final de seu pensamento. Nesta apresentação, pretendemos contextualizar o complexo trabalho editorial envolvido na publicação da obra. Além disso, indicaremos algumas das dificuldades de sua tradução, apontando as diretrizes gerais adotadas por nós nesse processo.

A PERIODIZAÇÃO DAS OBRAS DE WITTGENSTEIN

Para ver em que medida o *Sobre a certeza* é, rigorosamente, o último escrito de Ludwig Wittgenstein, vale retomar a periodização de suas obras, costumeiramente divididas em três fases. A primeira delas vai de 1913, quando Wittgenstein escreve a primeira resenha em Cambridge, até a publicação do *Tractatus Logico-Philosophicus* (1921-22), momento em que ele abandona a filosofia e retorna à Áustria.[1] A segunda fase, conhecida como "período intermediário", vai de 1929, data de seu retorno a Cambridge, até 1936,[2] quando escreve o início das *Investigações filosóficas*, sua obra principal. Finalmente, o período de maturidade é aquele que vai de 1936 até a morte, em abril de 1951. Relativamente a esse período de maturidade, porém, cabem distinções relevantes.

Note-se, a esse respeito, que após a conclusão das *Investigações filosóficas*, em 1946,[3] Wittgenstein passou a trilhar "novas direções", o que dá margem a que se fale em um "terceiro Wittgenstein", na medida em que se teria produzido, aqui, uma filosofia com elementos suficientemente novos em relação àqueles apresentados nas *Investigações*.[4] Com isso, o ano de 1946 pas-

---

1. Além do *Tractatus*, os textos mais relevantes do período são as "Notas sobre lógica" (1913), as "Notas ditadas a G. E. Moore" (1914), os *Diários* (1914-16) e o *Prototractatus*, texto descoberto em 1965 que contém a primeira versão do *Tractatus*. A resenha mencionada, primeiro escrito filosófico de Wittgenstein, foi publicada em março de 1913 na revista *Cambridge Review* (v. 34, n. 853, p. 351), quando ele tinha 23 anos.

2. Os textos mais relevantes desse período foram publicados como *Observações filosóficas* (1930), *Big Typescript* (1933), *Gramática filosófica* (1933-34), *Livro azul* (1933-34), *Livro marrom* (1934-35), *Uma consideração filosófica* (1936) e *Movimentos de pensamento (Diários de 1930-2/1936-7)*. Destacam-se, ainda, alguns escritos de menor extensão, como as "Observações sobre a forma lógica" (1929), "Uma conferência sobre ética" (1929) e as "Observações sobre O ramo de ouro de Frazer" (1931, com retomada posterior a 1936).

3. Para além das *Investigações filosóficas*, entre 1936 e 1946 Wittgenstein produziu vasto material sobre a filosofia da matemática, boa parte do qual foi publicado nas *Observações sobre os fundamentos da matemática*.

4. A expressão "terceiro Wittgenstein" foi introduzida por Danièle Moyal--Sharrock, em uma influente coletânea de textos que editou em 2004. Ali, ela comenta: "Onde começa o corpus do terceiro Wittgenstein? A partir da segunda parte das *Investigações filosóficas*, a maior parte da qual foi escrita entre 1946 e 1949". (*The Third Wittgenstein*. Farnham, RU: Ashgate Publishing, 2004, p. 1.) Ela prossegue lembrando que essa suposta segunda parte não pertence ao conjunto das *Investigações*, opinião em que concorda com G. H. von Wright. É deste, aliás, a afirmação de que Wittgenstein tomou "novas direções" a partir de 1946.

saria a marcar uma cisão no interior do período de maturidade. Mas, também em relação a esse "terceiro Wittgenstein", dois momentos podem ainda ser destacados. Em primeiro lugar, o período que vai de 1946 até a metade de 1949, época em que Wittgenstein se dedicou quase exclusivamente à "filosofia da psicologia".[5] E, em segundo lugar, o período que vai do final de 1949 a abril de 1951, quando é produzido o material publicado no *Sobre a certeza*.

OS MANUSCRITOS DO ÚLTIMO PERÍODO (1949-51)

Esse último período tem especificidades que merecem ser destacadas. Do ponto de vista estritamente editorial, a mais notável delas é que todo o material de que dispomos aqui é exclusivamente manuscrito; ou seja, esses textos se mantiveram na primeira etapa do método usual de composição de Wittgenstein — que costumava transcrever suas primeiras anotações em novos cadernos, selecionando-as e polindo-as, e depois ditar esse material a um datilógrafo para compor tiposcritos, os quais, por sua vez, seriam recortados e reorganizados em novos tiposcritos que, finalmente, chegariam a um formato próximo ao de um livro. Não foi assim, porém, que as coisas se passaram nos últimos dois anos da produção de Wittgenstein. Dadas as circunstâncias biográficas e a velocidade com que escrevia, suas últimas observações filosóficas encontram-se exclusivamente em oito pequenos cadernos (MSS 169-171 e

---

[5]. Desses anos resultaram as *Observações sobre a filosofia da psicologia*, volumes I e II; a suposta "parte II" das *Investigações filosóficas*, hoje mais propriamente publicada como *Filosofia da psicologia: um fragmento*; as *Zettel* (conjunto de recortes de seus tiposcritos, mantidos separados em uma caixa); e o primeiro volume dos *Últimos escritos sobre a filosofia da psicologia*.

173-177) e em um calhamaço de folhas de almaço (MS 172).[6] A partir desses escritos, os herdeiros literários de Wittgenstein editaram três livros: *Sobre a certeza*, *Observações sobre as cores* e o segundo volume dos *Últimos escritos sobre a filosofia da psicologia*.[7] O modo como esse material foi distribuído em cada um desses volumes dependeu, em última instância, das decisões editoriais dos herdeiros literários. Essa tarefa mostrou-se complicada pelo fato de que Wittgenstein frequentemente usou os mesmos cadernos para tratar de temas distintos, e cadernos distintos para tratar de um mesmo tema, sem indicar explicitamente aquelas que seriam as principais linhas de continuidade de sua reflexão.[8] No entanto, apesar de alguma inevitável sobreposição, a divisão temática é, de modo geral, bastante discernível. Além disso, as principais dúvidas que podem subsistir quanto à alocação das passagens em um ou outro volume dizem respeito aos dois últimos, e não ao *Sobre a certeza*. Ou seja, apesar da necessidade de alguma intervenção editorial, a unidade temática e a continuidade dos textos que compõem essa obra é suficientemente clara.[9]

6. Segundo a catalogação usual do espólio de Wittgenstein, os manuscritos são referidos como "MS", e os textos datilografados, ou tiposcritos, como TS.

7. Publicados em 1969, 1977 e 1992, respectivamente.

8. Para orientação do leitor, indicamos em anexo, ao final desta apresentação, o modo como esses manuscritos foram utilizados nas publicações correspondentes.

9. A história da edição dos últimos manuscritos, incluindo a discussão entre os editores acerca da eventual publicação de todo esse material como um único volume, pode ser consultada no artigo de Lassi Jakola, "G. H. von Wright's Unpublished Edition of Wittgenstein's 'Last Writings': Editors' Preface and Other Materials, c. 1967-8" (*Nordic Wittgenstein Review*, v. 10, 2021, pp. 51-95). Outra importante fonte de consulta para essas questões se encontra em Anja Weiberg e Stefan Majetschak (Orgs.), *Wittgenstein-Handbuch: Leben — Werk — Wirkung*. Berlim: J. B. Metzler, 2022.

A respeito da unidade do *Sobre a certeza*, há um último aspecto importante a comentar. A partir da datação dos manuscritos, é possível encontrar uma divisão natural do livro em três seções. A primeira corresponde ao MS 172 (§§1-65), escrito em Viena, onde Wittgenstein esteve entre o Natal de 1949 e abril do ano seguinte. Já entre abril de 1950 e fevereiro de 1951, ele viveu em Oxford, na casa de sua aluna e futura editora, Gertrude Anscombe. Foi nesse período que escreveu a segunda seção do livro, extraída dos MSS 174 e 175 (§§66-299). Vale notar que a data da última entrada dessa seção é 23 de setembro de 1950, pouco antes de sua derradeira viagem à Noruega. Finalmente a terceira seção, extraída dos MSS 175, 176 e 177 (§§300-676), foi escrita entre os dias 10 de março e 27 de abril de 1951, período em que o autor, já bastante enfermo, morou na casa de seu médico, dr. Edward Bevan, onde viria a morrer no dia 29 de abril. Há, portanto, um hiato de quase seis meses entre o fim da segunda seção e o início da terceira, período em que Wittgenstein se sentia incapacitado para escrever. O retorno à atividade filosófica nos últimos dois meses de vida — na verdade, os últimos 48 dias — ajuda não apenas a identificar o início dessa última seção, mas também a dimensionar a velocidade e a intensidade com que Wittgenstein escreveu suas últimas observações filosóficas, o que confere certo caráter dramático à última metade de seu último livro.

OS CRITÉRIOS EDITORIAIS DA PRESENTE EDIÇÃO

Como já mencionamos, as condições em que o *Sobre a certeza* foi escrito não permitiram o procedimento usual a que Wittgenstein submetia seus textos. Isso não significa, porém, que ele não os tenha revisado. Ao longo de todos os manuscritos encontram-se inúmeras alterações e variantes, algumas delas claramente marcadas como preferidas por Wittgenstein, outras apenas indicadas como alternativas, provavelmente para que mais tarde ele próprio decidisse pela melhor solução. Nesses casos, a decisão coube aos editores.

Os primeiros editores da obra — a já citada G. E. M. Anscombe e outro aluno de Wittgenstein, G. H. von Wright — foram bastante criteriosos, mas não ofereceram quase nenhuma orientação ao leitor a respeito de quando tiveram de fazer escolhas, nem de quais foram elas. Ao publicar o livro, em 1969, eles preferiram produzir um texto fluente, dando ao leitor a deliberada impressão de que o *Sobre a certeza* é, propriamente, um *livro* de Wittgenstein. A opção editorial diametralmente oposta a essa deveria apresentar todas as variantes, hesitações, interpolações e inserções que dariam ao leitor uma visão mais realista a respeito do estado dos manuscritos, oferecendo-lhe, contudo, um texto de difícil leitura. O caminho adotado na presente edição foi um meio-termo. Nosso ponto de partida foi o texto estabelecido por Anscombe e Von Wright, garantindo assim uma leitura fluente, que faz justiça ao caráter impressionantemente acabado da obra (dadas as condições de sua composição). Ao mesmo tempo, indicamos em nota um grande número de variantes — mas apenas nos casos em que elas nos pareceram lançar luz sobre o processo criativo de Wittgenstein, ou quando esclareciam, a partir do que se deixava de lado, o sentido do texto principal.

Dito isso, vale a pena indicar os tipos de decisão que tivemos de tomar.

1) Há uma variedade de casos em que Wittgenstein escreve alternativas aos termos, expressões ou frases usados inicialmente por ele, mas *sem riscar a primeira redação*. Por vezes essas alternativas aparecem acima da primeira redação, por vezes na sequência do texto, com a variante separada por bar-

ras duplas (///). Em casos como esses, a opção de Anscombe e Von Wright é, na maioria das vezes (embora não sempre), adotar a alternativa sobrescrita ou, quando separada por barras, a segunda alternativa. Em geral, seguimos a decisão dos primeiros editores. Em uma quantidade significativa desses casos (aqueles que nos pareceram ser de interesse filosófico ou hermenêutico ao leitor), indicamos a alternativa em nota, informando se é a primeira ou a segunda versão escrita por Wittgenstein. Em um número relativamente pequeno de casos (§§24, 130, 204, 382, 459 e 494), não acatamos a opção de Anscombe e Von Wright; nessas ocasiões, alteramos o texto principal e indicamos a alternativa em nota, informando não apenas nossa discordância com os primeiros editores, mas também, como nos casos anteriores, se é a primeira ou a segunda versão escrita por Wittgenstein.

2) Há uma variedade de casos em que Wittgenstein escreve uma alternativa acima ou na sequência de determinada expressão ou frase, *riscando a primeira redação*. Sem exceção, Anscombe e Von Wright adotam a versão não riscada, no que os seguimos. Optamos por indicar em nota a variante abandonada por Wittgenstein quando a primeira redação esclarece uma passagem particularmente difícil ou quando há interesse filosófico no fato de que aquela expressão ou frase em específico tenha sido recusada naquela posição.

3) Indicamos os dois casos de parágrafos que, embora riscados nos manuscritos, foram mantidos na edição de Anscombe e Von Wright (§§205 e 271).

4) Apresentamos em notas de rodapé os trechos que, embora ocorram em passagens claramente pertencentes ao *Sobre a certeza*, foram omitidos na edição de Anscombe e Von Wright (ver notas aos §§52, 65 e 371 e a nota entre os §§299 e 300; vale observar que os textos acrescentados nas notas aos §§360, 386

e 535 já apareciam nas *Observações variadas*).¹⁰ Note-se finalmente que há um longo trecho do MS 176 (pp. 46-51) que não foi publicado no *Sobre a certeza* por pertencer claramente à temática da "filosofia da psicologia", sendo por isso incluído nos *Últimos escritos*..., v. II, como seção VI.

5) Frequentemente Wittgenstein insere determinado termo ou expressão no meio de um trecho. Embora na maioria dos casos não seja possível determinar se a inserção foi feita logo após a escrita da frase ou apenas numa releitura, sempre que a inserção representa um acréscimo relevante à ideia sendo expressada, decidimos indicar em nota que se trata de uma inserção posterior.

6) Em alguns casos, optamos por corrigir a transcrição adotada pelos primeiros editores (§§34, 198, 308, 472 e 558); em outros, concordamos com as correções feitas por eles aos manuscritos e indicamos a ocorrência em nota (§§338 e 520).

7) Corrigimos acréscimos indevidos de aspas (§62), reticências (§61), pontos de interrogação (§75) e palavras (§497) pelos primeiros editores; e indicamos em notas os acréscimos, também feitos por eles, que nos pareceram devidos (§§357 e 417).

8) Acrescentamos grifos (§§24, 110, 149, 224, 431, 432, 506, 588 e 656), aspas (§§4, 203 e 634), parênteses (§461) e reticências (§8) presentes nos manuscritos, mas ignorados pelos primeiros editores. Travessões presentes nos manuscritos, mas ignorados na primeira edição, foram reintroduzidos, mas sem indicação em notas de rodapé.

---

10. Obra editada em 1977 por G. H. von Wright em colaboração com Heikki Nyman, com o título original de *Vermischte Bemerkungen*, e traduzida por Peter Winch, na edição bilíngue canônica de 1980, como *Culture and Value* [Cultura e valor]. Trata-se de uma seleção de observações extraídas de escritos datados de 1914 a 1951, que se referem a temas diversos, como literatura, música, religião e o conceito de filosofia.

Com essas edições ao texto do *Sobre a certeza*, não pretendemos apresentar uma edição crítica nem restabelecer o texto da edição canônica de Anscombe e Von Wright. Ao consultar os manuscritos e traduzir diretamente deles,[11] tivemos a permanente intenção de preservar a qualidade do texto editado pelos herdeiros literários, indicando ao leitor, contudo, algumas escolhas que eles preferiram não explicitar.

SOBRE A TRADUÇÃO

A tradução do *Sobre a certeza* apresenta alguns desafios específicos. Eles derivam das escolhas vocabulares próprias aos problemas filosóficos da dúvida e do erro, da correção e da verificação, do convencimento e da persuasão, da apresentação de razões e da fundamentação, do saber e da certeza; ou, em uma palavra, da *lógica*, tal como Wittgenstein passou a concebê-la a partir de meados dos anos 1930. Os impasses encontrados, bem como as soluções adotadas por nós, estão esquematicamente registrados no Vocabulário crítico, o qual deve ser usado em conjunto com o Índice remissivo de conceitos.

Paralelamente a esses desafios particulares, quem quer que traduza esta obra precisa enfrentar uma dificuldade mais geral, associada à natureza da filosofia madura de Wittgenstein como um todo. Essa dificuldade se expressa sob a forma de um dilema: de um lado, manter a fluência e a naturalidade da escrita — um pressuposto para que se entenda o tipo de análise da linguagem ordinária que caracteriza o método wittgensteiniano; de outro, manter a coerência global das soluções, com o

---

[11]. Os fac-símiles dos manuscritos, bem como suas transcrições, são acessíveis por meio da *Bergen Nachlass Edition*, disponível na internet.

estabelecimento de algo como um "vocabulário" que preserve a unidade dos problemas discutidos ao longo da obra. A natureza filosófica dessa dificuldade central já foi apresentada por nós, em algum detalhe, na Apresentação à tradução das *Investigações filosóficas*, à qual remetemos o leitor.[12] Retomamos aqui, em linhas gerais, apenas o procedimento adotado para lidar com aquele dilema. Ele pode ser descrito em poucas palavras: partimos da fluência e da naturalidade para depois caminhar em direção à padronização, aceitando diferentes graus de compromisso a depender da importância relativa que atribuíamos, em cada caso, a um ou outro elemento. Mais especificamente, nossa primeira tradução — e mesmo nossa primeira revisão — buscou sempre a fluência e a naturalidade das soluções no contexto particular de cada parágrafo ou conjunto contínuo de parágrafos. Nas etapas de preparação e revisão, porém, fomos repassando um amplo leque de termos, expressões e frases, submetendo-os a uma "peneira fina", buscando entender seus diferentes usos e reaparições ao longo da obra. O objetivo, nesse momento, foi alcançar o máximo grau possível de coerência, na medida em que isso não violasse nossa primeira exigência. A ponderação de necessidades opostas era muitas vezes difícil e, certamente, não admitia fórmulas gerais, dependendo dos recursos que éramos capazes de encontrar na língua portuguesa e de nossa avaliação acerca da importância relativa das necessidades. O resultado alcançado, que esperamos satisfatório, incorpora certamente esse esforço e essa busca.

---

12. Ludwig Wittgenstein, *Investigações filosóficas*. Org. e trad. de Giovane Rodrigues e Tiago Tranjan. São Paulo: Fósforo, 2022, p. 9.

Por fim, agradecemos ao prof. Anderson Nakano e ao prof. Marcos Antonio da Silva Filho pelas importantes sugestões à tradução. Agradecemos especialmente ao prof. João Vergílio Cuter e ao prof. Paulo Estrella Faria pela leitura minuciosa e pelos preciosos comentários a versões preliminares desta tradução; eles foram de imensa valia para o aperfeiçoamento do trabalho. Como sempre, os eventuais equívocos e deficiências são de nossa inteira responsabilidade.

ANEXO: OS MANUSCRITOS DO ÚLTIMO PERÍODO E SUA UTILIZAÇÃO

Por fim, apresentamos em lista a maneira como os últimos manuscritos (1949-51) de Wittgenstein foram utilizados para a composição do *Sobre a certeza*, das *Observações sobre as cores* e dos *Últimos escritos sobre a filosofia da psicologia*, v. II:

MS 169 (1949), *in toto*:* *Últimos escritos...*, v. II, seção I;
MS 170 (1949), *in toto*: *Últimos escritos...*, v. II, seção II;
MS 171 (1949-50), *in toto*: *Últimos escritos...*, v. II, seção III;
MS 172 (1949-50), pp. 1-20:** *Sobre a certeza* (§§1-65);
MS 172 (1949-50), pp. 21-4:** *Observações sobre as cores*, parte II;
MS 173 (1950), pp. 1-63 e 47-100:*** *Observações sobre as cores*, parte III;
MS 173 (1950), pp. 31-47 e 87-100:*** *Últimos escritos...*, v. II, seção IV;
MS 174 (1950), pp. 1-14: *Últimos escritos...*, v. II, seção V;
MS 174 (1950), pp. 14-39: *Sobre a certeza* (§§66-192);
MS 175 (1950-51), pp. 1-79: *Sobre a certeza* (§§193-425);
MS 176 (1950-51), pp. 1-22: *Observações sobre as cores*, parte I;
MS 176 (1951), pp. 22-46 e pp. 51-80: *Sobre a certeza* (§§426-523 e 524-637);
MS 176 (1951), pp. 46-51: *Últimos escritos...*, v. II, seção VI;
MS 177 (1951), pp. 1-11: *Sobre a certeza* (§§638-676).

---

* As páginas 77-80 do MS 169 foram publicadas como parte IV da edição brasileira das *Observações sobre as cores*, com texto restabelecido e traduzido por João Carlos Salles como *Anotações sobre as cores* (Editora da Unicamp, 2009).

** Por consistir em folhas soltas, há alguma dúvida quanto à paginação do MS 172; há quem trate as páginas 21 a 24, cujo tema é a "lógica das cores", como as primeiras. Seguimos a paginação da *Bergen Edition*, identificando as vinte páginas que tratam dos problemas associados à dúvida e à certeza como as primeiras.

*** As últimas páginas do MS 173 foram publicadas tanto nas *Observações sobre as cores* quanto nos *Últimos escritos...*, v. II.

Sobre a certeza

1.[1]

Se você sabe que aqui está uma mão,[2] então lhe concedemos todo o resto.

(Quando se diz que não se pode provar tal e tal proposição, isso não significa, é claro, que ela não pode ser derivada de outra; toda proposição pode ser derivada de outras. Mas pode ser que essas últimas não sejam mais seguras que ela própria.) (A esse respeito, uma curiosa observação de H. Newman.)[3]

1. A sequência de parágrafos que se inicia agora, de 1 a 65, foi extraída do MS 172, pp. 1-20.

2. Ver G. E. Moore, "Proof of an External World [Prova de um mundo exterior]". In: *Proceedings of the British Academy*, v. XXV, 1939; ver também "A Defence of Common Sense [Uma defesa do senso comum]". In: J. H. Muirhead (Org.), *Contemporary British Philosophy*, 2nd series, 1925. Ambos aparecem nos *Philosophical Papers* de Moore. Londres: George Allen and Unwin, 1959. (Nota de Anscombe e Von Wright).

3. John Henry Newman (1801-90) foi um filósofo, teólogo, historiador e escritor inglês. Sacerdote da igreja anglicana, converteu-se ao catolicismo em 1845, tornando-se cardeal em 1879. Foi canonizado em 2010. Sabe-se, por meio de relatos de amigos e alunos, que Wittgenstein leu a autobiografia de Newman (*Apologia pro vita sua*, 1865-6) e o tratado *An Essay in Aid of a Grammar of Assent* [Ensaio em defesa de uma gramática do assentimento, 1870], mas a passagem específica a que Wittgenstein se refere aqui não foi identificada.

2.

Que isso *pareça* a mim – ou a todos – ser assim, disso não se segue que *seja* assim.

Pode-se muito bem perguntar, no entanto, se faz sentido duvidar disso.

3.

Se, por exemplo, alguém diz "Eu não sei se ali está uma mão", então se poderia dizer a ele: "Olhe mais de perto". – Essa possibilidade de se certificar pertence ao jogo de linguagem. É um dos seus traços essenciais.

4.

"Eu sei que sou um ser humano." Para que vejamos quão pouco claro é o sentido dessa proposição, considere sua negação. No melhor dos casos, poderíamos compreendê-la assim: "Eu sei que possuo os órgãos humanos". (Por exemplo, um cérebro, o qual, no entanto, ninguém ainda viu.) Mas o que se passa com uma proposição como "Eu sei que tenho um cérebro"? Posso duvidar dela? Para *duvidar*, faltam-me razões! 'Tudo fala a favor e nada contra'.[4] No entanto, pode-se imaginar que, durante uma operação, meu crânio se mostre vazio.

---

4. A edição de Anscombe e Von Wright ignora as aspas, presentes no manuscrito.

5.

Se uma proposição, em retrospecto, pode se mostrar falsa, isso depende das determinações que faço valer para essa proposição.

6.

Será que se pode (como Moore) enumerar o que se sabe? Assim, sem mais, creio que não. – Do contrário, a expressão "eu sei" está sendo mal-usada. E, por meio desse mau uso, parece mostrar-se um estado de espírito estranho e muito importante.

7.

Minha vida mostra que eu sei que, ou que tenho certeza de que, ali está uma poltrona, uma porta etc. – Eu digo a um amigo, por exemplo, "Pegue aquela poltrona ali", "Feche a porta" etc. etc.

8.

A diferença entre o conceito de "saber" e o conceito de "ter certeza"[5] não é de grande importância a não ser nos casos em que "Eu sei ..."[6] deve significar: Eu não *posso* estar errado.

---

5. A seguinte expressão aparece como variante superposta ao texto: "estar convencido".

6. A edição de Anscombe e Von Wright ignora as reticências, presentes no manuscrito.

No tribunal, por exemplo, poderia ser dito "Tenho certeza", em vez de "Eu sei", em cada afirmação da testemunha. Poderíamos mesmo imaginar que o "Eu sei" fosse proibido ali. [Uma passagem no *Wilhelm Meister*, em que "Você sabe" ou "Você sabia" é usada no sentido de "Você tinha certeza", num caso em que as coisas se passavam de modo diferente do que ele sabia.][7]

9.

Ora, será que eu me certifico, em minha vida, de que sei que aqui está uma mão (vale dizer, a minha mão)?

10.

Será que eu sei que aqui deitado está um homem doente? Isso não faz sentido! Eu me sento em seu leito, observo atentamente seus traços. – Quer dizer então que eu não sei que ali está um doente? – Nem a pergunta nem a afirmação fazem sentido. Tão pouco sentido quanto: "Eu estou aqui", que eu poderia usar, no entanto, a todo momento, caso surgisse a circunstância adequada. – Quer dizer então que, a não ser em determinadas circunstâncias, também "$2 \times 2 = 4$" é algo sem sentido, e não uma proposição aritmética verdadeira? "$2 \times 2 = 4$" é uma proposição aritmética verdadeira – não "em determinadas circunstâncias", nem "sempre" –, mas os sinais escritos ou falados "$2 \times 2 = 4$", em chinês, poderiam ter outro significado ou ser manifestamente sem sentido, de onde se vê:

---

7. Os colchetes não são marca editorial; eles aparecem no próprio manuscrito.

somente no uso a proposição tem sentido. E "Eu sei que aqui deitado está um doente", usada em uma situação *inadequada*, só não parece algo sem sentido, mas uma obviedade, porque se pode imaginar de modo relativamente fácil uma situação adequada para ela e porque se pensa que a expressão "Eu sei que ..." está sempre bem empregada ali onde não há nenhuma dúvida (portanto também ali onde a expressão da dúvida seria incompreensível).

11.

O que não vemos é quão especializado é o uso de "Eu sei".

12.

– Pois "Eu sei ..." parece descrever um estado de coisas que garante que aquilo que se sabe é um fato. É que sempre esquecemos a expressão "Eu acreditava saber".

13.

Com efeito, não se poderia concluir, a partir da declaração de outra pessoa, "Eu sei que isso é assim", a proposição "Isso é assim". Tampouco a partir dessa declaração e do fato de que não se trata de uma mentira. – Mas será que eu não posso concluir, a partir da minha declaração "Eu sei etc.", que "Isso é assim"? Sim, e também da proposição "Ele sabe que ali está uma mão" segue-se que "Ali está uma mão". Mas da declaração dele "Eu sei ..." não se segue que ele saiba isso.

14.

Primeiro precisa ser demonstrado que ele sabe isso.

15.

Precisa ser *demonstrado* que nenhum erro era possível. A asseveração "Eu sei isso" não basta. Pois se trata, de fato, apenas da asseveração de que (ali)[8] eu não posso estar errado, e o fato de que eu não estou errado *quanto a isso* precisa poder ser estabelecido *objetivamente*.

16.

"Se eu sei algo, eu também sei que sei isso etc." equivale a: "Eu sei isso" significa "Eu sou infalível quanto a isso". Mas precisa poder ser estabelecido objetivamente se eu sou infalível.

17.

Suponha agora que eu diga "Eu sou infalível quanto ao fato de que isto é um livro" – e ao dizer isso eu aponto para um objeto. Que aparência teria um erro aqui? E será que eu tenho uma ideia *clara* a esse respeito?

---

8. "(ali)" é uma inserção posterior.

18.

"Eu sei isso" frequentemente significa: Eu tenho as razões corretas para minha afirmação. Se o outro conhece, portanto, o jogo de linguagem, então concederia que eu sei isso. O outro precisa poder imaginar, caso conheça o jogo de linguagem, *como* alguém pode saber tal coisa.

19.

Portanto, a afirmação "Eu sei que aqui está uma mão" pode ser continuada da seguinte maneira, "é que se trata da *minha* mão, para a qual estou olhando". Então um homem razoável não duvidará de que eu sei isso. – Nem mesmo o idealista; na verdade, ele dirá que não se tratava, para ele, da dúvida prática, a qual foi afastada, mas que *por trás* dessa ainda há uma dúvida. – Que isso é uma *ilusão* precisa ser mostrado de outra maneira.

20.

"Duvidar da existência do mundo exterior" não significa, por exemplo, duvidar da existência de um planeta, a qual mais tarde pode ser comprovada por observação. – Ou será que Moore quer dizer que o conhecimento de que aqui está sua mão é de *tipo* diferente do conhecimento de que existe o planeta Saturno? Do contrário, poderíamos indicar a descoberta do planeta Saturno àquele que duvida e dizer que sua existência foi provada, portanto também a existência do mundo exterior.[9]

---

9. A redação inicial é: "Do contrário, poderíamos dizer àquele que duvida: 'Noutros

21.

O ponto de vista de Moore consiste, na verdade, em que o conceito de 'saber' seria análogo aos conceitos de 'acreditar', 'supor', 'duvidar', 'estar convencido' no seguinte ponto: o enunciado "Eu sei ..." não pode ser um erro. E se *é* assim, a partir de uma declaração pode-se concluir a verdade de uma afirmação. E aqui desconsidera-se a forma "eu acreditava saber". – Contudo, se essa forma não deve ser admitida, então também um erro na *afirmação* precisa ser logicamente impossível. E quem conhece o jogo de linguagem precisa perceber isso; a asseveração, por parte de uma pessoa confiável, de que *sabe* isso, não lhe pode ajudar em nada.

22.

Seria de fato estranho se nós precisássemos acreditar na pessoa confiável que diz "Eu não posso estar errado"; ou naquela que diz "Eu não estou errado".

23.

Se eu não sei se alguém tem duas mãos (por exemplo, se elas lhe foram amputadas ou não), então acreditarei na sua asseveração de que tem duas mãos, caso ele seja confiável. E, caso ele diga que *sabe* isso, então para mim isso só pode significar

→ tempos, as pessoas já chegaram a duvidar da existência de um planeta nesse lugar, mas ela foi verificada por meio de observação'"; a variante adotada aparece na sequência do manuscrito, sem que a redação inicial tenha sido riscada.

que ele já pôde se certificar disso;[10] que, portanto, seus braços não estão, por exemplo, ocultos por bandagens e curativos etc. etc. Que eu acredite aqui na pessoa confiável segue-se do fato de que eu concedo a essa pessoa a possibilidade de se certificar. Quem diz, porém, que (talvez) não haja objetos físicos não faz isso.

24.

A pergunta do idealista seria mais ou menos assim: "Com que *direito*[11] eu não duvido da existência das minhas mãos?". (E, para isso, a resposta não pode ser: "Eu *sei* que elas existem".) No entanto, quem pergunta assim desconsidera que a dúvida acerca de uma existência só tem lugar em um *jogo de linguagem*.[12] Portanto, que seria preciso primeiro perguntar: Que aparência teria tal dúvida?, algo que não se compreende assim sem mais.

25.

Também quanto a "aqui está uma mão" se pode errar. Apenas em certas circunstâncias é que não. – "Também em uma conta se pode errar – apenas em certas circunstâncias é que não."

---

10. A redação inicial é: "... que ele acabou de ver suas mãos ..."; a variante adotada aparece superposta, sem que a redação inicial tenha sido riscada.
11. A edição de Anscombe e Von Wright ignora o grifo, presente no manuscrito.
12. A redação inicial, adotada na edição de Anscombe e Von Wright, é: "... a dúvida acerca de uma existência só funciona em um jogo de linguagem" (sem grifo); a variante que escolhemos aparece na sequência do manuscrito.

26.

Porém, será que é possível perceber a partir de uma *regra* em quais circunstâncias um erro no emprego da regra de cálculo[13] está logicamente excluído?[14]
    De que nos serve tal regra aqui? não poderíamos (voltar a) errar em sua aplicação?

27.

Contudo, caso quiséssemos indicar para esse caso algo semelhante a uma regra, então ocorreria aí a expressão "em circunstâncias normais". E reconhecemos as circunstâncias normais, mas não podemos descrevê-las precisamente. No máximo uma série de circunstâncias anormais.

28.

O que é 'aprender uma regra'? – *Isto*.
    O que é 'cometer um erro na sua aplicação'? – *Isto*. E aquilo para que se aponta, aqui, é algo indeterminado.

29.

O exercício no uso da regra também mostra o que é um erro no seu emprego.

---

13. "no emprego da regra de cálculo" é uma inserção posterior.
14. A seguinte variante aparece superposta ao texto: "... deve ser logicamente excluído".

30.

Se uma pessoa se convenceu, então diz: Sim, a conta está certa.[15] Mas não foi a partir de seu estado de certeza que ela inferiu isso. Não é a partir de sua própria certeza que uma pessoa conclui o estado de coisas.

A certeza é, *por assim dizer*, um tom no qual alguém constata o estado de coisas, mas não se conclui a partir do tom que esse alguém tenha razão.

31.

Eu gostaria de eliminar da linguagem filosófica aquelas proposições às quais voltamos insistentemente, como enfeitiçados.

32.

Não se trata de que Moore saiba que ali estava uma mão, mas de que nós não o entenderíamos se ele dissesse "É claro que posso estar errado quanto a isso". Nós perguntaríamos: "Que aparência, então, teria tal erro?" – por exemplo, a descoberta de que se tratava de um erro?

33.

Nós eliminamos, portanto, as proposições que não nos levam adiante.

---

[15]. A redação inicial é: "Se uma pessoa se convence de algo, então diz que isso é certo"; a variante adotada aparece na sequência do manuscrito, sem que a redação inicial tenha sido riscada.

34.

Quando se ensina alguém a fazer contas, será que também se ensina a essa pessoa que ela pode confiar em uma conta do professor?[16] Contudo, em algum ponto essas explicações precisam[17] ter fim. Será que também lhe é ensinado que ela pode confiar nos seus sentidos – porque em alguns casos lhe é dito que, em tal e tal caso específico, ela *não* pode confiar neles? – Regra e exceção.

35.

Mas será que não se pode imaginar que não existe nenhum objeto físico? Não sei. E mesmo assim "Existem objetos físicos" é algo sem sentido. Acaso essa seria uma proposição extraída da experiência? –
 E será que *esta* é uma proposição empírica: "Parecem existir objetos físicos"?

36.

Nós só damos a instrução "**A** é um objeto físico" para alguém que ainda não entende, ou o que significa "**A**", ou o que significa "objeto físico". Trata-se, portanto, de uma instrução sobre o uso de palavras, e "objeto físico" é um conceito lógico. (Como cor,

---

16. A redação inicial é: "... confiar em uma conta em tais e tais circunstâncias?"; a variante adotada aparece superposta, sem que a redação inicial tenha sido riscada.

17. Há um erro de transcrição na edição de Anscombe e Von Wright, que anotou *müßten* (precisariam) onde o manuscrito traz *müssen* (precisam).

medida...) E é por isso que não se pode construir uma proposição como "Existem objetos físicos".
A todo momento, porém, deparamos com tais tentativas infelizes.

37.

Será, contudo, uma resposta suficiente para o ceticismo do idealista, ou para as asseverações do realista, dizer que a proposição "Existem objetos físicos" é algo sem sentido?[18] Para eles, certamente não é algo sem sentido. Uma resposta, porém, seria: essa afirmação, ou seu contrário, é uma tentativa equivocada de expressar algo que não pode ser expresso dessa maneira. E é possível mostrar que ela é equivocada; com isso, porém, a questão deles ainda não foi encerrada. É necessário dar-se conta de que aquilo que se nos oferece como primeira expressão de uma dificuldade, ou de uma resposta para ela, ainda pode ser uma expressão completamente incorreta. Como aquele que critica justificadamente um quadro, e que num primeiro momento faz a crítica incidir ali onde ela não cabe, e necessita de uma *investigação* para encontrar o ponto de ataque correto de sua crítica.

38.

O conhecimento na matemática. Aqui, precisamos sempre recordar a desimportância de um 'processo interno' ou 'estado in-

---

18. A redação inicial é: "Será, contudo, uma resposta suficiente para o que dizem os idealistas ou os realistas: 'Existem objetos físicos' é algo sem sentido?"; a variante adotada aparece superposta, sem que a redação inicial tenha sido riscada.

terno' e perguntar "Por que ele deveria ser importante? O que ele tem a ver comigo?". O interessante é como nós *usamos* as proposições matemáticas.

39.

É *assim* que fazemos contas, em tais circunstâncias *tratamos* uma conta como incondicionalmente confiável, como certamente correta.

40.

Depois de "Eu sei que ali está minha mão" pode vir a pergunta "Como você sabe isso?", e a resposta a ela pressupõe que *isso* pode ser sabido *assim*. Em vez de "Eu sei que ali está minha mão" se poderia dizer, portanto, "Ali está minha mão" e acrescentar *como* se sabe isso.

41.

"Eu sei onde sinto a dor", "Eu sei que a sinto *ali*" é tão errado quanto: "Eu sei que tenho dor". É correto, porém: "Eu sei onde você tocou meu braço".

42.

Pode-se dizer "Ele acredita nisso, mas não é assim", mas não "Ele sabe isso, mas não é assim". Será que isso deriva da diferença no estado anímico do acreditar e do saber? Não. – Pode-se chamar de "estado anímico", por exemplo, aquilo que se expressa no tom da fala, nos gestos etc. Seria *possível*, portanto, falar de um estado anímico de convicção; e este pode ser o mesmo, quer se saiba, quer se acredite erroneamente. Achar que as palavras "acreditar" e "saber" precisariam corresponder a estados diferentes seria como se alguém acreditasse que a palavra "eu" e o nome "Ludwig" precisariam corresponder a homens diferentes porque os conceitos são diferentes.

43.

Que tipo de proposição é esta: "Nós não *podemos* ter errado na conta 12 × 12 = 144"?[19] Certamente precisa ser uma proposição da lógica. – Mas não será ela o mesmo, ou não acaba sendo equivalente, à afirmação de que 12 × 12 = 144?

44.

Caso você exija uma regra da qual se segue[20] que nesse caso não se pode ter errado na conta, então a resposta é que não aprendemos isso por meio de uma regra, mas sim por termos aprendido a fazer contas.

---

19. Note-se que, no mundo germânico, a tabuada vai até o número 12.
20. A seguinte variante aparece superposta ao texto: "... uma regra que nos mostre ...".

45.

Nós fomos apresentados à *essência* do fazer contas ao aprender a fazer contas.

46.

Mas não será então possível descrever a maneira como nos certificamos da confiabilidade de uma conta? Claro que sim! mas não é de maneira alguma uma regra o que salta aos olhos aqui. – O mais importante, porém, é: A regra não é necessária. Não sentimos falta de nada. Fazemos contas segundo uma regra, isso basta.

47.

É *assim* que se fazem contas. E fazer contas é *isto*. Aquilo, por exemplo, que aprendemos na escola. Esqueça essa certeza transcendente,[21] que está associada ao seu conceito de mente.

48.

De um conjunto de contas, porém, alguém poderia indicar[22] algumas como confiáveis de uma vez por todas e outras como ainda não firmemente estabelecidas. E será essa, agora, uma distinção *lógica*?

---

21. O seguinte termo aparece como variante superposta ao texto: "superlativa".
22. O seguinte termo aparece como variante superposta ao texto: "distinguir".

49.

Mas reflita: mesmo se, para mim, a conta está firmemente estabelecida, isso é apenas uma decisão tendo em vista um propósito prático.

50.

Quando é que se diz: Eu sei que ... × ... = ...? Quando se chegou a conta.

51.

Que tipo de proposição é esta: "Então, que aparência teria um erro aqui!"? Precisaria ser uma proposição lógica. Mas trata-se de uma lógica que não se usa, porque aquilo que ela ensina não é ensinado por meio de proposições. – É uma proposição lógica, pois o que ela faz é descrever a situação conceitual (linguística).

52.[23]

Essa situação, portanto, não é a mesma para uma proposição como "A essa distância do Sol existe um planeta" e "Aqui está uma mão" (vale dizer, a minha). Não se pode chamar a segunda de hipótese. Mas não existe uma fronteira nítida entre elas.

---

23. Consta do manuscrito, entre os parágrafos 51 e 52, a seguinte frase, omitida na edição de Anscombe e Von Wright: "É porque eu sei por que algo é ruim que eu não preciso desconfiar de meu saber de que esse algo é ruim" (MS 172, p. 16). O trecho aparece entre barras verticais simples, que parecem indicar variação em relação ao tema que está sendo tratado.

53.

Poderíamos, portanto, dar razão a Moore caso o interpretássemos assim: uma proposição que diz que ali está um objeto físico pode ter um estatuto lógico semelhante a outra que diz que ali está uma mancha vermelha.

54.

Com efeito, não é verdade que o erro, à medida que vamos do planeta até minha própria mão, se torna apenas cada vez mais improvável. Na verdade, a partir de certo ponto, ele já não é mais concebível.[24]

Já aponta nesse sentido o fato de que, senão, também precisaria ser concebível que nós estivéssemos errados em relação a *cada uma* das afirmações que tratam de objetos físicos, e que todas as que jamais fazemos sejam falsas.[25]

55.

Acaso seria possível, portanto, a *hipótese* de que todas as coisas ao nosso redor não existem? Não seria ela como a hipótese de que erramos em todas as contas que fizemos?

---

24. A seguinte variante, riscada por Wittgenstein, aparece superposta ao texto: "logicamente possível".

25. Há uma ambiguidade insolúvel relativa ao escopo do pronome indefinido *alle* (todas), que pode ser interpretado como referindo-se a "todas as afirmações que fazemos sobre objetos físicos" ou simplesmente a "todas as afirmações que fazemos" (em geral).

56.

Quando alguém diz "Talvez não exista esse planeta e o fenômeno luminoso se origine de alguma outra maneira", então é necessário, com efeito, um exemplo de objeto *que exista*. Ele não existe, – como *por exemplo* ...

Ou será que devemos dizer que a *certeza* é apenas um ponto construído, do qual algumas coisas se aproximam mais, outras menos? Não. A dúvida vai perdendo cada vez mais seu sentido. Assim *é*, claramente, esse jogo de linguagem.

E à lógica pertence tudo o que descreve um jogo de linguagem.

57.

Será que "Eu *sei*, e não apenas suponho, que aqui está minha mão" não poderia agora ser concebida como uma proposição gramatical? Portanto *não* temporal. –

Mas essa proposição não seria, então, como *esta*: "Eu sei, e não apenas suponho, que estou vendo vermelho"?[26]

E não seria a consequência "Portanto existem objetos físicos" semelhante a "Portanto existem cores"?

58.

Caso "Eu sei etc." seja concebida como uma proposição gramatical, então evidentemente o "Eu" não pode ser importante. E quer dizer, na verdade, "Não existe, nesse caso, qualquer dúvida" ou "A expressão 'Eu não sei' não tem, nesse caso, qualquer sentido". E também se segue daí, é claro, que "Eu *sei*" não tem sentido.

---

[26]. A redação inicial, riscada por Wittgenstein, era: "que estou vendo algo vermelho".

59.

"Eu sei" é aqui um lampejo *lógico*. Ocorre, apenas, que o realismo não pode ser demonstrado por meio dele.

60.

É falso dizer que a 'hipótese' de que *isto* é uma folha de papel seria confirmada ou enfraquecida por meio de uma experiência posterior, e que em "Eu sei que isto é uma folha de papel" o "Eu sei" se refere ou a uma tal hipótese ou a uma determinação lógica.

61.

_ _ _[27] Um significado de uma palavra é um modo de empregá-la. Pois esse emprego é aquilo que aprendemos quando a palavra é primeiramente incorporada à nossa linguagem.[28]

62.

Eis por que existe uma correspondência entre os conceitos de significado e de regra.[29]

---

27. Na edição de Anscombe e Von Wright são usados, aqui, três pontos: "...". Seguimos o manuscrito.

28. A redação inicial, riscada por Wittgenstein, era: "O modo de empregá-la é, no entanto, aquilo que aprendemos quando aprendemos a usar a palavra, portanto, uma técnica".

29. A edição de Anscombe e Von Wright coloca esses dois termos entre aspas simples, as quais, porém, não existem no manuscrito.

63.

Se imaginamos os fatos como diferentes do que são, então certos jogos de linguagem perdem importância e outros se tornam importantes. E assim se modifica, pouco a pouco, o uso do vocabulário da linguagem.

64.

Compare o significado de uma palavra com a 'função' de um empregado. E 'diferentes significados' com 'diferentes funções'.

65.[30]

Quando os jogos de linguagem se modificam, modificam-se os conceitos e, com os conceitos, os significados das palavras.[31]

30. Consta do manuscrito, entre os parágrafos 64 e 65, o seguinte trecho, omitido na edição de Anscombe e Von Wright: "A incapacidade de crer em milagres não precisa consistir no fato de que alguém não crê em ocorrências estranhas, mas sim no fato de que essa pessoa não é capaz de ver nelas mais do que ocorrências estranhas. Aquele que crê em milagres os concebe como infrações ao curso do mundo, objeções interpostas por um ser superior. Quem é cego para isso assemelha-se àquele que não poderia conceber como tal uma 'expressão de emoção', o que quer dizer, simplesmente, que ele não reage naturalmente a esse fenômeno" (MS 172, p. 20). O trecho aparece entre barras verticais simples, que parecem indicar variação em relação ao tema que está sendo tratado. É de se notar ainda que o trecho apresenta variantes, principalmente no início. Selecionamos aquela que nos pareceu mais clara.

31. Consta do manuscrito, logo após o parágrafo 65, o seguinte trecho, omitido na edição de Anscombe e Von Wright: "A maldade é um tipo de atrito; ela nunca permite que a maquinaria da alma ganhe impulso. Ela apenas se desloca um pouco e volta ao repouso" (MS 172, p. 20). O trecho aparece entre barras verticais simples, que parecem indicar variação em relação ao tema que está sendo tratado. É de se notar ainda que esse é o último trecho da p. 20 do MS 172,

✳

66.[32]

Eu faço afirmações referentes à realidade com diferentes graus de certeza. Como se mostra o grau de certeza? Quais são suas consequências?

Pode se tratar, por exemplo, da certeza da memória ou da percepção. Eu posso ter certeza em relação àquilo que me diz respeito, mas saber que tipo de checagem poderia me indicar um erro. Eu tenho bastante certeza, por exemplo, acerca do ano de uma batalha, mas se encontrasse outro ano em um conhecido livro de História, então eu mudaria meu ponto de vista, e nem por isso desesperaria em relação a todos os meus juízos.

67.

Será que poderíamos imaginar uma pessoa que sempre erra ali onde consideramos o erro como excluído, e de fato nunca deparamos tal erro?

Ela diz, por exemplo, com a mesma certeza que eu (e todos os seus sinais), que mora em tal e tal lugar, que tem tal e tal idade, que vem de tal e tal cidade etc. Mas erra.

Como, porém, ela se relaciona com esse erro? O que devo supor?

→ a qual, por sua vez, é a última desse manuscrito publicada no *Sobre a certeza*. A partir da p. 21, a discussão volta-se ao problema das cores, tendo sido editada por Anscombe como a Parte II das *Observações sobre as cores*. O trecho em questão, porém, não foi incluído em nenhum desses livros.

32. A sequência de parágrafos que se inicia agora, de 66 a 192, foi extraída do MS 174, pp. 14v-39v.

68.

A questão é: O que o lógico deve dizer aqui?

69.

Eu gostaria de dizer: "Se estou errado quanto a *isso*, então não tenho *nenhuma* garantia de que qualquer coisa que eu diga seja verdade". Mas é justamente por isso que outra pessoa não dirá tal coisa a meu respeito, nem eu a respeito dela.

70.

Há meses eu moro no endereço **A**, li o nome da rua e o número da casa inúmeras vezes, recebi inúmeras cartas aqui e dei o endereço a inúmeras pessoas. Se estou errado quanto a isso, esse é um erro dificilmente menor do que se eu acreditasse (falsamente) que escrevo em chinês e não em alemão.

71.

Se um dia um amigo imaginasse que vive em tal e tal lugar há muito tempo etc. etc., então eu não chamaria isso de modo algum de um *erro*, mas sim de uma perturbação mental, talvez passageira.

72.

Nem toda crença falsa desse tipo é um erro.

73.

Mas qual é a diferença entre um erro e uma perturbação mental? Ou como distinguir quando trato algo como um erro ou como uma perturbação mental?

74.

Será que eu posso dizer: Um *erro* tem não apenas uma causa, mas também um fundamento? O que quer dizer mais ou menos o seguinte: é possível que ele encontre um lugar entre os conhecimentos corretos daquele que erra.

75.

Será que o seguinte estaria correto? Se eu meramente acreditasse, de modo falso, que aqui diante de mim há uma mesa, então isso ainda poderia ser um erro; mas se eu acredito, de modo falso, ter visto e usado constantemente, todo dia, por vários meses, esta mesa ou outra como ela, então isso não é de maneira alguma um erro.[33]

76.

Meu objetivo precisa ser, é claro, indicar quais afirmações gostaríamos de fazer aqui, mas que não podemos fazer significativamente.

---

33. Na edição de Anscombe e Von Wright, o ponto de interrogação vem apenas ao final do parágrafo. Seguimos aqui o manuscrito.

77.

Talvez eu faça uma conta de multiplicação duas vezes para ter certeza, talvez eu peça para outra pessoa conferir a conta. Mas irei conferir a conta pela vigésima vez, ou pedir que vinte pessoas a confiram? E não seria *isso* certa negligência? Será que a certeza, por ocasião da vigésima checagem, é realmente maior?!

78.

E será que eu posso dar uma *razão* para que isso não seja assim?

79.

Que eu seja um homem e não uma mulher pode ser verificado, mas se eu dissesse ser uma mulher e desejasse explicar o erro pelo fato de não haver checado a afirmação, essa explicação não seria considerada válida.

80.

Na *verdade* das minhas afirmações, o que se checa é minha *compreensão* dessas afirmações.

81.

Quer dizer: se eu faço certas afirmações falsas, torna-se incerto, assim, se eu as compreendo.

82.

Aquilo que vale como checagem suficiente de uma afirmação – pertence à lógica. Pertence à descrição do jogo de linguagem.

83.

A *verdade* de certas proposições empíricas pertence ao nosso sistema de referência.

84.

Moore diz que *sabe* que a Terra existia desde muito antes de seu nascimento. E, assim formulada, essa parece ser uma afirmação a respeito de sua pessoa, mesmo que, além disso, seja também uma afirmação a respeito do mundo físico. Ora, é filosoficamente desinteressante se Moore sabe isso ou aquilo, mas é interessante que isso possa ser sabido, e como. Se Moore nos houvesse comunicado que sabe a distância entre certas estrelas, então poderíamos concluir daí que ele realizou certas pesquisas, e nós vamos querer saber quais são essas pesquisas. Mas Moore escolhe justamente um caso no qual nós todos parecemos saber o que ele sabe, sem sermos capazes de dizer como. Eu creio saber, por exemplo, tanto a respeito desse assunto (a existência da Terra) quanto Moore, e se ele sabe que as coisas se passam da maneira como ele diz, então *eu* também sei. Pois também não é como se ele houvesse chegado a essa sua proposição por meio de um curso de pensamento que, embora me fosse acessível, não tivesse sido trilhado por mim.

85.

E o que está envolvido no fato de que alguém sabe isso? Conhecimento da história, talvez? Esse alguém precisa saber o que isto quer dizer: a Terra já existia há tanto e tanto tempo. Pois nem toda pessoa adulta e sensata precisa sabê-lo. Nós vemos os homens construírem e destruírem casas e somos levados a perguntar "Há quanto tempo essa casa está de pé?". Mas como alguém é levado a perguntar tal coisa a respeito de uma montanha, por exemplo? E será que todos os homens têm o conceito de 'a Terra' como um *corpo* que pode surgir e desaparecer? Por que não devo pensar na Terra como sendo plana, mas sem fim em todas as direções (também em profundidade)? Mas mesmo assim poderíamos dizer "Eu sei que esta montanha existia muito antes do meu nascimento". – Mas e se eu encontrasse um homem que não acredita nisso?

86.

E se substituíssemos, nas proposições de Moore, "Eu sei" por "Eu estou inabalavelmente convencido"?

87.

Será que uma proposição assertiva, que poderia funcionar como hipótese, também não pode ser usada como um princípio de investigação e ação? Quer dizer, será que ela não pode ser simplesmente subtraída à dúvida, ainda que não segundo uma regra explicitamente enunciada? Ela será simplesmente assumida como uma obviedade, nunca será posta em questão e talvez não seja nunca enunciada.

88.

Pode ser, por exemplo, que *toda a nossa investigação* esteja de tal maneira construída que certas proposições, ainda que nunca sejam enunciadas, fiquem à margem de qualquer dúvida. Elas ficam à margem da rua pela qual se move a investigação.[34]

89.

Gostaríamos de dizer: "Tudo fala a favor e nada contra o fato de que a Terra existia desde muito antes ...".

Mas será que eu não poderia acreditar no contrário? A questão, porém, é: como essa crença se manifestaria na prática? – Talvez alguém diga: "Não se trata disso. Uma crença é aquilo que é, quer se manifeste de maneira prática ou não". Pensa-se: A crença é, afinal de contas, a mesma disposição do espírito humano.

90.

"Eu sei" tem um significado primitivo semelhante e aparentado ao de "Eu vejo". (*"wissen"*, *"videre"*).[35] E "Eu sabia que ele estava no quarto, mas ele não estava no quarto" é semelhante a "Eu o vi no quarto, mas ele não estava lá". "Eu sei" deve expressar uma

---

34. A seguinte variante aparece superposta ao texto: "... à margem da correnteza da investigação".

35. Wittgenstein explora a semelhança sonora e a origem etimológica aparentada do verbo alemão *wissen* (saber) e do latino *videre* (ver). O *Dicionário etimológico* de Wolfgang Pfeiffer, por exemplo, corrobora esse parentesco e anota no verbete *wissen*: "Deve-se comparar, além disso, [...] lat. *videre* (ver, perceber, reconhecer)". Note-se que, na edição de Anscombe e Von Wright, *"Wissen"* aparece com letra maiúscula, o que não ocorre no manuscrito.

relação não entre mim e o sentido de uma proposição (como "Eu creio"), mas entre mim e um fato. De modo que o *fato* é recebido em minha consciência. (Eis aqui também a razão pela qual queremos dizer que na verdade *não sabemos* o que acontece no mundo exterior, mas apenas o que acontece no reino dos assim chamados dados sensíveis.) Uma imagem do conhecimento seria então a percepção de um processo externo por meio de raios visuais, os quais o projetam, tal como ele é, nos olhos e na consciência. Surge imediatamente a questão, porém, de se realmente poderíamos ter certeza a respeito dessa projeção. E essa imagem mostra, com efeito, a *representação* que fazemos do conhecimento, mas não verdadeiramente o que lhe serve de fundamento.

91.

Quando Moore diz que sabe que a Terra existia etc., então a maioria de nós lhe dará razão quanto ao fato de que ela existia ao longo de todo esse tempo, e também acreditaremos nele quando diz que está convencido disso. Mas será que ele também tem o *fundamento* correto para sua convicção? Pois, caso não o tenha, então ele realmente não *sabe* isso (Russell).

92.

Mas pode-se perguntar: "Será que alguém pode ter um fundamento convincente para acreditar que a Terra começou a existir há pouco tempo, por exemplo, desde o seu nascimento?". – Supondo que tal coisa sempre tivesse sido dita a essa pessoa, – teria ela um bom fundamento para duvidar disso? Os homens acreditaram que podiam fazer chover; por que não deveria um rei ser criado com a crença de que o mundo começou com ele? E se agora Moore e esse rei se encontrassem e discutissem, será que Moore realmente poderia demonstrar sua crença como sendo a correta? Não estou dizendo que Moore não poderia converter o rei à sua concepção, mas seria uma conversão de tipo específico: o rei seria levado a ver o mundo de maneira diferente.

Tenha em mente que, às vezes, é por meio da *simplicidade* ou da *simetria* de uma concepção que alguém é convencido de sua *correção*, ou seja: é levado a passar a ela. Nesse caso, dizemos simplesmente algo como: "Precisa ser *assim*".

93.

As proposições que apresentam o que Moore '*sabe*' são todas de tal tipo que dificilmente poderíamos imaginar *por que* alguém deveria acreditar no contrário. Por exemplo, a proposição de que Moore passou a vida inteira sem se afastar muito da Terra. – Novamente, posso aqui falar de mim mesmo em vez de Moore. O que poderia me levar a acreditar no contrário? Ou uma lembrança, ou o fato de que isso me foi dito. – Tudo o que vi e ouvi me traz a convicção de que nenhum homem jamais se afastou muito da Terra. Nada na minha imagem de mundo fala a favor do contrário.

94.

Mas eu não tenho a minha imagem de mundo porque me convenci de sua correção; tampouco porque estou convencido de sua correção. Trata-se, antes, do pano de fundo que herdei, contra o qual distingo o verdadeiro do falso.

95.

As proposições que descrevem essa imagem de mundo poderiam pertencer a uma espécie de mitologia.[36] E seu papel é semelhante àquele das regras de um jogo, e o jogo pode ser aprendido também de maneira puramente prática, sem que as regras sejam enunciadas.

96.

Poderíamos imaginar que certas proposições com a forma de proposições empíricas se houvessem enrijecido[37] e funcionassem como dutos para as proposições empíricas não enrijecidas,[38] fluidas; e que essa relação se modificasse com o tempo, de modo que as proposições fluidas se enrijecessem e as rígidas[39] se tornassem fluidas.

97.

A mitologia pode novamente se tornar fluida como um rio; o leito do rio dos pensamentos pode se deslocar. Mas eu distin-

---

36. A seguinte variante aparece superposta ao texto: "... poderiam ser chamadas de mitológicas".
37. A redação inicial traz o termo "*congelado*" (com destaque); a variante "enrijecido" aparece superposta, sem que a redação inicial tenha sido riscada.
38. A redação inicial traz o termo "congeladas"; a variante "enrijecidas" aparece superposta, sem que a redação inicial tenha sido riscada.
39. O seguinte termo aparece como variante superposta ao texto: "congeladas".

go entre o movimento da água[40] no leito do rio e o deslocamento deste último; embora não exista uma separação nítida entre os dois.

98.

Se alguém dissesse, contudo, "Portanto também a lógica é uma ciência empírica", então ele estaria errado. Mas isto está correto: que a mesma proposição às vezes pode ser checada pela experiência, às vezes pode ser tratada como regra para a checagem.

99.

Sim, a margem daquele rio consiste parcialmente em rocha dura que não sofre nenhuma alteração, ou sofre apenas uma alteração imperceptível, e parcialmente em areia, que é carregada e depositada ora aqui, ora ali.

100.

As verdades[41] que Moore diz saber são tais que, aproximadamente falando, nós todos sabemos, caso ele as saiba.

---

40. Os seguintes termos aparecem como variantes superpostas ao texto: "fluir da água", "correr da água".

41. A redação inicial traz o termo "proposições"; a variante "verdades" aparece superposta, sem que a redação inicial tenha sido riscada.

101.

Uma tal proposição, por exemplo, poderia ser: "Meu corpo nunca desapareceu e, depois de algum tempo, reapareceu".

102.

Acaso eu não poderia acreditar que, sem saber, talvez num estado de inconsciência, certa vez afastei-me consideravelmente da Terra, e que outros sabem isso, mas nunca me dizem? Mas isso não se adequaria de modo algum às minhas demais convicções. Não que eu pudesse descrever o sistema dessas convicções. Mas minhas convicções constituem um sistema, uma estrutura.

103.

E se eu agora dissesse "É minha inabalável convicção que etc.", então também neste caso isso significa que eu não cheguei conscientemente a essa convicção por meio de certos cursos de pensamento, mas que ela está ancorada de tal modo em todas as minhas *perguntas e respostas* que não posso tocar nela.

104.

Também estou convencido, por exemplo, de que o Sol não é um buraco na abóbada celeste.

105.

Todas as checagens, tudo o que fortalece ou enfraquece uma suposição, já se passa dentro de um sistema. E esse sistema, com efeito, não é um ponto de partida mais ou menos arbitrário e duvidoso de todos os nossos argumentos, mas pertence à essência daquilo que chamamos de um argumento. O sistema não é tanto o ponto de partida como o elemento vital dos argumentos.

106.

Suponha que um adulto tenha contado a uma criança que esteve na Lua. A criança me conta isso e eu digo que foi apenas uma brincadeira, que fulano não esteve na Lua; que ninguém esteve na Lua; que a Lua está muito, muito distante de nós, e que não se pode subir ou voar até ela. – Se agora a criança insistisse: talvez haja um modo pelo qual alguém pudesse chegar até lá, esse modo apenas me é desconhecido etc. –, o que eu poderia retrucar? O que poderia eu retrucar aos adultos de uma tribo que acreditam que as pessoas às vezes vão até a Lua (talvez eles interpretem seus sonhos dessa maneira) e que mesmo assim concedem que não se poderia subir ou voar até ela pelos meios usuais? – Usualmente, porém, uma criança não se apegará a uma crença como essa, e logo estará convencida daquilo que lhe dizemos seriamente.

107.

Não será isso exatamente o mesmo que acontece quando alguém ensina a uma criança a crença em um deus, ou que nenhum deus existe, e poderá aduzir, para um ou para outro caso, razões aparentemente convincentes?

108.

"Mas então não há aí nenhuma verdade objetiva? Não é verdadeiro, ou então falso, que alguém esteve na Lua?" Quando pensamos dentro de nosso sistema, então é certo que nenhum homem jamais esteve na Lua. Não apenas algo do tipo nunca nos foi seriamente reportado por pessoas razoáveis, como também todo o nosso sistema da física nos proíbe de acreditar nisso. Pois ela nos exige respostas para as seguintes perguntas: "Como ele superou a força da gravidade?", "Como ele pôde viver sem atmosfera?" e milhares de outras que não conseguiríamos responder. Mas e se, em vez de todas essas respostas, nos fosse retorquido: "Não sabemos *como* se chega à Lua, mas aqueles que chegam lá reconhecem imediatamente que lá estão; e você também não é capaz de explicar tudo". Nós nos sentiríamos espiritualmente muito distantes de alguém que dissesse isso.

109.

"Uma proposição empírica pode ser *checada*" (é o que dizemos). Mas como? e por que meios?

110.

O que *conta* como sua checagem? – "Mas será que isso é uma checagem *suficiente*?[42] E, caso o seja, será que ela não precisa ser reconhecida como tal na lógica?" – Como se a fundamen-

---

42. A edição de Anscombe e Von Wright ignora o grifo, presente no manuscrito.

tação não chegasse em algum momento ao fim. Mas o fim não é a pressuposição infundada, e sim o modo de agir infundado.

111.

"Eu *sei* que nunca estive na Lua." – Isso soa completamente diferente nas nossas reais circunstâncias do que soaria caso alguns homens houvessem estado na Lua, e parte deles talvez sem o saber. *Nesse* caso, poderíamos fornecer razões para esse saber. Será que não haveria aqui uma relação semelhante àquela entre a regra geral de multiplicar e certas multiplicações já realizadas?

Quero dizer: Que eu não estive na Lua é algo *tão* firmemente estabelecido para mim quanto poderia ser qualquer fundamentação para isso.

112.

E não é isso o que Moore quer dizer quando diz que *sabe* todas aquelas coisas? – Mas será que se trata realmente de que ele sabe isso, e não de que algumas dessas proposições precisam estar firmemente estabelecidas para nós?

113.

Se alguém quer nos ensinar matemática, então não começará por nos assegurar que *sabe* que a + b = b + a.

114.

Quem não tem certeza de nenhum fato também não pode ter certeza do sentido de suas próprias palavras.

115.

Quem quisesse duvidar de tudo sequer chegaria até a dúvida. O próprio jogo do duvidar já pressupõe a certeza.

116.

Em vez de "Eu sei ...", será que Moore não poderia ter dito "Está firmemente estabelecido para mim que ..."? Ou mesmo: "Está firmemente estabelecido para mim e para muitos outros ...".

117.

Por que não me é possível duvidar de que nunca estive na Lua? E como eu poderia tentar fazer isso?

Mais do que tudo, a suposição de que talvez eu já tenha estado lá me pareceria *ociosa*. Nada se seguiria disso, nada seria explicado por isso. Essa suposição não se conectaria com nada em minha vida.

Se digo "Nada fala a favor, e tudo contra", então isso já pressupõe um princípio do falar a favor e falar contra. Quer dizer, eu preciso poder dizer o que *falaria* a favor.

118.

Acaso seria correto dizer: Ninguém até hoje abriu meu crânio para ver se lá dentro há um cérebro; mas tudo fala a favor e nada contra o fato de que se encontraria um cérebro lá dentro?

119.

Será, porém, que também se pode dizer: Nada fala contra e tudo a favor do fato de que aquela mesa está presente mesmo quando ninguém está olhando para ela? O que é que fala a favor disso?

120.

Mas se alguém duvidasse disso, como sua dúvida se mostraria na prática? E será que não poderíamos deixá-lo duvidar em paz, já que isso não faz a menor diferença?

121.

Será que se pode dizer: "Onde não há dúvida, também não há saber"?

122.

Não são necessárias razões para duvidar?

123.

Para onde quer que eu olhe, não encontro razão alguma para duvidar de que ...

124.

Quero dizer: Nós empregamos juízos como princípios para fazer juízos.

125.

Caso um cego me perguntasse "Você tem duas mãos?", eu não me asseguraria disso olhando para elas. De fato, não sei por que eu deveria confiar em meus olhos caso tivesse qualquer dúvida a esse respeito. Aliás, por que não seriam os meus *olhos* aquilo que estou checando quando olho para ver se tenho duas mãos? *O que* é checado *por meio do quê*?! (Quem decide a respeito de *o que* está firmemente estabelecido?)

E o que significa a afirmação de que isso ou aquilo está firmemente estabelecido?

126.

Não tenho mais certeza a respeito do significado de minhas palavras do que de determinados juízos. Será que posso duvidar de que essa cor se chama "azul"?

(Minhas) dúvidas constituem um sistema.

127.

Pois como é que eu sei que alguém duvida? Como é que eu sei que essa pessoa usa a expressão "Eu duvido disso" da mesma maneira que eu?

128.

Desde criança, aprendi a julgar assim. *Isto é* julgar.

129.

Foi assim que aprendi a julgar; foi *isto* o que aprendi a conhecer como um juízo.

130.

Mas será que não é a experiência o que nos ensina a julgar *assim*, ou seja, que é correto julgar assim? Mas como é que a experiência nos *ensina* isso? *Nós* podemos extrair isso dela, mas a experiência não nos força a isso.[43] Se ela é o *fundamento* para julgarmos assim (e não simplesmente a causa), então não temos um fundamento, por sua vez, para vê-la como fundamento.

---

43. Adotamos aqui a redação inicial de Wittgenstein, que não foi riscada por ele. A edição de Anscombe e Von Wright utiliza a seguinte variante superposta ao texto: "*Nós* podemos extrair isso dela, mas a experiência não nos leva a extrair algo dela".

131.

Não, a experiência não é o fundamento do nosso jogo de julgar. Como também não o é seu notável sucesso.

132.

Os homens já julgaram que um rei pode fazer chover; *nós* dizemos que isso contradiz toda experiência. Hoje julga-se que o avião, o rádio etc. são meios para a aproximação dos povos e para a difusão da cultura.

133.

Em circunstâncias usuais, não me convenço pela visão de que tenho duas mãos. *Por que* não? Será que a experiência nos mostrou que isso é desnecessário? Ou (ainda): Será que, de alguma maneira, nós aprendemos uma lei geral da indução e agora confiamos nela também aqui? – Mas por que devemos ter aprendido antes uma lei *geral* da indução e não diretamente a específica?

134.

Quando coloco um livro em uma gaveta, então suponho que ele está lá dentro, a não ser que ... "A experiência sempre me dá razão. Ainda não ocorreu nenhum caso digno de crédito em que um livro (simplesmente) desaparecesse." Já ocorreu *frequentemente* de um livro nunca mais ser encontrado, embora acreditássemos saber com certeza onde ele estava. – Mas a experiência realmente ensina que um livro, por exemplo, não desaparece. (Por exemplo, que ele não evapora aos poucos.) – Mas será que é essa experiência com livros etc. o que nos faz supor que o livro não desapareceu? Supondo, agora, que descobríssemos que em certas novas circunstâncias os livros desaparecem – será que não mudaríamos nossa suposição? Será que se pode negar o efeito da experiência sobre nosso sistema de suposições?

135.

Mas será que não seguimos simplesmente o princípio segundo o qual aquilo que *sempre* aconteceu voltará a acontecer (ou algo semelhante)? – O que significa seguir esse princípio? Será que realmente o introduzimos em nosso raciocínio?[44] Ou será que ele é apenas a *lei natural* que nossa inferência aparentemente segue? Esse último até pode ser o caso; mas tal princípio não é um elemento em nossa reflexão.

136.

Quando Moore diz que *sabe* isso e aquilo, de fato ele não faz nada além de enumerar proposições empíricas às quais assentimos sem qualquer checagem especial, proposições, portanto, que desempenham um papel lógico peculiar no sistema das nossas proposições empíricas.

---

44. A seguinte variante aparece superposta ao texto: "Será que ele é uma parte de nossa reflexão?".

137.

Mesmo quando a pessoa mais confiável me assevera que *sabe* que as coisas são[45] de tal e tal modo, isso não pode me convencer, por si só, de que ela sabe essas coisas. Apenas de que acredita sabê-las. Eis por que as asseverações de Moore de que sabe ... não nos podem interessar.[46] As proposições, contudo, que Moore enumera como exemplos de tais verdades sabidas, essas sim são interessantes. Não porque alguém saiba sua verdade ou acredite sabê-la, mas porque todas elas desempenham um papel *semelhante* no sistema dos nossos juízos empíricos.

138.

Por exemplo, não chegamos a nenhuma delas por meio de uma investigação.

Existem, por exemplo, investigações históricas e investigações sobre a forma e também sobre a idade da Terra, mas não sobre se a Terra existiu nos últimos 100 anos. Evidentemente, muitos de nós ouvem de seus pais e avós relatos a respeito desse período;[47] mas eles não podem estar errados?

---

45. A redação inicial, riscada por Wittgenstein, era: "... as coisas se passam de tal e tal modo...", com a mesma expressão alemã, *"sich verhalten"*, usada em importantes passagens do *Tractatus Logico-Philosophicus*. Há ainda outra variante riscada: "... isso e aquilo é o caso...".

46. A redação inicial era: "... não nos podem interessar quando investigamos problemas filosóficos". A parte final da frase foi riscada por Wittgenstein.

47. "relatos" é uma inserção posterior. Há também uma variante superposta, com "ter notícias" no lugar de "ouvir relatos". A edição de Anscombe e Von Wright optou por combinar as duas: "... muitos de nós ouvem relatos e têm notícias a respeito desse período por meio de seus pais e avós; ...".

– "Que absurdo", dirá alguém, "Como podem então todas essas pessoas estarem erradas?!". Mas será isso um argumento? Isso não é simplesmente a recusa de uma ideia? E talvez uma determinação conceitual? Pois se falo aqui de um possível erro, então isso muda o papel que "erro" e "verdade" desempenham em nossa vida.

139.

Para estabelecer uma prática, não bastam regras; são necessários também exemplos. Nossas regras deixam abertas as portas dos fundos e a prática precisa falar por si própria.

140.

Não aprendemos a prática dos juízos empíricos aprendendo regras; *juízos* nos são ensinados, e sua conexão com outros juízos. Um todo de juízos[48] nos é tornado plausível.

141.

Quando começamos a *acreditar* em algo, acreditamos não em uma proposição isolada, mas em todo um sistema de proposições. (A luz vai se erguendo progressivamente sobre o todo.)[49]

---

48. "de juízos" é uma inserção posterior.
49. A redação inicial, riscada por Wittgenstein, era: "(A luz vai se erguendo progressivamente sobre todo o sistema.)".

142.

Não são axiomas isolados que me parecem evidentes, mas um sistema no qual conclusões e premissas se apoiam *mutuamente*.

143.

Contam-me, por exemplo, que há muitos anos alguém escalou esta montanha. Será então que sempre investigo se quem conta a história é confiável e se essa montanha existe há anos? Uma criança aprende que há contadores confiáveis e outros não confiáveis muito mais tarde do que aprende os fatos que lhe são contados. Ela não aprende *de modo algum* que aquela montanha existe há muito tempo, ou seja, a pergunta a respeito de isso ser assim não ocorre de modo algum. Ela engole, por assim dizer, essa consequência junto com *aquilo* que ela aprende.

144.

A criança aprende a acreditar em uma porção de coisas. Quer dizer, ela aprende, por exemplo, a agir segundo essas crenças. Ela vai formando para si, progressivamente, um sistema de crenças, e nele algumas coisas estão estabelecidas de modo firme, inabalável, e outras são mais ou menos móveis. O que está firmemente estabelecido não o está porque é, em si, óbvio ou evidente, mas porque é mantido firmemente no lugar por aquilo que está em seus arredores.

145.

Queremos dizer "*Todas* as minhas experiências mostram que é assim". Mas como elas fazem isso? Pois aquela proposição para a qual elas apontam pertence também a uma interpretação específica dessas experiências.

"O fato de que eu considero essa proposição como certamente verdadeira indica também minha interpretação da experiência."

146.

Fazemos da Terra *a imagem* de uma esfera que flutua livremente no espaço e que nos últimos 100 anos essencialmente não se alterou. Eu dizia "Fazemos a *imagem* etc.", e essa imagem nos ajuda agora a julgar diferentes situações.[50]

De fato, eu posso calcular as dimensões de uma ponte, às vezes também posso calcular que aqui uma ponte é mais vantajosa que uma balsa etc. etc. – mas em algum ponto eu preciso começar com uma suposição ou com uma decisão.[51]

147.

A imagem da Terra como uma esfera é uma *boa* imagem, ela se mostra valiosa por toda parte, e é também uma imagem simples – em suma, trabalhamos com ela sem colocá-la em dúvida.

---

50. A redação inicial, riscada por Wittgenstein, era: "... e essa imagem nos ajuda agora a fazer diferentes previsões e outros juízos".
51. "... ou com uma decisão" é uma inserção posterior.

148.

Por que não me certifico de que ainda tenho dois pés quando quero me levantar da poltrona? Não há um porquê. Eu simplesmente não o faço. É assim que eu ajo.

149.

Meus juízos, eles próprios, caracterizam o modo *como*[52] julgo, a essência do julgar.

150.

Como é que alguém julga qual é sua mão direita e qual é sua mão esquerda? Como é que eu sei que o meu juízo estará de acordo com o dos outros? (Como é que eu sei que essa cor é azul?)[53] Se aqui eu não confiar em *mim*, por que devo confiar no juízo dos outros? Existe um porquê? Não preciso começar a confiar em algum momento? Quer dizer, em algum momento preciso começar a não duvidar; e isso não é, por assim dizer, precipitado, mas desculpável; é inerente ao julgar.

151.

Eu gostaria de dizer: Moore não *sabe* as coisas que afirma saber, mas elas estão firmemente estabelecidas para ele, assim como

---

52. A edição de Anscombe e Von Wright ignora o grifo, presente no manuscrito.

53. A seguinte variante aparece superposta ao texto: "(Como é que eu sei que essa cor se chama 'azul'?)". Além disso, a edição de Anscombe e Von Wright optou por suprimir o sinal de parênteses, presente no original.

para mim; considerá-las como firmemente estabelecidas pertence ao *método* do nosso duvidar e investigar.

152.

Eu não aprendo expressamente as proposições que, para mim, estão firmemente estabelecidas. Eu posso *encontrá-las* em retrospecto, como o eixo de rotação de um corpo que gira. Esse eixo não está firme no sentido de que é mantido firmemente em seu lugar; é o movimento em torno dele que o determina como imóvel.

153.

Ninguém me ensinou que minhas mãos não desaparecem quando não estou prestando atenção nelas. Nem se pode dizer que pressuponho a verdade dessa proposição ao fazer minhas afirmações etc. (como se minhas afirmações se baseassem nessa proposição); é ela que só adquire sentido por meio de nossas demais afirmações.

154.

Existem casos tais que, se alguém mostra sinais de dúvida ali onde não duvidamos, não conseguimos entender seus sinais, com segurança, como sinais de dúvida.
Quer dizer: Para que entendamos seus sinais como sinais de dúvida, a pessoa só pode emiti-los em determinados casos, e não em outros.

155.

Em determinadas circunstâncias, uma pessoa não pode *errar*. ("Pode" é usado aqui de maneira lógica, e a proposição não diz que nessas circunstâncias a pessoa não pode dizer nada falso.) Se Moore enunciasse o contrário daquelas proposições a respeito das quais declara ter certeza, não teríamos apenas uma opinião diferente, mas o consideraríamos mentalmente perturbado.

156.

Para que uma pessoa erre, ela já precisa julgar de maneira conforme à humanidade.

157.

E se uma pessoa não pudesse se lembrar se sempre teve cinco dedos, ou duas mãos? Acaso nós a entenderíamos? Poderíamos ter certeza de que a entendemos?

158.

Será que posso errar, por exemplo, quanto ao fato de que as palavras simples que compõem esta frase são palavras do português, cujo significado eu conheço?

159.

Quando crianças aprendemos fatos, como por exemplo o de que todo ser humano tem um cérebro, e nós os aceitamos credulamente. Eu creio que existe uma ilha, a Austrália, com tal e tal formato etc. etc., eu creio que tive bisavós, que as pessoas que se diziam meus pais eram realmente meus pais, e assim por diante. Essa crença não precisa nunca ser enunciada, e até mesmo o pensamento de que as coisas são assim não precisa nunca ser pensado.

160.

A criança aprende ao acreditar nos adultos. A dúvida vem *depois* da crença.

161.

Eu aprendi uma enormidade de coisas e as aceitei a partir da autoridade das pessoas, e então algumas delas foram sendo confirmadas e outras enfraquecidas por experiência própria.

162.

Em geral, considero verdadeiro aquilo que figura em manuais de Geografia, por exemplo. Por quê? Eu digo: Todos esses fatos foram confirmados centenas de vezes. Mas como eu sei isso? Qual é minha evidência para isso? Eu tenho uma imagem de mundo. Ela é verdadeira ou falsa? Antes de qualquer outra coisa, ela é o substrato de todas as minhas pesquisas e afirmações. As proposições que a descrevem não estão todas sujeitas, na mesma medida, a checagem.

163.

Será que alguém alguma vez checa se esta mesa permanece aqui quando ninguém está prestando atenção nela?

Nós checamos a história de Napoleão, mas não se todos os relatos a seu respeito se baseiam em ilusões, imposturas e coisas do gênero. Sim, se chegamos a checar, com isso já pressupomos algo que não é checado. Será que eu deveria então dizer que o experimento que faço, por exemplo, para checar uma proposição pressupõe a verdade da proposição de que o equipamento que acredito ver realmente está aqui (e coisas assim)?

164.

A checagem não tem um fim?

165.

Uma criança poderia dizer a outra "Eu sei que a Terra já tem muitas centenas de anos", o que significaria: Eu aprendi isso.

166.

A dificuldade é se dar conta do caráter não fundamentado da nossa crença.

167.

É evidente que nossas afirmações empíricas não têm todas o mesmo status, uma vez que se pode fixar uma proposição como essa e fazer com que ela passe de uma proposição empírica a uma norma[54] de descrição.

Pense em pesquisas químicas. Lavoisier faz experimentos com substâncias em seu laboratório e então conclui que, na combustão, tal e tal coisa acontece. Ele não diz que, numa outra vez, isso bem que poderia se passar de outra maneira. Ele adere a determinada imagem de mundo, a qual ele naturalmente não inventou, mas aprendeu quando criança. Eu digo imagem de mundo e não hipótese, porque ela constitui o fundamento evidente de sua pesquisa e, como tal, nem mesmo chega a ser enunciada.

168.

Mas que papel desempenha, então, a pressuposição de que uma substância A sempre reage da mesma maneira, nas mesmas circunstâncias, com uma substância B? Ou isso pertence à definição de uma substância?

169.

Poderíamos pensar que existem proposições que enunciam que uma química é *possível*.[55] E essas seriam proposições de uma ciência natural. Pois sobre o que deveriam elas se apoiar senão sobre a experiência?

---

54. A redação inicial traz o termo "regra" (*Regel*); a variante "norma" (*Norm*) aparece superposta, sem que a redação inicial tenha sido riscada.

55. A redação inicial é: "... que a química é *possível*"; a variante adotada, com artigo indefinido, aparece superposta, sem que a redação inicial tenha sido riscada.

170.

Eu acredito naquilo que as pessoas me comunicam de determinado modo. É assim que acredito em fatos geográficos, químicos, históricos etc. É assim que *aprendo* as ciências. Sim, aprender baseia-se naturalmente em acreditar.

Quem aprendeu que o Mont Blanc tem 4000 m de altura, quem consultou o mapa, diz então que *sabe* isso.

E será que podemos agora dizer: É assim que depositamos nossa confiança, pois isso já deu bons resultados?

171.

Uma das principais razões para Moore supor que não esteve na Lua é que ninguém esteve na Lua nem *pôde* chegar lá; e nisso nós acreditamos com base no que aprendemos.

172.

Talvez alguém diga "Mas é preciso que haja um princípio na base dessa confiança"; mas o que tal princípio pode nos trazer? Será que ele é mais do que uma lei natural do "considerar verdadeiro"?

173.

Pois acaso está em meu poder aquilo em que acredito? ou aquilo em que acredito inabalavelmente?

Eu acredito que ali está uma poltrona. Será que não posso estar errado? Mas será que posso acreditar que estou errado? de fato, será que posso sequer conceber essa possibilidade? – E será que eu também não *poderia* apegar-me à minha crença, qualquer que seja minha experiência posterior?! Será então que minha crença é *fundamentada*?

174.

Eu ajo com *completa* certeza. Mas essa certeza é minha.

175.

"Eu sei isso", digo a outra pessoa; e há nesse caso uma justificativa. Mas para a minha crença não há nenhuma.

176.

Em vez de "Eu sei isso" pode-se em alguns casos dizer "É assim; confie". Em alguns casos, porém: "Já faz anos que aprendi isso"; e às vezes: "Tenho certeza de que é assim".

177.

Aquilo que sei: nisso eu acredito.

178.

O uso equivocado que Moore faz da proposição "Eu sei ..." consiste em considerá-la como uma expressão da qual se pode duvidar tão pouco quanto de, por exemplo, "Tenho dor".[56] E como de "Eu sei que é assim" segue-se "É assim", então também disso não se pode duvidar.

179.

Seria correto dizer: "Eu acredito ..." possui verdade subjetiva; mas "Eu sei ...", não.

180.

Ou ainda: "Eu acredito ..." é um expressar-se, mas não "Eu sei ...".

181.

E se, em vez de "Eu sei ...", Moore tivesse dito "Eu juro ..."?

182.

A ideia mais primitiva é que a Terra *nunca* teve um começo. Nenhuma criança tem razões para se perguntar há quanto tempo a *Terra* existe, porque todas as mudanças ocorrem *sobre* ela. Se aquilo a que se chama Terra de fato surgiu em algum momento,

---

56. A seguinte variante aparece superposta ao texto: "... da qual se pode duvidar tão pouco quanto de, por exemplo, 'Eu acredito que ...'.". Não é possível saber se as reticências estão no lugar da expressão logo abaixo, "tenho dor", ou se apenas assinalam uma lacuna.

o que já é suficientemente difícil de imaginar, então supõe-se naturalmente que o começo ocorreu em tempos imemoriais.

183.

"É certo que Napoleão, depois da batalha de Austerlitz ... Bem, então também é certo que a Terra existia naquela época."

184.

"É certo que não viemos de outro planeta para este 100 anos atrás." Bem, tão certo quanto são essas coisas.

185.

Parecer-me-ia ridículo querer duvidar da existência de Napoleão; mas se alguém duvidasse de que a Terra existia 150 anos atrás eu talvez estivesse mais pronto a lhe prestar atenção, pois em tal caso a pessoa duvida de todo o nosso sistema de evidências. Não me parece que esse sistema seja mais certo do que uma certeza dentro dele.

186.

"Eu poderia supor que Napoleão nunca existiu e que é uma fábula,[57] mas não que a *Terra* não existia 150 anos atrás."

57. O seguinte termo aparece como variante superposta ao texto: "invenção".

187.

"Você *sabe* que a Terra existia naquela época?" – "É claro que sei. Eu sei isso por alguém que entende bem dessas coisas."

188.

Parece-me que aquele que duvida da existência da Terra naquela época precisaria ir contra a essência de toda evidência histórica. E a respeito dessa, não posso dizer que seja seguramente *correta*.

189.

Em algum momento precisamos passar da explicação à mera descrição.

190.

Aquilo que chamamos de evidência histórica indica que a Terra já existia desde muito antes de meu nascimento; – a hipótese contrária não tem *nada* a seu favor.

191.

Agora, se tudo fala a favor de uma hipótese e nada contra ela, – será ela então certamente verdadeira? Pode-se designá-la assim. – Mas será que ela está certamente de acordo com a realidade, com os fatos? – Com essa pergunta você já está se movendo num círculo.

192.

É claro que há justificação; mas a justificação tem um fim.

✳

193.[58]

O que quer dizer: a verdade de uma proposição é *certa*?

194.

Com a palavra "certa" expressamos a completa convicção, a ausência de toda dúvida, e buscamos com isso convencer os outros. Isso é certeza *subjetiva*.

Mas quando é que algo é objetivamente certo? – Quando um erro não é possível. Mas de que tipo de possibilidade estamos falando? Será que o erro não precisa estar *logicamente* excluído?

195.

Quando acredito estar sentado em meu quarto e esse não é o

---

58. A sequência de parágrafos que se inicia agora, de 193 a 425, foi extraída do MS 175, pp. 1r-79r.

caso, então não se dirá que eu *errei*: Mas qual é a diferença essencial entre um erro e esse caso?

196.

Evidência segura é aquela que *admitimos* como incondicionalmente segura, aquela segundo a qual *agimos* com segurança e sem dúvida.

O que chamamos de "erro" desempenha um papel bastante específico em nossos jogos de linguagem, e aquilo que consideramos como evidência segura também.

197.

Seria, contudo, absurdo[59] dizer que consideramos algo como evidência segura por ser certamente verdadeiro.

198.

Ao contrário, precisamos antes determinar[60] o papel da decisão contra ou a favor de uma proposição.[61]

---

59. A redação inicial traz o termo "falso"; a variante "absurdo" aparece superposta, sem que a redação inicial tenha sido riscada.

60. Caligrafia obscura. Leitura alternativa, adotada na edição de Anscombe e Von Wright: "considerar".

61. A redação inicial, riscada por Wittgenstein, era: "Ao contrário, precisamos antes determinar o papel da afirmação e da negação".

199.

O uso de "verdadeiro ou falso" tem, por isso, algo de enganoso, pois é como se disséssemos "isso está de acordo ou não com os fatos", e então põe-se imediatamente a questão do que é "estar de acordo" aqui.

200.

"A proposição é verdadeira ou falsa" significa, mais propriamente, apenas que uma decisão a favor dela ou contra ela precisaria ser possível. Mas com isso não está dito com que se parecem as razões para uma tal decisão.

201.

Imagine que alguém perguntasse: "É realmente correto que confiemos na evidência fornecida por nossa memória (ou por nossos sentidos), tal como fazemos?".[62]

202.

Algumas proposições de Moore dizem, aproximadamente, que teríamos direito de confiar nessa evidência.

---

[62] A seguinte variante aparece na sequência do manuscrito, sem que a redação inicial tenha sido riscada: "Será que temos o direito de confiar em nossos sentidos e em nossa memória tal como fazemos?".

203.[63]

[Tudo que consideramos como evidência[64] indica que a Terra já existia desde muito antes de meu nascimento. A hipótese contrária não tem *nenhuma* corroboração.[65]

De resto, se tudo fala *a favor* de uma hipótese, e nada contra ela, – será então que, de um ponto de vista objetivo, ela é *certamente* verdadeira?[66] Podemos *chamá-la* assim. Mas será que ela está *incondicionalmente* de acordo com o 'mundo dos fatos'?[67] No melhor dos casos, ela nos mostra o que significa "estar de acordo". Achamos difícil imaginá-la como falsa, mas também achamos difícil fazer alguma aplicação dela.

_ _ _ Com essa pergunta você já está se movendo num círculo.][68]

No que consiste, então, essa concordância[69] senão nisto: aquilo que é uma evidência nesses jogos de linguagem fala a favor de nossa proposição? (*Tractatus Logico-Philosophicus*)

---

63. O trecho entre colchetes foi riscado em bloco por Wittgenstein no manuscrito, mas mantido na edição de Anscombe e Von Wright, o que eles indicam em nota de rodapé.

64. A redação inicial é: "O que chamamos de evidência histórica ..."; a variante adotada aparece superposta, sem que a redação inicial tenha sido riscada.

65. A seguinte variante aparece superposta ao texto: "Falta à hipótese contrária *qualquer* fundamento".

66. Passagem particularmente difícil de ler no manuscrito. Na edição de Anscombe e Von Wright, encontramos "será que ela é objetivamente certa (*ist sie objektiv sicher*)?". Essa leitura, porém, é difícil de sustentar no confronto com o manuscrito, que lemos assim: "*ist sie dann objektiv gewiß wahr*?".

67. A edição de Anscombe e Von Wright ignora as aspas, presentes no manuscrito.

68. A última frase, que já apareceu ao final do parágrafo 191, foi omitida na edição de Anscombe e Von Wright.

69. A redação inicial era "concordância entre uma tal proposição e os fatos", mas a parte final foi riscada por Wittgenstein.

204.

Contudo, a fundamentação, a justificação do jogo de linguagem[70] chega a um fim; – o fim, porém, não reside em que certas proposições nos apareçam imediata e evidentemente como verdadeiras, ou seja, em uma espécie de *ver* da nossa parte, mas em nosso *agir*, que está na base do jogo de linguagem.

205.[71]

Se o verdadeiro é o fundamentado, então o fundamento não é *verdadeiro* nem falso.

206.

Se alguém nos perguntasse "Mas será que isso é *verdade*?", poderíamos lhe dizer "Sim"; e, se essa pessoa exigisse fundamentos, então poderíamos dizer "Eu não posso lhe oferecer quaisquer fundamentos, mas quando você aprender mais, terá a mesma opinião".

Caso tal coisa não aconteça, então isso significaria que ela, por exemplo, não é capaz de aprender História.

---

70. A redação inicial, adotada por Anscombe e Von Wright, é: "... a justificação da evidência..."; a variante adotada por nós aparece superposta, sem que a primeira tenha sido riscada.

71. Este parágrafo foi riscado no manuscrito.

207.

"Que estranha coincidência que todos os homens cujo crânio foi aberto tivessem um cérebro!"

208.

Eu falo ao telefone com um amigo em Nova York. Ele me conta que suas mudas estão dando botões de tal e tal aspecto. Agora eu estou convencido de que são mudas de ... Será que estou também convencido de que a Terra existe?

209.

O fato de que a Terra existe é, antes, uma parte da *imagem* que, ela toda, constitui o ponto de partida de minha crença.

210.

Será que minha conversa telefônica com Nova York corrobora minha convicção de que a Terra existe?
    Algumas coisas nos parecem firmemente estabelecidas, retiradas de circulação. São removidas, por assim dizer, para um ramal desativado.

211.

Elas dão forma a nossas considerações, a nossas pesquisas. Talvez tenham sido, em algum momento, controversas. Talvez, porém, tenham pertencido desde tempos imemoriais à *estrutura* de todas as nossas considerações. (Todas as pessoas têm pais.)

212.

Por exemplo: em certas circunstâncias, consideramos uma conta como suficientemente checada. O que nos dá direito a isso? A experiência? Será que ela não poderia nos enganar? Em algum ponto precisamos pôr fim às justificações, e resta então a proposição: é *assim* que fazemos contas.

213.

Nossas 'proposições empíricas' não constituem uma massa homogênea.

214.

O que me impede de supor que esta mesa,[72] quando ninguém a está observando, desaparece ou altera sua cor e forma, e agora, quando alguém novamente olha para ela, retorna a seu estado original? – "Mas quem vai supor uma coisa dessas!" – gostaríamos de dizer.

---

72. A redação inicial é: "O que fala contra o fato de que essa mesa ..."; a variante adotada aparece superposta, sem que a redação inicial tenha sido riscada.

215.

Aqui vemos que a ideia de "concordância com a realidade" não tem nenhuma aplicação clara.

216.

A frase "Está escrito".

217.

Talvez considerássemos como louco quem supusesse que *todas* as nossas contas são incertas e que não podemos confiar em nenhuma delas (com a justificativa de que erros sempre são possíveis). Mas será que podemos dizer que ele comete um erro? Será que ele simplesmente não reage de modo diferente? Nós confiamos nas contas, ele não; nós temos certeza, ele não.

218.

Será que posso acreditar, por um momento que seja, que já estive na estratosfera? Não. Então será que eu *sei* o contrário, – como Moore?

219.

Para mim, uma pessoa razoável, não pode haver nenhuma dúvida a esse respeito. – É simplesmente assim. –

220.

Uma pessoa razoável *não* tem certas dúvidas.

221.

Será que posso duvidar daquilo de que *quero* duvidar?[73]

222.

É impossível para mim duvidar de que nunca estive na estratosfera. E por essa razão eu sei isso? Por essa razão isso é verdade?

223.

Será que eu não poderia simplesmente estar louco, deixando de duvidar daquilo de que deveria forçosamente duvidar?

224.

"Eu *sei*[74] que isso nunca aconteceu, pois se tivesse acontecido seria para mim impossível esquecer."

Mas, supondo que isso tenha acontecido, então você claramente esqueceu. E como você sabe que seria impossível, para você, esquecer? Não é simplesmente a partir da sua experiência prévia?

---

73. O manuscrito traz, na sequência, o seguinte trecho riscado: "(Ou acreditar naquilo em que quero acreditar?)".
74. A edição de Anscombe e Von Wright ignora o grifo, presente no manuscrito.

225.

Aquilo a que me apego não é *uma* proposição, mas um ninho de proposições.

226.

Será que a suposição de que certa vez estive na Lua[75] merece qualquer consideração minimamente séria?

227.

"Será então que isso é algo de que se pode esquecer?!"

228.

"Em tais circunstâncias, as pessoas não dizem: 'Talvez todos nós tenhamos nos esquecido disso' e coisas do gênero; ao contrário, elas supõem ..."

229.

Nosso discurso adquire o seu sentido por meio de nossas demais ações.

---

75. O seguinte termo aparece como variante superposta ao texto: "Polo Norte".

230.

Nós nos perguntamos: O que fazemos com uma afirmação como "Eu *sei* ..."? Pois para nós não se trata de processos ou estados mentais.

E é *assim* que precisamos decidir se algo é um conhecimento ou não.

231.

Se alguém duvidasse de que a Terra existia 100 anos atrás, então eu não o entenderia, *pelo seguinte*: eu não saberia o que, para essa pessoa, ainda conta como evidência e o que não conta.

232.

"Poderíamos duvidar de cada um desses fatos individualmente, mas não podemos duvidar de *todos* eles."

Acaso não seria mais correto dizer: "de *todos* eles nós não duvidamos"?

O fato de que não duvidamos de todos eles é simplesmente a maneira como fazemos juízos e, portanto, como agimos.

233.

Caso uma criança me perguntasse se já havia a Terra desde antes do meu nascimento, então eu não lhe responderia que a Terra passou a existir apenas a partir do meu nascimento, mas sim que ela já existia desde muito, muito antes. E com isso eu teria a sensação de estar dizendo algo engraçado. Quase como se a criança tivesse perguntado se certa montanha é mais alta do que uma casa muito alta que ela viu. Eu poderia responder aquela pergunta apenas a alguém a quem eu estivesse ensinando uma imagem de mundo.

Se é com segurança que eu respondo assim[76] à pergunta, o que me dá essa segurança?

234.

Acredito que tenho ancestrais e que todos os homens os têm. Acredito que há diversas cidades e, de modo geral, nos principais dados da Geografia e da História. Acredito que a Terra é um corpo sobre cuja superfície nos movimentamos e que, assim como outros corpos sólidos – esta mesa, esta casa, esta árvore etc. –, a Terra não desaparece repentinamente ou coisa parecida. Se eu quisesse duvidar de que a Terra existia desde muito antes do meu nascimento, eu precisaria igualmente duvidar de tudo aquilo que para mim está firmemente estabelecido.

235.

E o fato de que, para mim, algo está firmemente estabelecido tem seu fundamento não em minha estupidez ou em minha credulidade.

---

76. O termo "assim" foi omitido na edição de Anscombe e Von Wright.

236.

Se alguém dissesse "A Terra não existia desde muito antes ..." – com isso, estaria se opondo a quê? Será que eu sei?

Será que isso precisaria ser uma crença científica, por assim dizer? Não poderia ser uma crença mística? Será que a pessoa, nesse caso, precisa necessariamente contradizer fatos históricos? Ou até mesmo geográficos?

237.

Quando digo "Esta mesa ainda não existia há uma hora", então provavelmente estou querendo dizer que ela só foi fabricada mais tarde.

Se eu disser "Esta montanha ainda não existia naquela época", então o que devo estar querendo dizer é que ela só se formou – talvez a partir de um vulcão – mais tarde.

Se eu disser "Esta montanha ainda não existia há meia hora", então essa é uma afirmação tão estranha que não fica claro o que estou querendo dizer. Por exemplo, se estou querendo dizer algo falso, mas científico. Pode-se talvez pensar que a afirmação de que a montanha ainda não existia naquele momento é perfeitamente clara, qualquer que seja o contexto imaginado. Imagine, porém, que alguém dissesse "Esta montanha ainda não existia há um minuto, mas outra exatamente igual". Apenas o contexto usual deixa aparecer claramente o que se está querendo dizer.

238.

Eu poderia, portanto, seguir questionando aquele que diz que a Terra não existia desde antes de seu nascimento, para descobrir com qual de minhas convicções[77] ele está em desacordo. E então *poderia* acontecer que ele estivesse em desacordo com meus pontos de vista mais básicos. E, se fosse assim, então eu precisaria me dar por satisfeito com isso.

Acontece algo semelhante quando ele diz que, certa vez, já esteve na Lua.

239.

Sim, eu acredito que todos os seres humanos têm pai e mãe humanos; mas os católicos acreditam que Jesus tinha apenas uma mãe humana. E outros poderiam acreditar que existem pessoas que não têm pais, e não creem em todas as evidências em contrário. Os católicos também acreditam que uma hóstia, em certas circunstâncias, altera completamente sua essência e, ao mesmo tempo, que todas as evidências provam o contrário. Portanto, se Moore dissesse "Eu sei que isto é vinho e não sangue", então os católicos o contestariam.

240.

Em que se baseia a crença de que todas as pessoas têm pais? Na experiência. E como é que posso basear na minha experiência essa crença tão segura? Ora, eu a baseio não apenas no fato de que conheci os pais de certas pessoas, mas também sobre todas as coisas que aprendi a respeito da vida sexual dos seres humanos, de sua anatomia e fisiologia; também naquilo que já vi e

---

77. A redação inicial traz o termo "opiniões"; a variante "convicções" aparece superposta, sem que a redação inicial tenha sido riscada.

ouvi acerca dos animais. Mas será então que isso é realmente uma prova?

241.

Será que não se trata aqui de uma hipótese que, segundo *acredito*, continua sempre a se confirmar completamente?

242.

Será que não precisamos dizer a cada passo: "Eu *acredito* nisso com convicção"?

243.

Alguém diz "Eu sei ..." se está pronto a dar razões cogentes. "Eu sei" relaciona-se a uma possibilidade[78] de demonstração[79] da verdade. Se alguém sabe algo, isso transparece – supondo-se que a pessoa esteja convencida disso.

Porém, caso aquilo em que ela acredita seja de tal tipo que as razões que pode dar não são mais seguras do que aquilo que afirma, então ela não pode dizer que sabe aquilo em que acredita.

---

78. O seguinte termo aparece como variante superposta ao texto: "método".
79. Caligrafia obscura. Leitura alternativa, sugerida pela transcrição da *Bergen Edition*: "interpretação" (*Deuten*, em vez de *Darthun*).

244.

Quando alguém diz "Eu tenho um corpo", então pode-se perguntar-lhe "Quem está falando aqui com essa boca?".

245.

Para quem alguém diz que sabe algo? Para si mesmo, ou para um outro. Se a pessoa diz isso para si mesma, como isso se distingue da afirmação de que ela tem *certeza*[80] de que as coisas se passam assim? Não há qualquer certeza[81] subjetiva de que sei algo. Subjetiva é a certeza,[82] mas não o saber. Portanto, se digo para mim "Eu sei que tenho duas mãos", e isso não deve expressar somente minha certeza[83] subjetiva, então é preciso que eu possa me convencer[84] de que estou correto. Mas não posso fazê-lo, pois o fato de que tenho duas mãos não é menos certo antes de olhar para elas do que depois. Eu poderia dizer, porém: "Que eu tenha duas mãos é uma crença inabalável". Isso expressaria que não estou disposto a aceitar algo como prova contrária a essa proposição.

---

80. O seguinte termo aparece como variante superposta ao texto: "[estar] seguro" (*sicher* [*sein*]). Na maior parte dos contextos, contudo, esses dois termos alemães (*gewiss sein* e *sicher sein*) são indistintamente traduzidos por "ter certeza". A esse respeito ver o verbete "*Gewißheit*" do Vocabulário crítico.
81. No original: *Sicherheit*.
82. No original: *Gewißheit*.
83. No original: *Gewißheit*.
84. A redação inicial é: "é preciso que eu possa provar a mim mesmo"; a variante adotada aparece superposta, sem que a redação inicial tenha sido riscada.

246.

"Aqui cheguei a um fundamento de toda minha crença."[85] "Irei *manter* essa posição!" Mas isso não seria apenas porque estou completamente *convencido* de tal coisa? – Como é isto: Estar completamente convencido?

247.

Como seria duvidar, agora, de que tenho duas mãos? Por que será que não posso sequer imaginar isso? No que eu acreditaria se não acreditasse nisso? Até agora, eu não tenho absolutamente nenhum sistema em que essa dúvida pudesse ocorrer.

248.

Eu cheguei ao solo de minhas convicções.

E a respeito desse alicerce poderíamos quase dizer que ele é sustentado por toda a casa.

249.

Fazemos uma imagem errada da *dúvida*.

---

85. A redação inicial traz o termo "saber"; a variante "crença" aparece superposta, sem que a redação inicial tenha sido riscada.

250.

Que eu tenho duas mãos é, em circunstâncias normais,[86] tão seguro quanto qualquer coisa que eu pudesse apresentar como evidência para isso.

Por essa razão, não estou em condições de considerar a visão da minha mão como evidência para isso.

251.

Será que isso não quer dizer: Eu agirei incondicionalmente segundo essa crença[87] e não me deixarei perturbar por nada?

252.

Mas certamente não se trata, apenas, de que *eu* acredito, desta maneira, ter duas mãos; mas sim de que qualquer pessoa razoável o faz.

253.

No fundamento da crença fundamentada está a crença infundada.

254.

Toda pessoa 'razoável' age *assim*.

---

86. "em circunstâncias normais" é uma inserção posterior.
87. "segundo essa crença" é uma inserção posterior.

255.

A dúvida tem certas manifestações características, mas elas lhe são características apenas em certas circunstâncias. Se alguém dissesse que duvida da existência de suas mãos, se as observasse reiteradas vezes por todos os lados, se buscasse se convencer de que elas não são um reflexo ou coisa parecida, então não estaríamos seguros se deveríamos chamar isso de dúvida. Poderíamos descrever seu modo de agir como semelhante ao de quem duvida, mas seu jogo não seria o nosso.

256.

Por outro lado, o jogo de linguagem muda com o tempo.

257.

Se alguém me dissesse que duvida de que tem um corpo, eu o consideraria meio louco. Eu não saberia, porém, o que significaria convencê-lo de que tem um corpo. E se eu dissesse algo, e isso então afastasse sua dúvida, então não saberia como nem por quê.

258.

Eu não sei como deve ser usada a proposição "Eu tenho um corpo".
    Isso não vale necessariamente para a proposição segundo a qual eu sempre estive sobre a Terra ou próximo a ela.

259.

Quem duvida de que a Terra existia 100 anos atrás pode estar com uma dúvida científica ou ainda com uma dúvida filosófica.

260.

Eu gostaria de reservar a expressão "Eu sei" para os casos em que ela é usada na circulação normal da linguagem.

261.

Não posso imaginar, agora, uma dúvida razoável sobre a existência da Terra ao longo dos últimos 100 anos.

262.

Posso imaginar um homem que foi criado em circunstâncias bastante peculiares e ao qual foi ensinado que a Terra surgiu 50 anos atrás, e que por essa razão também acredita nisso. Nós poderíamos ensinar a esse homem: a Terra já existia etc. – Tentaríamos lhe transmitir nossa imagem de mundo.
  Isso aconteceria por uma espécie de *persuasão*.

263.

O aluno *acredita* em seus professores e nos livros escolares.

264.

Eu poderia imaginar o caso em que Moore fosse capturado por uma tribo selvagem que manifestasse a suspeita de que ele tivesse vindo de algum lugar entre a Terra e a Lua. Moore lhes diz que sabe ..., mas não é capaz de lhes oferecer as razões de sua certeza, porque eles têm ideias fantásticas sobre a capacidade de homens voarem e nada sabem de Física. Essa seria uma ocasião para fazer aquela afirmação.

265.

Mas o que ela diz além de "Eu nunca estive em tais lugares e tenho razões cogentes para acreditar nisso"?

266.

E aqui ainda seria necessário dizer o que são razões cogentes.

267.

"Eu não tenho apenas a impressão visual de uma árvore, eu *sei* que isso é uma árvore."

268.

"Eu sei que isto é uma mão." – E o que é uma mão? – "Bem, *isto*, por exemplo."

269.

Será que tenho mais certeza[88] de nunca ter estado na Lua do que de nunca ter estado na Bulgária? Por que tenho tanta certeza?[89] Bem, eu sei que nunca estive em nenhum lugar naquela região, por exemplo, nunca estive nos Bálcãs.

270.

"Eu tenho razões cogentes para minha certeza." Essas razões tornam a certeza objetiva.

271.[90]

O que é uma razão convincente para algo, isso não sou eu quem decide.

272.

Eu sei = Reconheço isso como sendo uma certeza.

273.

Mas quando é que dizemos, a respeito de alguma coisa, que ela goza de certeza?

---

88. No original: *gewiß*.
89. No original: *sicher*.
90. Este parágrafo foi riscado no manuscrito.

Pois pode-se disputar se alguma coisa *goza* de certeza; isto é, se essa certeza é *objetiva*.
Há um sem-número de proposições empíricas gerais que contam para nós como certeza.

274.

Que o braço amputado de uma pessoa não volta a crescer é uma proposição desse tipo. Que alguém que teve a cabeça decepada está morto e nunca voltará a viver é outra.
Pode-se dizer que a experiência nos ensina essas proposições. Contudo, ela não nos ensina tais proposições isoladamente, ela nos ensina um conjunto de proposições interdependentes. Fossem elas isoladas, então talvez eu pudesse duvidar delas, pois não tenho nenhuma experiência referente a elas.

275.

Caso a experiência seja o fundamento dessa nossa certeza, então se trata, naturalmente, da experiência passada.
E não se trata apenas da *minha* experiência, mas da experiência de outros, de quem obtenho conhecimento.
Alguém poderia agora dizer que é a experiência, mais uma vez, o que nos leva a crer nos outros. Mas qual experiência me faz acreditar que os livros de anatomia e fisiologia não contêm nada de falso? É bem verdade que essa confiança ganha *suporte* também por meio de minha própria experiência.

276.

Acreditamos, por assim dizer, que esse enorme edifício está ali, e vemos às vezes um de seus lados, às vezes outro.

277.

"Não posso deixar de acreditar ..."

278.

"Estou tranquilo quanto ao fato de que é assim."

279.

É absolutamente certo que automóveis não brotam da terra. – Sentimos que, se alguém pudesse acreditar no contrário, então essa pessoa poderia crer em *tudo* o que nós consideramos impossível, e poderia contestar tudo aquilo de que temos certeza.
 Como, porém, essa crença *específica* se conecta a todas as outras? Gostaríamos de dizer que quem é capaz de acreditar naquilo rejeita todo o nosso sistema de verificação.
 Esse sistema é algo que a pessoa aceita por meio de observação e instrução. É deliberadamente que não digo "aprende".

280.

Depois de ter visto tais e tais coisas, e de ter ouvido tais e tais coisas, ela não está em condições de duvidar de que ...

281.

Eu, L. W., acredito, tenho certeza de que meu amigo não tem serragem no corpo ou na cabeça, embora não tenha qualquer evidência sensorial direta para isso. Tenho certeza com base no que me foi dito, no que li e nas minhas experiências. Duvidar disso parece-me loucura, o que também está em claro acordo com os outros; mas sou *eu* que estou de acordo com eles.

282.[91]

Não posso dizer que tenho boas razões para a minha opinião de que gatos não crescem em árvores, ou de que tive um pai e uma mãe.
Se alguém duvida disso – como algo assim deve ter ocorrido? Será que essa pessoa nunca acreditou, desde o princípio, que tivesse pais? Mas será então que isso é concebível, a não ser que alguém lhe tenha ensinado isso?

283.

Pois como pode a criança duvidar, na mesma hora,[92] daquilo que lhe ensinam? Isso só poderia significar que ela não é capaz de aprender certos jogos de linguagem.

---

91. O texto deste parágrafo é precedido, no manuscrito, por um ponto de interrogação.

92. "na mesma hora" é uma inserção posterior.

284.

Os homens mataram animais desde as épocas mais antigas e usaram sua pele, seus ossos etc. etc. para determinados fins; eles tinham convicção de encontrar, em cada animal semelhante, partes semelhantes.

Eles sempre aprenderam a partir da experiência, e pode-se ver a partir de suas ações que acreditavam com convicção em certas coisas, quer expressassem ou não essa crença. Naturalmente, não quero dizer com isso que o homem *deva* agir assim, apenas que ele age assim.

285.

Se alguém está procurando algo e, por exemplo, revolve a terra em determinado lugar, então mostra, com isso, acreditar que aquilo que procura está ali.

286.

Aquilo em que acreditamos depende daquilo que aprendemos. Todos nós acreditamos que é impossível ir até a Lua; mas poderia haver pessoas que acreditam que isso é possível e algumas vezes acontece. Dizemos: tais pessoas não sabem muitas coisas que nós sabemos. E por mais certeza que elas tenham em relação ao que lhes diz respeito[93] – elas estão erradas, e nós o sabemos.

---

93. "em relação ao que lhes diz respeito" é uma inserção posterior.

Quando comparamos nosso sistema de conhecimento com o delas, o delas se mostra muito mais pobre.

23.9.1950[94]
287.

O esquilo não conclui por indução que também no próximo inverno precisará de provisões. Tampouco precisamos de uma lei de indução para justificar nossas ações e previsões.

288.

Eu não sei apenas que a Terra existia desde muito antes de meu nascimento, mas também que ela é um enorme corpo, que isso está estabelecido, que eu e os outros homens temos muitos ancestrais, que existem livros sobre todas essas coisas, que tais livros não mentem etc. etc. etc. E eu sei tudo isso? Eu acredito nisso. Esse corpo de conhecimento me foi transmitido e eu não tenho nenhuma razão para duvidar dele; ao contrário, tenho variadas confirmações.

E por que eu não deveria dizer que sei tudo isso? Não é justamente isso o que dizemos?

Porém, não sou somente eu que sei ou acredito em todas essas coisas, mas também os outros. Ou melhor, eu *acredito* que eles acreditam nisso.

---

94. Primeira data inserida por Wittgenstein. Ela aparece logo antes do longo hiato na escrita dos manuscritos, entre setembro de 1950 e março de 1951 (ver, a esse respeito, a Apresentação). A partir daí, a prática da datação torna-se frequente. Para facilitar a referência do leitor, optamos por padronizar o formato de datas; no original, Wittgenstein frequentemente deixa de indicá-las por completo.

289.

Eu estou firmemente convencido de que os outros acreditam, acreditam saber, que todas essas coisas se passam assim.

290.

Eu mesmo escrevi em meu livro[95] que a criança aprende a compreender uma palavra de tal e tal maneira: Eu sei isso, ou acredito nisso? Por que, em tal caso, eu escrevo simplesmente a proposição assertiva, e não "Eu acredito ..."?

291.

Nós sabemos que a Terra é redonda. Já estamos definitivamente convencidos de que ela é redonda.

Iremos perseverar nessa opinião; a não ser que toda a nossa concepção da natureza se altere. "Como você sabe isso?" – Eu acredito nisso.

292.

Novos experimentos não podem *desmentir* os anteriores, no melhor dos casos, podem alterar todo o nosso ponto de vista.

293.

Semelhante à proposição "A água ferve a 100°C".

---

95. Referência às *Investigações filosóficas*. Ver, por exemplo, §7.

294.

É *assim* que nos convencemos de algo, é *isso* que se chama "estar justificadamente convencido de algo".

295.

Nesse sentido, será que não temos, então, uma *prova* para a proposição? Não é prova alguma para ela, porém, o fato de que a mesma coisa tenha se repetido; mas nós dizemos que estamos justificados em supô-lo.

296.

É isso o que *chamamos* de "fundamentação empírica de nossas suposições".[96]

297.

De fato, nós não aprendemos apenas que tais e tais experimentos chegaram a tais e tais resultados, mas aprendemos também a proposição que extraímos como conclusão. E, naturalmente, não há nada de errado nisso. Pois essa proposição é um instrumento para um uso específico.

---

96. Na edição de Anscombe e Von Wright, somente "fundamentação empírica" aparece entre aspas, em desacordo com o manuscrito.

298.

Nós estamos totalmente seguros de tal coisa; isso não significa apenas que cada indivíduo tem certeza disso, mas que pertencemos a uma comunidade que está unida pela ciência e pela educação.

299.

We are satisfied that the earth is round.[97]

✳

10.3.1951[98]

300.

Nem todas as correções às nossas opiniões estão no mesmo nível.

---

97. Em inglês no original: "Estamos suficientemente convencidos de que a Terra é redonda".

98. Embora a continuação do texto seja extraída do mesmo manuscrito, a divisão de seção, incluída na edição de Anscombe e Von Wright, justifica-se pelo hiato de seis meses entre a escrita dos parágrafos 299 e 300. (Ver, a esse respeito, a Apresentação.)
   Entre esses parágrafos, constam do manuscrito dois trechos (MS 175, pp. 34v-35r) omitidos na primeira edição. O primeiro, antes da datação, não apresenta variantes. Com relação ao segundo, Wittgenstein parece não ter chegado a uma redação final; oferecemos a tradução de uma possível fixação para o texto. Vale também compará-lo com o trecho omitido no meio do parágrafo 371:
   Imagine que um poeta dissesse: "Se esse personagem, em minha tragédia, levar uma vida pia e boa, então as coisas darão certo para ele; mas se ele pecar, então morrerá".
   10.3.1951
   Isso não desculpa, de maneira alguma, aqueles que adornam seus escritos com minhas ideias não publicadas. Pois mesmo que eu tenha em pouca conta aquilo que eles possam extrair delas, e mesmo que o que eles

301.

Supondo que não seja verdadeiro que a Terra já existia desde muito antes de meu nascimento, como deveríamos imaginar a descoberta desse erro?

302.

Não serve de nada dizer "Talvez estejamos errados"; pois, se não se deve confiar em *nenhuma* evidência, também não se deve confiar na evidência presente.

303.

Por exemplo, caso sempre tenhamos errado nas contas e 12 × 12 não seja 144,[99] por que então deveríamos confiar em qualquer outra conta? E isso, é claro, está expresso incorretamente.

304.

Mas também eu não *erro* nessa linha da tabuada. Posteriormente posso vir a dizer que, agora há pouco, estava confuso, mas não que estivesse errado.

→ extraiam delas não seja valioso, ainda assim eles próprios tratam isso como valioso, e isso é realmente melhor do que o que eles próprios são capazes de pensar.

99. Note-se que, no mundo germânico, a tabuada vai até o número 12.

305.

Aqui, *novamente*, é necessário um passo semelhante ao da Teoria da Relatividade.

306.

"Eu não sei se isto é uma mão." Mas será que você sabe o que a palavra "mão" significa? E não diga "Eu sei o que ela significa para mim agora". Acaso não é um fato empírico que *essa* palavra é usada *assim*?

307.

E aqui é estranho que, mesmo quando estou totalmente seguro, quando não tenho nenhuma dúvida a respeito do uso das palavras, ainda assim não posso dar quaisquer *razões* para o meu modo de agir. Caso tentasse fazer isso, poderia dar 1000 delas, mas nenhuma que fosse tão segura quanto aquilo, justamente, que elas devem fundamentar.

308.

'Saber' e 'certeza' pertencem a diferentes *categorias*. Não são dois 'estados anímicos', como por exemplo 'presumir' e 'ter certeza'. (Suponho aqui que faça sentido, para mim, dizer "Eu sei o que significa a palavra 'dúvida' (por exemplo)" e que essa proposição atribui à palavra "dúvida" um papel lógico.) O que agora nos interessa não é o ter certeza, mas o saber. Ou seja, o que nos interessa é o fato de que não pode haver dúvida a respeito de certas proposições empíricas, caso o ato de julgar[100] deva realmente ser possível. Ou ainda: Estou inclinado a acreditar que nem tudo que tem a forma de uma proposição empírica é uma proposição empírica.

309.

Será que regra e proposição empírica se sobrepõem?

310.

Um aluno e um professor. O aluno não deixa que nada lhe seja explicado, pois interrompe seguidamente (o professor) com dúvidas, por exemplo, a respeito da existência das coisas, do significado das palavras etc. O professor diz: "Não interrompa mais e faça o que lhe digo; neste momento,[101] suas dúvidas ainda não têm qualquer sentido".

311.

Ou imagine que o aluno coloque em dúvida a História (e tudo o que está conectado a ela), e até mesmo se a Terra já existia 100 anos atrás.

---

[100]. Há um erro de transcrição na edição de Anscombe e Von Wright, que anotou o substantivo *Urteil* (juízo) onde o manuscrito traz o verbo substantivado *Urteilen* (ato de julgar).

[101]. "neste momento" é uma inserção posterior.

312.

Aqui, essa dúvida me pareceria vazia. Mas também não é vazia a *crença* na História? Não; muita coisa está conectada a ela.

313.

Será então que é *isso* o que nos faz acreditar em uma proposição? Bem, a gramática de "acreditar" está conectada, justamente, à gramática da proposição em que se acredita.

314.

Imagine que o aluno chegasse ao ponto de perguntar: "E será que a mesa ainda está lá quando me viro; e mesmo quando *ninguém* a vê?". Será que nesse caso o professor deveria tranquilizá-lo? e dizer "É claro que ela está lá!". –
Talvez o professor fique um pouco impaciente, mas imagine que o aluno logo irá abandonar tais perguntas.

315.

Ou seja, o professor terá a sensação de que essa não é, na verdade, uma pergunta legítima.

E o mesmo aconteceria se o aluno pusesse em dúvida que a natureza segue leis e, portanto, que as inferências indutivas são legítimas. – O professor teria a sensação de que isso apenas atrasa a ele e ao aluno,[102] de que desse modo ele empaca no aprendizado e não avança. – E ele estaria certo. Seria como se alguém tivesse que procurar um objeto no quarto; essa pessoa abre uma gaveta e não o vê ali; então volta a fechá-la, espera e a reabre para ver se, talvez agora, o objeto não está lá dentro, e segue fazendo isso. Ela ainda não aprendeu a procurar. E, do mesmo modo, aquele aluno ainda não aprendeu a perguntar. Não aprendeu *o* jogo que queremos lhe ensinar.

316.

E não se passa o mesmo quando o aluno atrapalha a aula de História com a dúvida a respeito de se a Terra realmente ...?

317.

Essa dúvida não pertence às dúvidas de nosso jogo. (Não é, porém, como se escolhêssemos esse jogo!)

12.3.1951
318.

'A pergunta não surge de modo algum.' A resposta para ela caracterizaria um *método*. Não há, contudo, uma fronteira nítida entre proposições metodológicas e proposições no interior de um método.

---

102. "e ao aluno" é uma inserção posterior.

319.

Mas será, então, que não precisaríamos[103] dizer que não há uma fronteira nítida entre proposições da lógica e proposições empíricas? A falta de nitidez é precisamente aquela da fronteira entre *regra* e proposição empírica.

320.

Aqui, creio eu, é preciso ter em mente que o próprio conceito de 'proposição' não é nítido.

321.

De fato, eu digo: Toda proposição empírica pode ser convertida em um postulado – e se torna, então, uma norma de apresentação. Mas até mesmo em relação a isso tenho alguma desconfiança. A formulação é demasiadamente geral. Gostaríamos quase de dizer "Toda proposição empírica pode, teoricamente, ser convertida ...", mas o que "teoricamente" quer dizer aqui? Soa demasiadamente como o *Tractatus*.

322.

E se o aluno não quisesse acreditar que esta montanha sempre esteve aqui, desde que os homens se lembram?

---

103. A redação inicial traz o termo "poderíamos"; a variante "precisaríamos" aparece superposta, sem que a redação inicial tenha sido riscada.

Nós diríamos que sua desconfiança não tem absolutamente nenhum *fundamento*.

323.

Será então que uma desconfiança razoável precisa ter um fundamento?
Também poderíamos dizer: "Uma pessoa razoável acredita nisso".

324.

Nós não chamaríamos de razoável, portanto, quem acredita em algo a despeito das evidências científicas.

325.

Se dizemos que *sabemos* que ..., queremos dizer com isso que qualquer pessoa razoável, estando em nossa situação, também o saberia, que seria irracional colocar isso em dúvida. Desse modo, também Moore quer dizer não apenas que *ele* sabe que etc. etc., mas, além disso, que qualquer pessoa dotada de razão, estando em sua situação, saberia exatamente o mesmo.

326.

Porém, quem nos diz em que é razoável acreditar *nessa* situação?

327.

Poderíamos, portanto, dizer: "A pessoa razoável acredita: que a Terra existia desde muito antes de seu nascimento, que sua vida transcorreu sobre a superfície terrestre ou próximo a ela, que, por exemplo, nunca esteve na Lua, que possui um sistema nervoso e diversas vísceras como todas as outras pessoas etc. etc.".

328.

"Eu sei isso *do mesmo modo* que sei que me chamo L. W."

329.

'Se ele duvida *disso* – o que quer que "duvidar" signifique aqui –, então ele jamais aprenderá esse jogo.'

330.

Portanto, a proposição "Eu sei ..." exprime, aqui, a prontidão para acreditar em certas coisas.

13.3.1951
331.

Se chegamos a agir com segurança a partir de uma crença, será então que devemos nos espantar com o fato de que há muitas coisas de que não podemos duvidar?

332.

Imagine que alguém, sem querer *filosofar*, dissesse: "Eu não sei se alguma vez estive na Lua; eu não me *lembro* de jamais ter estado lá". (Por que essa pessoa seria tão fundamentalmente diferente de nós?)

Sobretudo: Como ela saberia então que está na Lua? como ela imagina esse caso? Compare: "Eu não sei[104] se alguma vez já estive no povoado X". Mas eu também não poderia dizer isso caso X estivesse localizado na Turquia, pois eu sei que nunca estive na Turquia.

333.

Eu pergunto a alguém: "Você já esteve na China?". Ele responde: "Não sei". Então certamente diríamos: "Você não *sabe*? Você tem alguma razão para acreditar que talvez já tenha estado lá? Por exemplo, você já esteve próximo à fronteira chinesa? ou seus pais estavam lá à época do seu nascimento?". – É que normalmente os europeus sabem se estiveram ou não na China.

334.

Ou seja: a pessoa razoável duvida *disso* apenas em tais e tais circunstâncias.

---

104. A redação inicial, riscada por Wittgenstein, era: "Eu não me lembro ...".

335.

O procedimento em um tribunal se baseia no fato de que as circunstâncias conferem certo grau de probabilidade às afirmações. A afirmação, por exemplo, de que alguém veio ao mundo sem pais jamais seria levada em consideração ali.

336.

Mas aquilo que as pessoas consideram ou não razoável muda. Em certas épocas parece razoável às pessoas o que em outras épocas não parecia razoável. E vice-versa.
 Mas não há aqui um traço característico objetivo?
 Pessoas *muito* inteligentes e cultas acreditam no relato bíblico da criação; outras o consideram comprovadamente falso, e estas razões são conhecidas daqueles.

337.

Não podemos fazer experimentos se não há muitas coisas de que não duvidamos. Isso não quer dizer, porém, que aceitemos certas pressuposições ingenuamente.[105] Quando escrevo uma carta e a envio, então suponho que ela chegará a seu destino; é o que espero.
 Quando faço experimentos, então não duvido da existência do equipamento que tenho diante dos meus olhos. Tenho uma porção de dúvidas, mas não *essa*. Quando faço uma conta, então acredito, sem dúvida, que as cifras sobre o papel não saem tro-

---

105. Essa frase vem cercada de dois pontos de interrogação nas margens do manuscrito.

cando de lugar umas com as outras; também confio o tempo todo em minha memória e confio nela incondicionalmente. Trata-se, aqui, da mesma certeza que tenho de nunca ter estado na Lua.

338.

Imaginemos, porém, pessoas que nunca tivessem completa certeza em relação a essas coisas, mas em compensação dissessem que elas são *muito* prováveis e que não vale a pena duvidar delas. Uma pessoa assim, se estivesse em meu lugar, diria então: "É altamente improvável que eu já tenha estado na Lua" etc. etc. *Como* a vida dessas pessoas se distinguiria da nossa? Há até mesmo pessoas que dizem ser apenas altamente provável[106] que a água em uma caldeira sobre o fogo irá ferver em vez de congelar e que, estritamente falando, aquilo que vemos como impossível é apenas improvável. Que diferença isso faz em suas vidas? Não será simplesmente que, a respeito de certas coisas, elas falam mais do que os outros?

339.

Imagine que uma pessoa tenha que buscar um amigo na estação de trem, e então, em vez de simplesmente consultar a tabela de horários e ir à estação em determinado horário, diga: "Eu *não* acredito que o trem realmente vá chegar, mas irei à estação de todo modo". Ela faz tudo o que fazem as pessoas comuns, mas acompanhado de dúvidas e irritação consigo mesma etc.

---

106. O manuscrito traz "improvável" em vez de "provável". A correção já consta da edição de Anscombe e Von Wright.

340.

Com a mesma certeza com que acreditamos em *qualquer* proposição matemática, sabemos também como devem ser pronunciadas as letras "**A**" e "**B**", como se chama a cor do sangue humano, que outros homens têm sangue e o chamam de "sangue".

341.

Ou seja, as *perguntas* que fazemos, bem como nossas *dúvidas*, baseiam-se no fato de que certas proposições estão subtraídas à dúvida, como se fossem as dobradiças em torno das quais aquelas se movem.[107]

342.

Ou seja, o fato de que *na prática* certas coisas não são colocadas em dúvida pertence à lógica de nossas investigações científicas.

343.

Mas, com isso, não é como se não *pudéssemos* investigar tudo: e precisássemos, assim, nos contentar forçosamente com suposições. Se quero que a porta gire, as dobradiças precisam estar firmes.

---

[107] A redação inicial é: "... baseiam-se na indubitabilidade daquelas suposições que são, por assim dizer, as dobradiças em torno das quais aquelas giram"; a variante adotada aparece na sequência do manuscrito, sem que a redação inicial tenha sido riscada.

344.

Minha *vida* consiste no fato de que me dou por satisfeito com algumas coisas.

345.

Quando pergunto "Qual cor você está vendo agora?", com o objetivo de saber qual cor está agora ali, então não posso ao mesmo tempo duvidar de que a pessoa com quem falo entende português, de que ela não quer me trapacear, de que minha própria memória não me deixa na mão quanto ao significado dos nomes das cores etc.

346.

Quando, no xadrez, tento dar o xeque-mate em alguém, não posso duvidar, por exemplo, de que as peças não trocam sozinhas de lugar, ao mesmo tempo que minha memória me prega uma peça, de modo que eu não o perceba.

15.3.1951
347.

"*I know that that's a tree.*"[108] Por que tenho a sensação de não ter entendido a frase? mesmo sendo ela uma frase extremamente simples, do tipo mais ordinário? É como se eu não fosse capaz de ajustar minha mente a qualquer significado. E isso porque

---

108. Em inglês no original: "Eu sei que isto é uma árvore".

não procuro o ajuste no domínio em que o significado está. Assim que, afastando-me do uso filosófico, passo a pensar no uso cotidiano da frase, seu sentido se torna claro e ordinário.

348.

Do mesmo modo, a expressão "Eu estou aqui" só tem sentido em certos contextos, mas não quando a digo a alguém que está sentado à minha frente e me vê claramente, – e, nesse caso, não porque seja supérflua,[109] mas porque seu sentido não está *determinado* pela situação, antes requer uma tal determinação.

349.

"Eu sei que isto é uma árvore" – isso pode significar qualquer coisa: Estou olhando para uma planta que penso ser uma jovem faia e outra pessoa pensa ser uma groselheira. Ela diz "Isto é um arbusto", e eu, que é uma árvore. – Vemos, em meio à neblina, algo que um de nós pensa ser um homem, e o outro diz "Eu sei que isto é uma árvore". Alguém quer checar meus olhos etc. etc. – etc. etc. Em cada um desses casos, o "isto" que declaro ser uma árvore é de tipo diferente.

Mas e se nos expressássemos de modo mais preciso? assim, por exemplo: "Eu sei que ali está uma árvore, eu a vejo com bastante clareza". – Suponhamos, ainda mais, que eu tivesse feito essa observação no contexto de uma conversa (observação que naquele momento era relevante); e agora, fora de qualquer contexto, eu a repito enquanto olho para a árvore e acrescento "Quero dizer,

---

109. A redação inicial, riscada por Wittgenstein, era: "uma obviedade".

com essas palavras, o mesmo que 5 minutos atrás". – Se além disso eu dissesse, por exemplo, que estava novamente pensando em meus problemas de visão, e que isso era uma espécie de lamento, então não haveria nada de enigmático nessa manifestação.

Aquilo que se *quer*[110] *dizer* com a frase pode, de fato, ser expresso por um complemento da frase e, portanto, pode ser integrado a ela.

350.

"Eu sei que isto é uma árvore", diz um filósofo, talvez para mostrar a si mesmo, ou a outra pessoa, que ele *sabe* algo que não seja uma verdade matemática ou lógica. De modo semelhante, alguém que estivesse às voltas com o pensamento de que não serve mais para nada poderia sempre repetir "Eu ainda sou capaz de fazer isso e isso e isso". Se tais pensamentos passassem com frequência por sua cabeça, então não seria de se espantar se ele, aparentemente fora de qualquer contexto, deixasse escapar uma tal frase. (Acabo de indicar aqui, porém, um pano de fundo, um contorno, portanto um contexto para essa manifestação.) Ao contrário, se alguém, em circunstâncias totalmente incompatíveis, berrasse com os gestos mais convincentes "Abaixo com ele!", então poderíamos dizer, a respeito dessas palavras (e de seu tom), que elas são uma figura com uma aplicação bastante conhecida, mas que aqui não está claro nem sequer a *linguagem* que essa pessoa está falando. Eu poderia fazer com a mão o movimento que seria de se esperar caso eu tivesse um serrote na mão e serrasse uma tábua; mas será que alguém teria o direito de chamar de *serrar* esse

---

110. O seguinte tempo verbal aparece como variante superposta ao texto: "*queria*".

movimento, fora de qualquer contexto? (Poder-se-ia tratar, de fato, de algo completamente diverso!)

351.

Não será a pergunta "Essas palavras têm sentido?" semelhante a: "Isso é uma ferramenta?", dita por alguém que está mostrando, por exemplo, um martelo? Eu digo: "Sim, isso é um martelo". Mas e se aquilo que todos nós tomamos por um martelo fosse, em algum outro lugar, por exemplo, um projétil ou uma batuta de maestro? Agora faça você mesmo a aplicação!

352.

Agora, se alguém disser "Eu sei que isto é uma árvore", então posso responder: "Sim, isso é uma frase. Uma frase do português. E o que devo fazer com ela?". E se agora ele respondesse: "Eu queria apenas me recordar de que *sei* essas coisas"? – – –

353.

Mas e se ele dissesse: "Eu quero fazer uma observação lógica"? _ _ _ Quando o guarda-florestal entra na floresta com seus subordinados e então diz "*Esta* árvore deve ser derrubada, e *esta* e *esta*" _ _ _ e se, nesse momento, ele fizer a observação "Eu *sei* que isto é uma árvore"? – Será, porém, que eu não poderia dizer, a respeito do guarda-florestal, "Ele *sabe* que isso é uma árvore, ele não investiga tal coisa, nem ordena a seu pessoal que o faça"?

354.

O comportamento de quem duvida e o de quem não duvida. Só há o primeiro se houver o segundo.

355.

Um alienista, digamos, poderia me perguntar "Você sabe o que é isto?", e eu poderia responder: "eu sei que isto é uma poltrona; eu a conheço, ela sempre esteve no meu quarto". Talvez ele não esteja, com isso, checando meus olhos, mas minha capacidade de reconhecer coisas, de saber seus nomes e suas funções. Trata-se, aí, de um orientar-se em meio às coisas. Seria então errado, para mim, dizer "Eu creio que isto é uma poltrona", pois assim se expressaria que estou disposto a submeter minha afirmação à checagem. Ao passo que "Eu sei que isto ..." implica que eu ficaria *pasmo* caso isso não se confirmasse.

356.

Meu 'estado anímico', o "saber", não me serve de garantia em relação ao que vai acontecer. Ele consiste, antes, no fato de que eu não entenderia onde uma dúvida pode se instalar, nem onde seria possível[111] uma nova checagem.

---

111. A redação inicial, riscada por Wittgenstein, era: "se teria de fazer".

357.

Poderíamos dizer: "'Eu sei'[112] exprime a certeza *apaziguada*, não aquela que ainda está em luta".

358.

Eu gostaria de ver essa certeza, agora, não como algo aparentado à pressa ou à superficialidade, mas como (uma) forma de vida. (Isso está muito mal expresso e, também, muito mal pensado.)

359.

Isso significa, porém, que quero concebê-la como algo que se situa para além de justificado ou injustificado; portanto, como algo, por assim dizer, animalesco.

360.[113]

Eu SEI que este é meu pé. Eu não poderia aceitar nenhuma experiência como prova em contrário. – Isso pode ser um grito;

---

112. No manuscrito, a expressão "Eu sei" não aparece entre aspas simples; elas foram inseridas na edição de Anscombe e Von Wright.

113. Consta do manuscrito, entre os parágrafos 359 e 360, o seguinte trecho, omitido na edição de Anscombe e Von Wright: "Deus pode me dizer: 'Eu te julgo por tua própria boca. Tremeste de asco diante de tuas próprias ações quando as viste em outros'" (MS 175, p. 56r). O trecho, publicado nas *Vermischte Bemerkungen* [*Observações variadas*], aparece entre barras verticais simples, que parecem indicar variação em relação ao tema que está sendo tratado. Ele contém uma referência a Lucas 19, 22.

mas o que se *segue* dele? Seja como for, segue-se que irei agir de acordo com minha crença com uma certeza que desconhece a dúvida.[114]

361.

Mas eu também poderia dizer: Foi-me revelado por Deus que isso é assim. Deus me ensinou que este é meu pé. E, assim, se ocorresse algo que parecesse contrariar esse conhecimento, então eu precisaria tratar *isso* como uma ilusão.

362.

Mas será que com isso não se mostra que o saber é aparentado a uma decisão?

363.

E aqui é difícil encontrar a transição entre aquilo que se gostaria de gritar e suas consequências para o modo de agir.[115]

---

114. A redação inicial é: "Seja como for, segue-se que irei agir, com certeza incondicional, de acordo com o que sei"; a variante adotada aparece na sequência do manuscrito, sem que a redação inicial tenha sido riscada.

115. A redação inicial é: "... e suas consequências práticas"; a variante adotada aparece na sequência do manuscrito, sem que a redação inicial tenha sido riscada.

364.

Mas também poderíamos perguntar assim: "Se você sabe que este é seu pé, – então será que você também sabe, ou será que apenas acredita, que nenhuma experiência futura parecerá contradizer seu saber?" (ou seja, que *para você próprio* ela não parecerá fazê-lo?).

365.

Se alguém agora respondesse: "Eu de fato sei que, para mim, nunca *parecerá* que algo contradiria aquele conhecimento", – o que podemos extrair daí? para além do fato de que ele próprio não duvidou de que isso nunca acontecerá. –

366.

E se fosse proibido dizer "Eu sei" e permitido dizer apenas "Eu acredito saber"?

367.

Será que o propósito de interpretar[116] uma palavra como "saber" de modo análogo à palavra "acreditar" não é que, a partir daí,

---

116. O verbo alemão é *"konstruieren"*. Seu significado é muito próximo ao do verbo português correspondente ("construir"), o que parece não se encaixar no contexto do parágrafo. Por isso, interpretamos o termo como um anglicismo de Wittgenstein, que estaria usando *"konstruieren"* com o mesmo sentido do verbo inglês *"construe"*. Não à toa, a tradução de Anscombe e Denis Paul faz exatamente essa opção.

uma censura adere à afirmação "Eu sei" nos casos em que aquele que a diz cometeu um erro?[117]

Um erro se torna, assim, algo não permitido.

368.

Quando alguém diz que não aceitará nenhuma experiência como prova em contrário, isso é claramente uma *decisão*. É possível que essa pessoa vá agir contrariamente a ela.

16.3.1951
369.

Se eu quisesse duvidar de que esta é minha mão, como poderia deixar de duvidar de que a palavra "mão" tem algum significado? Isso, portanto, é algo que pareço *saber*.

370.

Porém, é mais correto dizer: O fato de que uso a palavra "mão" e todas as demais palavras da minha frase sem muitos escrúpulos, aliás, o fato de que estaria diante do Nada assim que quisesse tentar duvidar disso – isso mostra que a indubitabilidade pertence à essência do jogo de linguagem, que a pergunta "Como eu sei ..." desterra ou suspende o jogo de linguagem.

---

[117] A seguinte variante aparece superposta ao texto: "Será que o objetivo de introduzir uma palavra como 'saber' em paralelo à palavra 'acreditar' não é que...".

371.

Será que "Eu sei que isto é uma mão", no sentido de Moore, não quer dizer o mesmo que, ou algo semelhante a: eu poderia usar afirmações como "Tenho dor nesta mão", ou "Esta mão é mais fraca que a outra", ou "Eu já quebrei esta mão", e incontáveis outras, em jogos de linguagem nos quais uma dúvida sobre a existência desta mão não ocorre?[118]

372.

Uma investigação como "Isso é realmente uma mão?" (ou "minha mão") é possível apenas em certos casos. Pois a frase "Eu tenho dúvida se esta é realmente minha (ou uma) mão", sem maiores especificações, ainda não tem nenhum sentido. A partir apenas dessas palavras, ainda não se pode ver se de fato estamos querendo expressar uma dúvida, e de que tipo ela seria.[119]

373.

Por que deve ser possível ter uma razão para *acreditar*, se não é possível ter certeza?

---

118. Consta do manuscrito, interposto à redação do parágrafo 371, o seguinte trecho, omitido na edição de Anscombe e Von Wright: "Isso não desculpa a desonestidade daqueles que conferem prestígio a suas publicações por meio das minhas ideias (exemplos, métodos) não publicadas. Pois mesmo que o que eles conseguem extrair delas..." (MS 175, pp. 59v-60r). O trecho aparece entre barras verticais simples, que parecem indicar variação em relação ao tema que está sendo tratado. Compará-lo com o trecho omitido entre os parágrafos 299 e 300.

119. A redação inicial é: "... ainda não se pode ver que tipo de dúvida estamos querendo expressar"; a variante adotada aparece superposta, sem que a redação inicial tenha sido riscada.

374.

Ensinamos às crianças "Esta é sua mão", e não "Talvez [ou "provavelmente"] esta seja sua mão". É assim que a criança aprende os incontáveis jogos de linguagem que se relacionam com sua mão. Ela nunca depara com uma investigação ou pergunta do tipo 'se isso é realmente uma mão'. Por outro lado, ela tampouco aprende: que *sabe* que isto é uma[120] mão.

375.

É preciso perceber, aqui, que a indubitabilidade completa quanto a um ponto não necessariamente falsifica um jogo de linguagem, até mesmo ali onde podem subsistir, como diríamos, dúvidas 'legítimas'. Há até mesmo algo como uma *outra* aritmética.

A admissão disso precisa, segundo creio, situar-se no fundamento de toda compreensão da lógica.

17.3.1951
376.

Eu posso declarar apaixonadamente que sei que (por exemplo)[121] este é meu pé.

---

120. A redação inicial traz o termo "sua"; a variante "uma" aparece superposta, sem que a redação inicial tenha sido riscada.
121. "(por exemplo)" é uma inserção posterior.

377.

Mas essa paixão é, de fato, algo (muito) raro e não há qualquer indício dela quando ordinariamente falo a respeito desse pé.

378.

O saber se baseia, em última instância, na aceitação.

379.

Eu digo apaixonadamente "Eu *sei* que isto é um pé" – mas o que isso *significa*?

380.

Eu poderia prosseguir: "Nada no mundo me convencerá do contrário!". Esse *fato*, para mim, está no fundamento de todo conhecimento. Eu abrirei mão de outras coisas, mas não disso.

381.

Esse "Nada no mundo ..." é evidentemente uma atitude que não assumimos em relação a tudo aquilo em que acreditamos, ou de que temos certeza.

382.

Com isso não está dito que realmente nada no mundo será capaz de me convencer a mudar de atitude.[122]

383.

O argumento "Talvez eu esteja sonhando" não faz sentido porque, nesse caso, também essa declaração é sonhada, e também *isto*: que essas palavras têm um significado.

384.

De que tipo é, então, a frase "Nada no mundo ..."?

385.

Ela tem a forma de uma previsão, mas (naturalmente) não de uma previsão que se baseia na experiência.

386.[123]

Quem, como Moore, diz que *sabe* que ... – indica o grau de cer-

---

122. A redação inicial, adotada na edição de Anscombe e Von Wright, é: "... será capaz de me convencer de algo diferente"; a variante que escolhemos aparece na sequência do manuscrito.

123. Consta do manuscrito, entre os parágrafos 385 e 386, o seguinte trecho, omitido na edição de Anscombe e Von Wright: "Será que o sentido da crença no

teza que algo tem para si. E é importante que haja um máximo para esse grau.[124]

387.

Alguém poderia me perguntar: "Quanta certeza você tem: de que aquilo ali é uma árvore; de que você tem dinheiro na carteira; de que esse é seu pé?". E a resposta poderia ser, em um caso, "não tenho certeza", em outro "tenho quase certeza", num terceiro "Não sou capaz de duvidar disso". E essas respostas teriam sentido mesmo sem que fossem dadas quaisquer razões. Eu não precisaria dizer, por exemplo: "Não posso ter certeza quanto a isso ser uma árvore, pois meus olhos não são aguçados o bastante". Quero dizer: faria sentido que Moore dissesse "Eu *sei* que isso é uma árvore" se, com isso, ele quisesse dizer algo muito preciso.

[Creio que poderia interessar a um filósofo, um que seja capaz de pensar por si próprio, ler minhas anotações. Pois mesmo que eu apenas raramente tenha acertado na mosca, ele iria reconhecer quais foram os alvos que incansavelmente tentei acertar.][125]

→ diabo é o de que nem tudo o que chega a nós como inspiração é algo bom?" (MS 175, pp. 63r-63v). O trecho, publicado nas *Vermischte Bemerkungen* [*Observações variadas*], aparece entre barras verticais simples, que parecem indicar variação em relação ao tema que está sendo tratado.

124. A seguinte variante aparece na sequência do manuscrito, sem que a redação inicial tenha sido riscada: "E é importante que haja um valor mais elevado para ele".

125. No manuscrito, o trecho aparece entre barras verticais simples, que parecem indicar variação em relação ao tema que está sendo tratado. A opção por usar colchetes é da edição de Anscombe e Von Wright.

388.

Todos nós usamos frequentemente uma proposição como aquela, e não está em questão se ela tem sentido. Mas será que com isso se pode também fornecer alguma informação filosófica?[126] Acaso o fato de que sei que isto é uma mão é uma prova maior da existência das coisas exteriores do que o fato de que não sei se isto é ouro ou latão?

18.3.1951
389.

Moore queria oferecer um exemplo para o fato de que podemos realmente saber proposições sobre objetos físicos. Caso fosse controverso que podemos ter dores em tal e tal lugar específico do corpo, então alguém que tem dores justamente ali poderia dizer: "Asseguro a você que agora tenho dores ali". Mas soaria estranho se Moore tivesse dito: "Asseguro a você que eu sei que isso é uma árvore". Precisamente aqui não tem interesse para nós uma experiência pessoal.

390.

O importante é apenas que faz sentido dizer que se sabe algo desse tipo; e, portanto, assegurar que se sabe isso não pode ter, aqui, nenhum efeito.

---

126. A redação inicial, riscada por Wittgenstein, era: "Mas será que ela também permite dizer o seguinte: que ela nos oferece uma informação filosófica?".

391.

Imagine um jogo de linguagem "Quando eu chamar você, entre pela porta". Em todos os casos usuais será impossível uma dúvida a respeito de se realmente há uma porta ali.[127]

392.

O que preciso mostrar é que, mesmo quando uma dúvida é possível, ela não é necessária. Que a possibilidade do jogo de linguagem não depende do fato de que se duvide de tudo de que se pode duvidar. (Isso está conectado ao papel da contradição na matemática.)

393.

A proposição "Eu sei que isso é uma árvore", se dita fora de seu jogo de linguagem, poderia ser também uma citação (extraída de um manual de língua portuguesa, por exemplo). – "Mas e se, no momento em que a digo, eu *quero dizer* o que ela realmente diz?". O antigo mal-entendido relativo ao conceito[128] de "querer dizer".

---

127. A redação inicial, riscada por Wittgenstein, era: "... de se realmente existe uma porta".

128. A redação inicial traz o termo "palavra"; a variante "conceito" aparece superposta, sem que a redação inicial tenha sido riscada. Note-se que a locução "querer dizer" é nossa tradução para a palavra "*meinen*". Ver o Vocabulário crítico.

394.

"Isso pertence às coisas das quais não posso duvidar."

395.

"Eu sei isso tudo." E isso irá se mostrar no modo como ajo e no modo como falo a respeito das coisas.

396.

No jogo de linguagem (2),[129] será que ele pode dizer que sabe que aquilo são materiais de construção? – "Não, mas ele *sabe* isso."

397.

Será que eu não estava errado, e Moore completamente certo? Será que não cometi o erro elementar de confundir aquilo que se pensa com aquilo que se sabe? Evidentemente, eu não penso "A Terra já existia desde algum tempo antes de meu nascimento", mas será que, por esse motivo, não o

---

129. A referência é às *Investigações filosóficas*, §2: "[...] Imaginemos uma linguagem para a qual a descrição dada por Agostinho esteja correta:
A linguagem deve servir para o entendimento mútuo entre um construtor **A** e seu ajudante **B**. **A** está erguendo uma construção com certos materiais; estão disponíveis blocos, colunas, placas e vigas. **B** tem de lhe entregar os materiais exatamente na ordem em que **A** necessita deles. Para esse fim, eles se servem de uma linguagem que consiste das palavras: "bloco", "coluna", "placa", "viga". **A** grita essas palavras; – **B** traz o material que aprendeu a trazer para cada grito. — Conceba isso como uma linguagem primitiva completa".

sei? Será que não mostro que o sei ao sempre extrair daí suas consequências?

398.

Será que também não sei que não há nesta casa nenhuma escada que desça seis andares abaixo da terra, embora ainda nunca tenha pensado nisso?

399.

Mas será que o fato de que extraio tais consequências não mostra apenas que eu aceito essa hipótese?

19.3.1951
400.

Estou aqui inclinado a lutar contra moinhos de vento, pois ainda não posso dizer aquilo que realmente quero dizer.

401.

Eu quero dizer: proposições com a forma de proposições empíricas, e não apenas proposições da lógica,[130] pertencem ao fundamento de todo operar com pensamentos (com a linguagem).

---

130. "e não apenas proposições da lógica" é uma inserção posterior.

– Essa constatação *não* tem a forma "Eu sei ...". "Eu sei ..." exprime aquilo que *eu* sei, e isso não tem interesse lógico.

402.

Nessa observação, já a expressão "proposições com a forma de proposições empíricas" está bastante ruim; trata-se de afirmações[131] sobre objetos físicos. E elas não servem como fundamento, à maneira de hipóteses que, caso se mostrem falsas, são substituídas por outras.
... Confiante, escrevo:
"No princípio era o Ato".[132]

403.

Dizer de uma pessoa, no sentido de Moore, que ela *sabe* algo; que o que ela diz é, portanto, necessariamente a verdade, pa-

---

131. A redação inicial, riscada por Wittgenstein, era: "proposições".

132. Wittgenstein refere-se aqui ao primeiro volume de *Fausto*, de Goethe (versos 1224-37). Na cena em questão, Fausto pretende retraduzir a primeira frase do Evangelho segundo João, aquilo que, na versão de Lutero, se tornou *Im Anfang war das Wort* (a partir do grego ἐν ἀρχῇ ἦν ὁ λόγος), consagrada em português como "No princípio era o Verbo". Note-se que Wittgenstein provavelmente cita de memória, com algumas variações em relação ao original. Segue nossa tradução: Escrito está: "No princípio era o Verbo!"/ Hesito, sem um guia, em rumo incerto./ Isso é dar ao verbo muita atenção,/ Preciso ainda de outra tradução./ Se pelo espírito sou instruído,/ escrevo: No princípio era o Sentido./ Reflete bem sobre o verso inicial,/ Para que a pressa não lhe faça mal!/ O sentido não cria tudo! Ouça:/ Melhor dizer: No princípio era a Força!/ Mas mal escrevo isso que assim está,/ E algo me incita a continuar./ Socorre-me o espírito e eu acato./ Confiante, escrevo: No princípio era o Ato!

rece-me falso. – É a verdade apenas na medida em que é um fundamento inabalável de seu jogo de linguagem.

404.

Eu quero dizer: Não é que a pessoa, a respeito de certos pontos, saiba a verdade com absoluta certeza. A absoluta certeza, nesse caso, está relacionada somente à sua atitude.

405.

Mas também aqui, naturalmente, ainda há um erro.

406.

Aquilo que tenho como alvo situa-se, de fato, na diferença entre a afirmação casual "Eu sei que isso ...", tal como usada na vida cotidiana, e essa declaração, quando um filósofo a faz.

407.

Pois quando Moore diz "Eu sei que isso é ...", eu gostaria de responder: "Você não *sabe* coisa alguma!". E, no entanto, eu não responderia isso a alguém que fala sem intenção filosófica.[133] Eu

---

133. A redação inicial é: "... eu não responderia isso ao uso cotidiano dessas palavras"; a variante adotada aparece na sequência do manuscrito, sem que a redação inicial tenha sido riscada.

sinto, portanto (será que justificadamente?), que esses dois querem dizer coisas diferentes.

408.

Pois se alguém diz que *sabe* tal e tal coisa, e isso pertence à sua filosofia, – então essa filosofia é falsa caso ele tenha se equivocado naquela afirmação.

409.

Quando eu digo "Eu sei que isso é um pé" – o que estou realmente dizendo? Será que todo o ponto não está justamente no fato de que tenho certeza das consequências, no fato de que, se outra pessoa tivesse duvidado disso, eu poderia lhe dizer "Viu só, eu disse para você"? Será que meu conhecimento ainda valeria alguma coisa caso fracassasse como princípio orientador da ação? E será que ele não *pode* fracassar?

20.3.1951
410.

Nosso conhecimento constitui um grande sistema. E somente nesse sistema os elementos individuais têm o valor que atribuímos a eles.

411.

Quando eu digo *"Nós supomos* que a Terra já existe há muitos anos" (ou coisa semelhante), então soa evidentemente estranho que nós devêssemos *supor* algo assim. No sistema de nossos jogos de linguagem como um todo, porém, isso pertence ao fundamento. A suposição, pode-se dizer, constitui o fundamento da ação e, portanto, naturalmente, também do pensamento.

412.

Quem não é capaz de imaginar um caso no qual se pudesse dizer: "Eu sei que esta é minha mão" (e tais casos são, de fato, raros) poderia dizer que essa expressão é sem sentido. É claro que essa pessoa também poderia dizer: "Evidentemente eu sei isso, como poderia não o saber?" – nesse caso, porém, talvez ela não entendesse a proposição "Esta é a minha mão" como *explicação* da expressão "minha mão".

413.

Pois suponha que você estivesse conduzindo a mão de um cego e, passando a dele sobre a sua, dissesse "Esta é minha mão"; caso ele agora lhe perguntasse "Você tem certeza?" ou "Você sabe isso?", então isso só teria sentido em circunstâncias muito específicas.

414.

Por outro lado, porém: Como *sei* que esta é minha mão? De fato, será que nesse caso também sei exatamente o que significa dizer que essa é minha mão? – Quando digo "Como sei isso?", então não quero dizer que eu *duvide* minimamente de tal coisa.

Trata-se aqui de um fundamento de todo o meu agir. Parece-me, contudo, que ele é expresso incorretamente pelas palavras "Eu sei ...".

415.

De fato, será que o uso da palavra saber, como palavra eminentemente filosófica, não é totalmente incorreto? Se "saber" tem tal interesse, por que não "ter certeza"? Claramente porque seria demasiado subjetivo. Mas será que saber não é *tão* subjetivo quanto? Será que não somos simplesmente enganados pela seguinte peculiaridade gramatical: que de "eu sei p" segue-se "p"? "Eu acredito saber isso" não expressaria necessariamente um grau menor de certeza.[134] – Sim, no entanto não queremos expressar certeza[135] subjetiva, por maior que ela seja, e sim o seguinte: que certas proposições parecem estar no fundamento de todas as perguntas e de todo o pensamento.

416.

Será que é de tal tipo uma proposição como, por exemplo, a de que permaneci a semana inteira neste quarto, de que minha memória não me engana quanto a isso?
– "*certain beyond all reasonable doubt*".[136]

---

134. No original: *Gewißheit*.
135. No original: *Sicherheit*.
136. Em inglês no original: "certo para além de qualquer dúvida razoável".

21.3.1951
417.

"Eu sei que no último mês tomei banho diariamente." De que é que me recordo? De cada dia, e do banho a cada manhã? Não. Eu *sei* que tomei banho todos os dias e não concluo isso de outro dado imediato. De modo semelhante, eu digo "Senti uma picada no braço",[137] sem que essa localização venha à minha consciência de alguma outra maneira (por exemplo, por meio de uma imagem).

418.

Será que minha compreensão é apenas cegueira em relação à minha própria falta de compreensão? Frequentemente me parece que é assim.

419.

Quando digo "Nunca estive na Ásia Menor", de onde me vem esse conhecimento? Não fiquei ponderando, ninguém me disse isso; minha memória me diz isso. – Será então que não posso estar errado a esse respeito? Haverá aqui uma verdade que eu *sei*? – Não posso me descolar desse juízo[138] sem rasgar, junto com ele, todos os outros juízos.

---

137. No manuscrito, Wittgenstein não indica em que ponto as aspas fecham; elas foram inseridas nessa posição na edição de Anscombe e Von Wright.

138. A redação inicial, riscada por Wittgenstein, era: "afirmação" (*Feststellung*). Note-se que o termo vinha grifado.

420.

Mesmo uma proposição como a de que agora estou vivendo na Inglaterra tem estes dois lados: Ela não é um *erro* – mas, por outro lado: que sei eu da Inglaterra? será que não posso equivocar-me completamente em meu juízo?

Acaso não seria possível que pessoas viessem ao meu quarto e todas elas afirmassem o contrário, e até mesmo me dessem 'provas' para isso, de modo que eu subitamente estivesse sozinho, como um louco entre pessoas normais, ou um normal entre malucos? Nesse caso, será que não poderiam me surgir dúvidas em relação àquilo que, agora, me é mais indubitável?[139]

421.

Estou na Inglaterra. – Tudo ao meu redor me diz isso; não importa como ou por onde eu deixe meus pensamentos vagarem, eles me confirmam isso. – Será, porém, que eu não poderia ficar desorientado caso acontecessem coisas que, agora, eu não me permito nem sequer sonhar?

422.

Quero dizer, portanto, algo que soa como pragmatismo.
Aqui uma espécie de visão de mundo atravanca meu caminho.

---

[139]. A redação inicial é: "... em relação ao que é mais simples?", com o termo alternativo "evidente" sobrescrito ao termo "simples"; a variante adotada aparece na sequência do manuscrito, sem que a redação inicial tenha sido riscada.

423.

Por que, então, não digo simplesmente, com Moore, "Eu *sei* que estou na Inglaterra"? Faz sentido dizer isso *em certas circunstâncias*, as quais consigo imaginar. Contudo, se pronuncio essa frase, não nessas circunstâncias, mas como exemplo de que[140] posso conhecer verdades desse tipo com certeza, então ela se torna para mim imediatamente suspeita. – Será que justificadamente??

424.

Eu digo "Eu sei p", ou para assegurar que a verdade de p é conhecida também por mim, ou simplesmente como um reforço de ⊢p. Também dizemos "Eu não *acredito* nisso, eu *sei* isso". E poderíamos nos expressar também assim (por exemplo): "Isto é uma árvore. E essa não é uma mera suposição".

Mas o que acontece com: "Caso eu comunicasse a alguém que isto é uma árvore, então não seria uma mera suposição". Não será isso o que Moore queria dizer?

425.

Não seria uma suposição, e eu poderia comunicar tal coisa aos outros com absoluta certeza, como algo que não se deve pôr em dúvida. Será que isso significa, porém, que tal coisa é necessariamente a verdade? Será que aquilo que reconheço, com total convicção, como a árvore que vi aqui durante toda a minha

---

140. A redação inicial é: "... para mostrar que..."; a variante adotada aparece superposta, sem que a redação inicial tenha sido riscada.

vida, será que isso não pode se revelar como outra coisa? Será que não pode me deixar pasmo?

E, no entanto, sob as circunstâncias que conferem sentido a essa frase, estava correto dizer "Eu sei (não apenas suponho) que isto é uma árvore". Seria errado dizer que, na verdade, eu apenas acredito. Seria completamente *desencaminhador* dizer: eu acredito que me chamo L. W. E também é correto: não posso *errar* a esse respeito. Mas isso não significa que eu seja infalível nesse ponto.

✻

21.3.1951[141]
426.

Como é, porém, *mostrar* a alguém que *sabemos* verdades não apenas a respeito dos dados sensíveis, mas também a respeito de coisas? Com efeito, não pode ser suficiente que uma pessoa nos assegure que *ela* sabe isso.

De onde, então, precisamos partir para mostrar isso?

22.3.1951
427.

Precisamos mostrar que, mesmo que ela nunca tenha usado a expressão "Eu sei ...", seu comportamento mostra aquilo que nos interessa.

---

141. A sequência de parágrafos que se inicia agora, de 426 a 637, foi extraída do MS 176, pp. 22r-81. Vale observar, porém, que as páginas 46-51 desse manuscrito não aparecem aqui, por terem sido publicadas como a Parte VI dos *Últimos escritos sobre a filosofia da psicologia*, v. II.

428.

Mas e se um homem que age normalmente nos assegurasse: ele apenas *acredita* chamar-se tal e tal, ele *acredita* conhecer as pessoas que há muito moram com ele, ele acredita ter mãos e pés quando não os está vendo, e assim por diante. Será que podemos lhe mostrar, a partir de suas ações (e do que ele diz), que não é assim?

23.3.1951
429.

Que fundamento eu tenho, agora que não estou vendo meus dedos, para supor que tenho cinco dedos em cada pé?

Será correto dizer que o fundamento está em que experiências passadas sempre me ensinaram isso? Será que tenho mais certeza a respeito de experiências passadas do que quanto a ter dez dedos nos pés?

Aquelas experiências passadas podem muito bem ser a *causa* da minha certeza presente; mas serão seu fundamento?

430.

Encontro um marciano e ele me pergunta "Quantos dedos os seres humanos têm nos pés?". – Eu digo: "Dez. Deixe-me mostrá-los", e tiro meus sapatos. Se ele agora se espantasse com o fato de que eu sabia isso com tanta certeza,[142] mesmo sem ter visto meus dedos dos pés – será que eu deveria então dizer:

---

142. "com tanta certeza" é uma inserção posterior.

"Nós, humanos, sabemos que temos esse número de dedos, quer os estejamos vendo ou não"?

26.3.1951
431.

"Eu sei que este quarto fica no segundo andar, que atrás da porta um breve corredor leva à escada etc." É possível imaginar casos em que eu faria essa declaração, mas seriam casos certamente raros. Por outro lado, contudo, eu mostro esse saber no dia a dia, por meio de minhas ações e também por meio do que digo.

O que outra pessoa conclui, agora, dessas minhas ações e do que digo? Será que ela não conclui apenas que tenho *certeza*[143] a respeito daquilo que me diz respeito? – Do fato de que estou morando aqui há muitas semanas e de que subo e desço as escadas diariamente[144] ela irá concluir que eu *sei* onde fica meu quarto. – Farei uso da asseveração "Eu sei ..." caso ela ainda *não* saiba a partir do que precisaria inferir forçosamente que eu sei.

432.

A declaração "Eu sei ..." só pode ter significado em conexão com as demais evidências do 'saber'.

---

143. A edição de Anscombe e Von Wright ignora o grifo, presente no manuscrito.
144. "... e de que subo e desço as escadas diariamente..." é uma inserção posterior.

433.

Portanto, se digo a alguém "Eu sei que isto é uma árvore", então é como se eu lhe dissesse: "Isto é uma árvore; pode confiar absolutamente, não há dúvida". E o filósofo só poderia usar isso para mostrar que essa forma de falar realmente é usada. Porém, caso essa não pretenda ser apenas uma observação a respeito da gramática do português, então ele precisa fornecer as circunstâncias nas quais essa expressão funciona.

434.

Será então que a *experiência* nos ensina que as pessoas, em tais e tais circunstâncias, sabem tais e tais coisas? A experiência certamente nos mostra que, usualmente, uma pessoa sabe se orientar em uma casa depois de certo número de dias morando nela. Ou também: a experiência nos ensina que se pode confiar no juízo de uma pessoa[145] após certo período de aprendizagem.[146] De acordo com a experiência, para poder fazer uma previsão correta, ela precisa ter aprendido durante certo período de tempo. Mas – – –

27.3.1951
435.

Frequentemente somos enfeitiçados por uma palavra. Por exemplo, pela palavra "saber".

---

145. A redação inicial, riscada por Wittgenstein, era: "... confiar em uma pessoa...".

146. O manuscrito traz, aqui, o seguinte trecho riscado: "Mas – – –".

436.

Será que nosso saber vincula Deus? Será que algumas de nossas afirmações não *podem* ser falsas? Pois é isso o que gostaríamos de dizer.

437.

Estou inclinado a dizer: "Isso não *pode* ser falso". Eis algo interessante; mas quais são suas consequências?

438.

Não seria suficiente assegurar que eu sei o que se passa em tal lugar – sem fornecer razões que convencessem (os outros) de que estou em condições de saber isso.

439.

Também a afirmação "Eu sei que atrás desta porta há um corredor e uma escada para o andar térreo" apenas soa tão convincente porque todos supõem[147] que eu sei essas coisas.

440.

Há aqui algo de geral; não apenas pessoal.

---

147. A redação inicial traz o termo "sabem"; a variante "supõem" aparece superposta, sem que a redação inicial tenha sido riscada.

441.

No tribunal, a mera asseveração da testemunha "Eu sei ..." não convenceria ninguém. Precisa ser mostrado que a testemunha estava em condições de saber.

Mesmo a asseveração "Eu sei que isto é uma mão", no momento em que se observa a própria mão, não seria crível caso não conhecêssemos as circunstâncias da afirmação.[148] E, se as conhecemos, então ela parece assegurar que, no que tange a esse assunto, aquele que fala é normal.

442.

Não pode acontecer de eu *imaginar* que *sei* algo?

443.

Considere que em certa linguagem não haja palavra correspondente ao nosso "saber". – As pessoas simplesmente enunciam a afirmação. "Isto é uma árvore" etc. Naturalmente, pode acontecer de elas errarem. E então elas acrescentam à proposição um símbolo que indica quão provável[149] elas consideram um erro – ou será que devo dizer: quão provável[150] é um erro nesse caso?

---

148. A redação inicial é: "... caso não soubéssemos que a pessoa observa sua própria mão"; a variante adotada aparece na sequência do manuscrito, sem que a redação inicial tenha sido riscada.

149. O seguinte termo aparece como variante superposta ao texto: "certo" (*sicher*).

150. O seguinte termo aparece como variante superposta ao texto: "certo" (*sicher*).

Também podemos indicar isso pelo fornecimento de certas circunstâncias. Por exemplo "A disse para B ... Eu estava bem a seu lado, e tenho bons ouvidos" ou "Ontem A esteve em tal lugar. Eu o vi de longe. Meus olhos não são muito bons" ou "Ali está uma árvore. Eu a vejo claramente e a já vi incontáveis vezes".

444.

"O trem parte às 2 horas. Confira mais uma vez para ter certeza" ou "O trem parte às 2 horas. Eu acabei de consultar a nova tabela de horários". Pode-se também acrescentar "Eu sou confiável nessas coisas". A utilidade dessas adições é óbvia.

445.

Mas quando digo "Eu tenho duas mãos" – o que posso acrescentar para indicar a confiabilidade? No máximo, que as circunstâncias são as usuais.

446.

Por que então tenho tanta certeza de que esta é minha mão? Será que não é sobre esse tipo de certeza que se baseia todo o jogo de linguagem?
 Ou: Será que essa 'certeza' (já) não está pressuposta no jogo de linguagem? Mais precisamente, do seguinte modo: *aquele* que não tem certeza ao reconhecer objetos não joga esse jogo, ou o joga incorretamente.

28.3.1951

447.

Compare isso com 12 × 12 = 144.[151] Também aqui não dizemos "talvez". Pois, na medida em que essa proposição se baseia em que não erramos na contagem ou ao fazer a conta, em que nossos sentidos não nos iludem no momento de fazer a conta, então ambas – proposição aritmética e proposição física – estão no mesmo nível.

Eu quero dizer: o jogo físico é tão seguro quanto o aritmético.[152] Mas isso pode ser mal compreendido. Minha observação é lógica, não psicológica.

448.

Eu quero dizer: Se não nos espantamos com o fato de que as proposições aritméticas (por exemplo, a tabuada) possuem 'certeza absoluta', por que deveríamos ficar perplexos com o fato de que a proposição "Esta é a minha mão" também a possui?

449.

É necessário que algo nos seja ensinado como fundamento.

---

151. Note-se que, no mundo germânico, a tabuada vai até o número 12.

152. A redação inicial é: "... o jogo aritmético é tão pouco inseguro quanto o físico"; a variante adotada aparece na sequência do manuscrito, sem que a redação inicial tenha sido riscada.

450.

Eu quero dizer: Nosso aprendizado tem a forma "Isto é uma violeta", "Isto é uma mesa". A criança poderia muito bem ouvir a palavra "violeta" pela primeira vez na frase "Talvez isto seja uma violeta"; mas então ela poderia perguntar "O que é uma violeta?". É claro que, agora, isso poderia ser respondido mostrando-se a ela uma *imagem*. Mas como seria se disséssemos "Isto é uma ..." apenas ao exibir imagens, e em todos os outros casos: "Talvez isto seja uma ..."? – Que consequências práticas isso deveria ter?
Uma dúvida que duvidasse de tudo não seria dúvida alguma.

451.

Minha objeção a Moore, de que o sentido da frase isolada[153] "Isto é uma árvore" seria indeterminado, uma vez que nela não está determinado o que seja o '*Isto*' que se afirma ser uma árvore – não vale; pois podemos tornar mais determinado o sentido, por exemplo,[154] ao dizer: "Aquele objeto ali, que se parece com uma árvore, não é a imitação artística[155] de uma árvore, mas uma árvore de verdade".

452.

Não seria razoável ficar em dúvida se isso é uma árvore de verdade ou ...

---

153. "isolada" é uma inserção posterior.
154. "por exemplo" é uma inserção posterior.
155. "artística" é uma inserção posterior.

Não está em jogo se tal coisa me parece indubitável. Caso aqui não fosse razoável ficar em dúvida, isso não pode ser percebido a partir da minha opinião. Precisaria, portanto, haver uma regra que declarasse a dúvida como não sendo razoável aqui. Mas também não há essa regra.

453.

Eu digo, porém: "Aqui nenhuma pessoa razoável ficaria[156] em dúvida". – Será que poderíamos imaginar que juízes eruditos fossem consultados[157] a respeito de se uma dúvida é razoável ou não?

454.

Há casos em que a dúvida não é razoável, outros, porém, em que ela parece logicamente impossível. E entre eles não parece haver uma fronteira clara.

29.3.1951
455.

Todo o jogo de linguagem[158] baseia-se no fato de que palavras e objetos são reconhecidos. Nós aprendemos com a mesma inflexibilidade que isso é uma poltrona e que $2 \times 2 = 4$.

---

156. A redação inicial traz o termo "ficará"; a variante "ficaria" aparece superposta, sem que a redação inicial tenha sido riscada.
157. A seguinte variante aparece superposta ao texto: "... tivessem de decidir...".
158. A redação inicial é: "O jogo de linguagem..."; a variante adotada aparece superposta, sem que a redação inicial tenha sido riscada.

456.

Portanto, caso eu fique em dúvida ou não tenha certeza de que esta é minha mão (em qualquer sentido que seja), por que também não ficaria inseguro quanto ao significado dessas palavras?

457.

Será que quero dizer, portanto, que a certeza está na essência do jogo de linguagem?

458.

Duvidamos a partir de certas razões. Trata-se do seguinte: Como a dúvida é introduzida no jogo de linguagem?

459.

Caso o vendedor quisesse examinar, sem ter razões para isso, cada uma de suas maçãs, com o objetivo de proceder com absoluta certeza, por que então ele não precisaria examinar o exame? E será que agora podemos falar, em tal caso, de crença (quero dizer, no sentido da crença religiosa, e não de suposição)? Todos os termos[159] psicológicos apenas nos desviam, aqui, do principal.

---

159. A redação inicial, adotada por Anscombe e Von Wright, é: "expressões" (*Wörter*); a variante adotada por nós, "termos" (*Termini*), aparece superposta, sem que a primeira tenha sido riscada.

460.

Eu vou ao médico, mostro-lhe minha mão e digo "Isto é uma mão, e não ...; eu a machuquei etc. etc.". Será que forneço, nesse caso, apenas uma informação supérflua? Será que não se poderia dizer, por exemplo: Supondo que a expressão "Isto é uma mão" seja uma informação – como então você poderia contar com o fato de que ele entende a informação? Aliás, caso subsista uma dúvida 'de que isto é uma mão', por que não subsistiria também uma dúvida de que eu sou um ser humano, o qual informa essas coisas ao médico? – Por outro lado, podem-se imaginar casos – ainda que muito estranhos – em que tal explicação não seja supérflua, ou seja apenas supérflua, mas não absurda.

461.

Supondo que eu fosse o médico; um paciente vem até mim, mostra sua mão[160] e diz: "O que aqui parece uma mão não é uma imitação muito bem feita, mas realmente uma mão". (Depois disso, ele fala de sua ferida.)[161] – Será que eu consideraria isso realmente uma informação, conquanto supérflua? Será que não a consideraria muito mais um absurdo, embora com a forma de uma informação? Pois – assim eu diria – caso essa informação realmente tivesse sentido,[162] como ele pode ter certeza em relação às coisas que lhe dizem respeito? Falta um pano de fundo à informação.

---

160. "mostra sua mão" é uma inserção posterior.

161. A edição de Anscombe e Von Wright ignora os parênteses, presentes no manuscrito.

162. A redação inicial, riscada por Wittgenstein, era: "... fosse necessária...".

30.3.1951
462.

Por que Moore não inclui, entre as coisas que sabe, por exemplo, que em tal e tal parte da Inglaterra há um povoado com tal e tal nome? Em outras palavras: Por que ele não menciona um fato que seja conhecido por ele, mas não por *todos* nós?

31.3.1951
463.

O que é certo é que a informação "Isto é uma árvore", caso ninguém pudesse duvidar dela, poderia ser uma espécie de piada e, como tal, fazer sentido. Uma piada desse tipo foi realmente feita, certa vez, por Renan.[163]

3.4.1951
464.

Minha dificuldade pode tornar-se manifesta também assim: Eu me sento para conversar com um amigo. De repente, digo: "Eu sabia durante todo esse tempo que você é o N. N.".[164] Será que isso é realmente apenas uma observação supérflua, ainda que verdadeira?[165]

Tenho a impressão de que essas palavras são semelhantes a um "Bom dia", dito a alguém no meio de uma conversa.

---

163. Referência a Joseph Ernest Renan (1823-1892), escritor francês mais conhecido por sua *Vida de Jesus* (1863). A piada em questão não foi identificada.

164. N. N. é a abreviação de *"nullum nomen"*, expressão latina usada também pelos alemães para designar alguém cujo nome é desconhecido, ou cujo nome não se quer explicitar. Algo semelhante ao "fulano" do português.

165. "ainda que verdadeira" é uma inserção posterior.

465.

E o que dizer da expressão "Hoje se sabe que há mais de ... tipos de insetos" no lugar da expressão "Eu sei que isto é uma árvore"? Se alguém pronunciasse aquela frase repentinamente, fora de qualquer contexto, então se poderia achar que, no meio-tempo, ele pensou em alguma outra coisa e agora fala em voz alta uma frase extraída de seu fluxo de pensamento. Ou ainda: que ele está num transe e fala sem entender suas palavras.

466.

Parece-me, portanto, que eu já sabia algo durante todo esse tempo, e, no entanto, não faz sentido algum dizer isso, enunciar essa verdade.

467.

Estou sentado com um filósofo no jardim; ele diz repetidas vezes "Eu sei que isto é uma árvore", enquanto aponta para uma árvore próxima a nós. Um terceiro se aproxima, ouve isso, e eu lhe digo: "Este homem não é maluco: Estamos apenas filosofando".

4.4.1951
468.

Alguém diz de passagem "Isto é uma árvore". Ele poderia dizer essa frase porque se lembrou de tê-la ouvido em uma situação semelhante; ou ele foi subitamente assaltado pela beleza dessa árvore, e a frase foi uma exclamação; ou ele sussurra a frase para si mesmo como um exemplo gramatical. (Etc.) Eu agora lhe pergunto: "O que você quis dizer?", e ele responde: "Isso foi uma informação dirigida a você". Será que não me seria permitido supor que ele não sabe o que diz, já que é maluco o suficiente para querer me dar essa informação?

469.

Alguém me diz numa conversa, fora de contexto, "Desejo a você tudo de bom". Eu fico perplexo; mas depois percebo que, em seus pensamentos a meu respeito, essas palavras têm um contexto. E agora tais palavras já não me parecem sem sentido.

470.

Por que não há qualquer dúvida de que me chamo L. W.? Não parece, de modo algum, algo que se pudesse estabelecer, sem mais, para além de qualquer dúvida. Não pensaríamos que esta é uma das verdades indubitáveis.

5.4.1951
[Aqui ainda há uma grande lacuna em meu pensamento. E tenho dúvidas se chegará a ser preenchida.][166]

---

166. Os colchetes não são marca editorial; eles aparecem no próprio manuscrito.

471.

É extremamente difícil encontrar o *começo*. Ou melhor: É difícil começar pelo começo. E não tentar ir ainda mais para trás.

472.

Quando a criança aprende a linguagem, ela aprende ao mesmo tempo o que se deve e o que não se deve investigar. Quando ela aprende que há um armário no quarto, com isso não[167] lhe ensinamos[168] a duvidar de se o que ela vê depois ainda é um armário ou apenas um tipo de cenário.

473.

Da mesma maneira que, ao escrever, aprende-se certa forma básica para depois variá-la, aprende-se primeiramente a constância das coisas como norma, que então é submetida a mudanças.

474.

Esse jogo se mostra valioso. Talvez essa seja a causa pela qual ele é jogado, mas não seu fundamento.

---

167. A sintaxe é ambígua no original. Seria também possível a seguinte leitura: "... com isso lhe ensinamos a não duvidar...".

168. Há um erro de transcrição na edição de Anscombe e Von Wright, que anotou *man lernt* (aprendemos) onde o manuscrito traz *man lehrt* (ensinamos). Interessante observar que, na tradução, Anscombe e Denis Paul utilizam o verbo inglês correto.

475.

Quero aqui considerar o homem como um animal; como um ser primitivo, ao qual atribuímos instinto, mas não raciocínio. Como um ser em um estado primitivo. Pois se uma lógica qualquer é suficiente como um meio primitivo de comunicação, então também não precisamos nos envergonhar dela. A linguagem não surgiu a partir de um raciocínio.

6.4.1951
476.

A criança não aprende que existem livros, que existem poltronas etc. etc.; ela aprende a buscar livros, a sentar-se em poltronas etc.
Evidentemente, depois surgem também questões a respeito da existência: "Existem unicórnios?" e assim por diante. Mas uma questão como essa só é possível porque, como regra, não ocorre nenhuma outra que lhe corresponda. Pois como é que sabemos a maneira de nos certificarmos da existência de unicórnios? Como foi que aprendemos o método para determinar se algo existe ou não?

477.

"É necessário saber, portanto, que os objetos existem, e que seus nomes são ensinados a uma criança por meio de explicações ostensivas." – Por que é necessário saber isso? Será que não basta que a experiência, mais tarde, não nos mostre o contrário?
Por que o jogo de linguagem deveria se basear em um saber?

7.4.1951
478.

Será que a criança acredita que o leite existe? Ou será que ela sabe que o leite existe? Será que o gato sabe que o rato existe?

479.

Será que devemos dizer que o conhecimento de que existem objetos físicos vem muito cedo ou muito tarde?

8.4.1951
480.

A criança que aprende a usar a palavra "árvore". Estamos com ela diante de uma árvore e dizemos "*Bela* árvore!". É evidente que nenhuma dúvida a respeito da existência da árvore entra no jogo de linguagem. Mas será que podemos dizer que a criança *sabe*: que existe uma árvore? Contudo, é verdade que, em si mesmo, 'saber algo' não envolve:[169] *pensar* nisso – mas será que aquele que sabe algo não precisa ser capaz de uma dúvida? E duvidar é pensar.

481.

Quando ouvimos Moore dizer "Eu *sei* que isto é uma árvore",

---

169. A redação inicial, riscada por Wittgenstein, era: "... é verdade que 'saber algo' não significa: ...".

então entendemos, de repente, aqueles que acham que isso não está, de modo algum, decidido.

A coisa toda logo nos dá a impressão de ser vaga e pouco clara. É como se Moore tivesse jogado uma falsa luz sobre o assunto.

É como se eu visse uma pintura (talvez um cenário de teatro) e reconhecesse de longe, imediatamente e sem a menor dúvida, o que ela representa. Agora, porém, eu me aproximo: e então vejo um conjunto de manchas de diferentes cores, as quais são todas extremamente ambíguas e não transmitem, de modo algum, qualquer certeza.

482.

É como se o "Eu sei" não tolerasse nenhuma ênfase metafísica.

483.

O emprego correto da expressão "Eu sei". Alguém de vista fraca me pergunta: "Você acredita que aquilo que vemos ali é uma árvore?". – Eu respondo: "Eu *sei* isso; eu a vejo precisamente e a conheço bem". – **A**: "Será que N. N. está em casa?". – Eu: "Acredito que sim". – **A**: "Será que ontem ele estava em casa?" – Eu: "Ontem ele estava em casa, isso eu sei, eu falei com ele". – **A**: "Será que você sabe ou apenas acredita que essa parte da casa foi construída recentemente?" – Eu: "Eu *sei* isso; eu me informei a esse respeito com ...".

484.

Aqui, portanto, dizemos "Eu sei" e damos o fundamento[170] desse saber, ou ao menos podemos dá-lo.

485.

Pode-se também imaginar um caso no qual alguém percorre uma lista de proposições e, ao fazer isso, pergunta-se continuamente "Será que sei isso ou apenas acredito nisso?". Essa pessoa deseja checar a certeza de cada uma das proposições. Poder-se-ia tratar das afirmações de uma testemunha perante um tribunal.

9.4.1951
486.

"Você sabe ou apenas acredita que se chama L. W.?" Essa pergunta tem sentido?

Você sabe ou apenas acredita que aquilo que está escrevendo aqui são palavras do português? Será que você apenas acredita que "acreditar" tem *este* significado? *Qual* significado?

487.

Qual é a prova para o fato de que *sei* algo? Certamente não que eu diga que o sei.

---

170. O seguinte termo aparece como variante superposta ao texto: "o como".

488.

Quando, portanto, autores enumeram tudo o que *sabem*, isso não prova coisa alguma.

O fato, portanto, de que podemos saber algo sobre coisas físicas não pode ser demonstrado por meio das declarações veementes daqueles que acreditam saber isso.

489.

Pois o que respondemos a quem diz: "Eu acredito que você tem apenas a impressão de que o sabia"?

490.

Se agora pergunto "Será que eu sei ou apenas acredito que me chamo ...?", então de nada adianta olhar para dentro de mim.

Eu poderia, no entanto, dizer: Não apenas eu nunca duvido minimamente de que esse é meu nome, como também não poderia ter certeza acerca de nenhum juízo se surgisse uma dúvida a esse respeito.

10.4.1951
491.

"Será que eu sei ou apenas acredito que me chamo L. W.?" – Bem, se a pergunta fosse "Será que tenho certeza ou apenas suponho que ...?", nesse caso se poderia confiar[171] na minha resposta. –

---

[171]. A redação inicial é: "... eu poderia confiar..."; a variante adotada aparece

492.

"Será que eu sei ou apenas acredito ...?" poderia também ser expresso assim: E se *aparentemente* se revelasse que aquilo que até agora não me parecia suscetível de dúvida era uma suposição falsa?[172] Será que nesse caso eu reagiria como quando uma crença se mostrou falsa; ou será que isso pareceria retirar o solo do meu juízo?[173] – Mas aqui, naturalmente, eu não quero uma *profecia*.

Será que eu simplesmente diria "Eu jamais teria pensado numa coisa dessas!" – ou será que teria que me recusar a revisar meu juízo, pois, com efeito, uma tal 'revisão' equivaleria a um aniquilamento de todos os parâmetros de medida?

493.

Será, portanto, este o caso: que eu preciso reconhecer certas autoridades para poder chegar a fazer juízos?

494.

"Não posso duvidar disso[174] sem abdicar de todos os juízos."

→ superposta, sem que a redação inicial tenha sido riscada.

172. A seguinte variante aparece na sequência do manuscrito, sem que a redação inicial tenha sido riscada: "... não era como eu sempre supus?".

173. A redação inicial traz o termo "pensamento"; a variante "juízo" aparece superposta, sem que a redação inicial tenha sido riscada.

174. A redação inicial, adotada por Anscombe e Von Wright, é: "... não posso duvidar dessa proposição..."; a variante adotada por nós aparece superposta, sem que a primeira tenha sido riscada.

Mas que tipo de proposição é essa? (Ela lembra aquilo que Frege disse acerca do princípio de identidade.)[175] Certamente não é uma proposição empírica. Ela não pertence à psicologia. Ela tem, antes, o caráter de uma regra.

495.

Àquele que quisesse fazer objeções às proposições indubitáveis,[176] poderíamos simplesmente dizer "Ah, que absurdo!". Dando-lhe, portanto, não uma resposta, mas uma bronca.

496.

Trata-se aqui de um caso semelhante a quando se indica[177] que não faz sentido dizer que um jogo sempre foi jogado de modo errado.

497.

Se alguém quisesse despertar dúvidas em mim[178] e dissesse: aqui sua memória o engana, ali você foi ludibriado, já ali você

---

175. *Leis fundamentais da aritmética*, I, XVIII (Nota de Anscombe e Von Wright). A paginação referida é da edição original alemã (1893), reimpressa pela Georg Olms Verlag, em 1998.

176. A redação inicial traz a expressão "dotadas de *certeza*" (com grifo); a variante "indubitáveis" aparece superposta, sem que a redação inicial tenha sido riscada.

177. A redação inicial, riscada por Wittgenstein, era: "... semelhante ao da prova de que...".

178. A edição de Anscombe e Von Wright insere nesta frase a palavra "sempre" – "Se alguém sempre quisesse despertar..." –, a qual não consta do manuscrito.

não se certificou de modo suficientemente minucioso etc., e eu não me deixasse abalar e permanecesse em minha certeza – então não posso estar errado ao agir assim, porque é justamente isso o que define um jogo.

11.4.1951
498.

O estranho é que, ainda que eu achasse completamente correto que alguém, usando a expressão "Que absurdo!", repelisse a tentativa de confundi-lo com dúvidas quanto aos fundamentos,[179] eu considero incorreto que ele queira se defender usando, por exemplo, a expressão "Eu sei".

499.

Eu também poderia dizer o seguinte: A 'lei de indução' deixa-se *fundamentar* tão pouco quanto certas proposições particulares, relativas ao material empírico.

500.

Mas também me pareceria absurdo dizer "Eu sei que a lei de indução é verdadeira".
 Imagine uma afirmação como essa feita em um tribunal! Seria mais correto "Eu acredito na lei ...", onde 'acreditar' não tem nada a ver com *supor*.

---

179. "quanto aos fundamentos" é uma inserção posterior.

501.

Será que não chego cada vez mais perto de dizer que a lógica, em última instância, não se deixa descrever? Você precisa olhar para a prática da linguagem, e então você a vê.

502.

Será que se poderia dizer "Sei com os olhos fechados a posição de minhas mãos", caso meu relato sempre, ou na maioria das vezes, contrariasse o testemunho dos outros?

503.

Eu observo um objeto e digo "Isto é uma árvore" ou "Eu sei que isto ...". – Se agora me aproximo e a situação se revela outra, então posso dizer "Afinal de contas, não era uma árvore"; ou eu digo "*Era* uma árvore, mas agora não é mais". Caso agora, porém, todas as outras pessoas estivessem em desacordo comigo e dissessem que isso nunca foi uma árvore, e caso todos os outros testemunhos falassem contra mim – de que me *serviria*, então, insistir ainda no meu "Eu sei ..."?

504.

Se eu *sei* algo, isso depende de se as evidências me dão razão ou me contrariam. Pois se alguém diz saber que tem dor, isso não quer dizer nada.

505.

Quando se sabe algo, é sempre por graça da natureza.

506.

"Se minha memória me engana *aqui*,[180] então ela pode me enganar a respeito de qualquer coisa."
Se não sei *isso*, como então eu sei se minhas palavras significam aquilo que acredito que elas significam?

507.

"Se isso me engana, então o que ainda quer dizer[181] "enganar"?"

508.

Em que é que posso confiar?

509.

Na verdade, quero dizer que um jogo de linguagem só é possível quando confiamos em alguma coisa. (Eu não disse "podemos confiar em alguma coisa".)

---

180. A edição de Anscombe e Von Wright ignora o grifo, presente no manuscrito.

181. A redação inicial traz o termo "significa" (*bedeutet*); a variante "quer dizer" (*heißt*) aparece superposta, sem que a redação inicial tenha sido riscada.

510.

Quando digo "É claro que eu sei que isto é uma toalha",[182] faço uma *declaração*. Não estou pensando em uma verificação. Para mim, é uma declaração imediata.

Não estou pensando em passado ou futuro. (O mesmo vale, é claro, para Moore.)

Exatamente como um apanhar imediato; assim como apanho, sem duvidar, uma toalha.

511.

Mas esse apanhar imediato corresponde a uma *certeza*, não a um saber.

Mas será que também não é assim que apanho o nome de uma coisa?

12.4.1951

512.

A questão, com efeito, é esta: "E se, também nessas coisas mais fundamentais, você precisasse mudar de opinião?".[183] E, para isso, a resposta parece-me ser: "Você não *precisa* mudar de opinião. É exatamente nisso que consiste o fato de elas serem 'fundamentais'".

---

182. A redação inicial é: "Eu *sei* que isto é uma toalha"; a variante adotada aparece na sequência do manuscrito, sem que a redação inicial tenha sido riscada.

183. A redação inicial traz o termo "ponto de vista" (*Anschauung*); a variante "opinião" (*Meinung*) aparece superposta, sem que a redação inicial tenha sido riscada.

513.

E se algo *verdadeiramente inaudito* acontecesse? Se eu visse, por exemplo, casas evaporando aos poucos, sem causa aparente; se o gado no pasto ficasse de ponta-cabeça, risse e falasse palavras compreensíveis; se árvores aos poucos se transformassem em homens, e homens em árvores. Será então que eu estava certo quando disse, antes de todos esses acontecimentos, "Eu sei que isto é uma casa" etc., ou simplesmente "Isto é uma casa" etc.?

514.

Essa afirmação me parecia fundamental; se isso é falso, o que ainda é 'verdadeiro' e 'falso'?!

515.

Se meu nome *não* é L. W., como posso confiar naquilo que se deve compreender por "verdadeiro" e "falso"?

516.

Caso acontecesse algo (caso, por exemplo, alguém me dissesse algo) feito sob medida para despertar dúvidas em mim quanto a isso, então certamente também haveria algo que faria parecer duvidosos os fundamentos de tais dúvidas, e portanto eu poderia decidir manter minhas antigas crenças.

517.

Será que não seria possível, contudo, que acontecesse algo que me tirasse completamente dos trilhos? Uma evidência que me tornasse inaceitável aquilo que me é mais seguro? ou que tivesse o efeito de que eu pusesse por terra meus juízos mais fundamentais? (Se justificadamente ou não, é aqui completamente indiferente.)

518.

Será que eu poderia imaginar ter observado tal coisa em outro homem?

519.

Quando você segue a ordem "Traga-me um livro", é de fato possível que você tenha que investigar se aquilo que vê ali é realmente um livro, mas nesse caso você claramente sabe o que se entende por "livro"; e se não souber, então pode, por exemplo, consultar um dicionário – mas aí você precisa saber o que outras palavras significam. E que uma palavra signifique isso ou aquilo, seja usada dessa ou daquela maneira, é, mais uma vez, um fato empírico, tal como o fato de que aquele objeto é um livro.[184]

Portanto, para poder seguir uma ordem, algum fato empírico precisa estar fora de dúvida para você. Sim, a dúvida se baseia apenas naquilo que está fora de dúvida.

---

184. A redação inicial é: "... é um fato exatamente do mesmo tipo que o fato de que aquilo que você vê ali é um livro"; a variante adotada aparece na sequência do manuscrito, sem que a redação inicial tenha sido riscada.

Como, porém, um jogo de linguagem é algo que consiste em repetidas jogadas ao longo do tempo, então parece que não poderíamos dizer, em nenhum caso *particular*, que tal e tal coisa precisa estar fora de dúvida para que possa haver um jogo de linguagem, mas sim que, *via de regra*, algum juízo empírico precisa estar fora de dúvida.

13.4.1951
520.

Moore tem todo o direito de dizer que sabe que há uma árvore diante dele. Naturalmente, ele pode estar errado quanto a isso. (Pois aqui não se passa o mesmo que com a declaração "Eu acredito que ali está uma árvore".) Mas se nesse caso ele está certo ou errado, é filosoficamente sem importância. Caso Moore conteste aqueles que dizem que não se pode realmente saber algo assim, então não[185] pode fazê-lo assegurando que *ele* sabe isso e aquilo. Pois não é necessário acreditar nele quanto a isso. Caso seus opositores tivessem afirmado que não se pode *acreditar* nisso e naquilo, então ele poderia lhes ter respondido "*Eu* acredito nisso".

14.4.1951
521.

O erro de Moore consiste em opor "Eu sei isso" à afirmação de que não se pode saber isso.

---

[185]. No manuscrito, a palavra "não" aparece riscada. Seguimos a edição de Anscombe e Von Wright, que optou por reintroduzi-la.

522.

Dizemos: Quando a criança domina a linguagem – e, portanto, sua aplicação –, ela precisa saber os significados das palavras. Ela precisa, por exemplo, poder atribuir a uma coisa branca, preta, vermelha, azul o nome de sua cor, sem que surja qualquer dúvida.

523.

Sim, aqui ninguém sente falta da dúvida; ninguém se espanta com o fato de que não *supomos*, meramente, o significado das palavras.[186]

15.4.1951
524.

Será que é essencial para nossos jogos de linguagem ('ordenar e obedecer', por exemplo) que certa dúvida não ocorra em determinados lugares, ou será que basta que haja o sentimento de certeza, ainda que com um leve sopro de dúvida?

Será então suficiente que eu chame algo de 'preto', 'verde', 'vermelho' – não como faço agora, *sem maiores considerações*, sem a interposição de qualquer dúvida, mas dizendo, em vez disso, "Eu tenho certeza de que isso é vermelho", como quem

---

186. A edição de Anscombe e Von Wright omite, aqui, o trecho do MS 176 que vai do verso da página 46 até o verso da página 51. O início e o fim do trecho suprimido vêm assinalados, no manuscrito, por uma ampla barra horizontal. Essas páginas foram publicadas como a Parte VI dos *Últimos escritos sobre a filosofia da psicologia*, v. II.

diz, por exemplo, "Eu tenho certeza de que ele virá hoje" (portanto, com o 'sentimento de certeza')?

Evidentemente, o sentimento que acompanha algo nos é indiferente, e tampouco precisamos ter preocupações com a expressão "Eu tenho certeza de que". – O que é importante é se junto com isso aparece alguma diferença na *prática* da linguagem.

Poderíamos perguntar se há alguém que diz "Eu tenho certeza" nas mesmas situações em que nós sempre damos uma informação com segurança[187] (por exemplo, em um experimento olhamos por um tubo e informamos a cor que vemos através dele). Caso essa pessoa aja assim, então estaríamos inicialmente inclinados a checar o que ela diz. Mas se ela se mostrar plenamente confiável, então declararemos que seu modo de falar é apenas uma excentricidade, irrelevante para o assunto. Poderíamos supor, por exemplo, que ela leu filósofos céticos, que está convencida de que não se pode saber nada, e que por isso adotou esse modo de falar. Assim que estivermos acostumados com ele, isso não terá qualquer consequência prática.

525.

Que aspecto assume, então, o caso em que uma pessoa realmente tem outra relação com os nomes de cores do que aquela, por exemplo, que nós temos? Em particular, no caso em que permanece uma leve dúvida em seu uso, ou a possibilidade de uma dúvida.

---

187. No original, "*mit Sicherheit*". Ver Vocabulário crítico.

16.4.1951
526.

Precisaríamos considerar daltônica uma pessoa que dissesse, ao ver uma caixa postal inglesa, "Tenho certeza de que ela é vermelha", ou então acreditar que ela não domina o português e talvez saiba os nomes corretos das cores numa outra língua.[188]
Se nenhum dos dois fosse o caso, então não a entenderíamos bem.

527.

Um brasileiro que chama essa cor de "vermelho" não tem 'certeza de que ela se chama "vermelho" em português'.
A criança que domina o emprego da palavra não tem 'certeza de que essa cor, em sua língua, é chamada *assim*'. Também não se pode dizer, a seu respeito, que, ao aprender a falar, ela aprende que a cor é chamada assim em português; e nem mesmo: que ela *sabe* isso, caso tenha aprendido o uso da palavra.

528.

E, apesar disso: se alguém me pergunta como se chama essa cor em alemão, e eu lhe digo, e ele me pergunta "Tem certeza?", então eu responderei: "Eu *sei* isso; o alemão é minha língua materna".

---

188. Para referência do leitor brasileiro, lembramos que as caixas postais espalhadas pelas cidades inglesas são efetivamente vermelhas.

529.

Além disso, por exemplo, uma criança dirá, de outras crianças ou de si mesma, que já sabe como isso e aquilo se chama.

530.

Posso dizer a alguém "Esta cor se chama 'vermelho' em português" (se, por exemplo, estou lhe dando aulas de português). Nesse caso eu não diria "Eu sei que esta cor ..." – eu talvez dissesse isso caso eu próprio tivesse acabado de aprendê-lo, ou em contraste com uma outra cor cujo nome em português eu não conheço.

531.

Mas será então que não é correto descrever *assim* meu presente estado: eu *sei* como essa cor se chama em português? E se isso é correto, por que então eu não deveria descrever meu estado com a expressão correspondente "Eu sei etc."?

532.

Portanto, quando Moore dizia, sentado diante da árvore, "Eu sei que isto é uma ...", ele simplesmente falava a verdade sobre seu estado naquele momento.
[Eu agora filosofo como uma velha senhora que constantemente coloca as coisas no lugar errado e precisa novamente procurá-las; às vezes os óculos, às vezes o molho de chaves.][189]

---

189. Os colchetes não são marca editorial; eles aparecem no próprio manuscrito.

533.

Agora, se era correto descrever seu estado fora de contexto, então era igualmente correto pronunciar a expressão "Isto é uma árvore" fora de contexto.

534.

Mas será que é errado dizer: "A criança que domina um jogo de linguagem precisa *saber* certas coisas"?

Se, em vez disso, disséssemos "precisa *ser capaz* de certas coisas", então isso seria um pleonasmo; e, no entanto, é precisamente *isso* o que eu gostaria de contrapor àquela primeira proposição. – Mas: "A criança adquire um saber acerca de história natural". Isso pressupõe que a criança é capaz de perguntar como se chama esta ou aquela planta.

535.[190]

A criança sabe como algo se chama quando é capaz de responder corretamente à pergunta "Como isto se chama?".

---

190. Consta do manuscrito, entre os parágrafos 534 e 535, o seguinte trecho, omitido na edição de Anscombe e Von Wright: "Não podemos julgar a nós mesmos se não nos orientamos bem nas categorias. (O modo de escrever de Frege é por vezes *grandioso*; Freud escreve de modo excelente, e é um prazer lê-lo, mas ele nunca é *grandioso* na sua escrita.)" (MS 176, p. 55v). O trecho, publicado nas *Vermischte Bemerkungen* [*Observações variadas*], aparece entre barras verticais simples, que parecem indicar variação em relação ao tema que está sendo tratado.

536.

Naturalmente, a criança que começa a aprender a linguagem ainda não possui, de modo algum, o conceito de *se chamar*.[191]

537.

Será que podemos dizer, a respeito de alguém que não possui esse conceito, que ele *sabe* como isso e aquilo se chama?

538.

A criança, eu gostaria de dizer, aprende a reagir dessa e daquela maneira; e caso ela agora o faça, então com isso ela ainda não sabe nada. O saber começa apenas em um estágio posterior.

539.

Será que não se passa com o saber o mesmo que com o acumular?

540.

Um cachorro poderia aprender a correr em direção a N a partir do grito "N", e em direção a M a partir do grito "M", – mas será que ele saberia, por isso, como as pessoas se chamam?

---

191. O manuscrito traz, na sequência, o seguinte trecho riscado: "(Para isso ela já precisaria poder distinguir entre os diferentes gêneros de palavras)".

541.

"Ele sabe apenas como esta pessoa se chama, mas não ainda como aquela pessoa se chama." Estritamente falando, não podemos dizer isso a respeito de alguém que ainda não possui, de modo algum, a noção de que pessoas têm nomes.

542.

"Eu não sou capaz de descrever esta flor se eu não souber que esta cor se chama 'vermelho'."

543.

A criança é capaz de usar os nomes de pessoas muito antes de ser capaz de dizer, em qualquer forma que seja:[192] "Eu sei como esta pessoa se chama; eu ainda não sei como aquela pessoa se chama".

544.

É claro que posso dizer verdadeiramente "Eu sei como se chama esta cor em português", enquanto aponto, por exemplo, para a cor de sangue fresco. Mas – – –

---

192. "em qualquer forma que seja" é uma inserção posterior.

17.4.1951
545.

'A criança sabe qual cor a palavra "azul" significa.' O que ela sabe aí não é de modo algum tão simples.

546.

Eu diria "Eu sei como esta cor se chama", por exemplo, caso se tratasse de tons de cores cujos nomes nem todos conhecem.

547.

Ainda não se pode dizer a uma criança que acabou de começar a falar e é capaz de usar as palavras "vermelho" e "azul": "Você sabe como se chama essa cor, não é mesmo?".

548.

A criança precisa aprender o emprego dos nomes de cores antes de ser capaz de perguntar pelo nome de uma cor.

549.

Seria errado dizer que eu só posso dizer "Eu sei que ali está uma poltrona" caso ali esteja uma poltrona. Evidentemente, somente nesse caso isso é *verdade*, mas eu tenho o direito de dizê-lo se tiver *certeza* de que ali está uma poltrona, mesmo que eu esteja errado.

18.4.1951

[As pretensões são uma hipoteca que onera a capacidade de pensar do filósofo.][193]

550.

Quando uma pessoa acredita em algo, então não é necessário que possamos sempre responder à pergunta 'por que ela acredita nisso?'; mas, se ela souber algo, então é necessário que a pergunta "Como ela sabe isso?" possa ser respondida.

551.

E caso a pessoa responda a essa pergunta, é necessário que isso aconteça segundo princípios geralmente reconhecidos.[194] É *assim* que se pode saber algo desse tipo.[195]

552.

Será que eu sei que agora estou sentado em uma poltrona? – Será que não o sei?! Ninguém dirá, nas presentes circunstân-

---

193. No manuscrito, o trecho aparece entre barras verticais simples, que parecem indicar variação em relação ao tema que está sendo tratado. A opção por usar colchetes é da edição de Anscombe e Von Wright, que também o deslocou para antes da mudança de data.

194. O termo "bem estabelecidos" aparece na sequência do manuscrito, sem que o termo "reconhecidos" tenha sido riscado.

195. A redação inicial é: "É *assim* que se sabe algo desse tipo"; a variante adotada aparece na sequência do manuscrito, sem que a redação inicial tenha sido riscada.

cias, que eu sei isso; mas tampouco, por exemplo, que estou consciente. Normalmente, também não diremos isso dos passantes na rua.

Mas se de fato não o dizemos, será que por esse motivo as coisas não *são* assim??

553.

É estranho: Quando eu, sem qualquer motivação especial, digo "Eu sei", por exemplo, "Eu sei que agora estou sentado em uma poltrona", então a afirmação me parece injustificada e pretensiosa. Porém, se eu fizer a mesma afirmação quando há necessidade dela, então ela me parece perfeitamente justificada e corriqueira, embora eu não tenha nem um pingo a mais de certeza em relação à sua verdade.

554.

No seu jogo de linguagem, ela não é pretensiosa. Ali ela não está num patamar mais elevado do que o jogo de linguagem humano. Pois aí se mostra sua aplicação limitada.[196]

Porém, assim que digo a frase fora de seu contexto, então ela aparece sob uma falsa luz. Pois então é como se eu quisesse assegurar que existem coisas que eu *sei*. Sobre as quais Deus, ele próprio, não poderia me contar nada.

---

196. A redação inicial é: "... sua aplicação muito específica"; a variante adotada aparece na sequência do manuscrito, sem que a redação inicial tenha sido riscada.

19.4.1951
555.

Dizemos saber que a água ferve quando colocada no fogo. Como sabemos isso? A experiência nos ensinou. – Eu digo "Eu sei que hoje cedo tomei o café da manhã"; a experiência não me ensinou isso. Também dizemos "Eu sei que ele tem dor". A cada vez o jogo de linguagem é diferente, a cada vez nós temos *certeza*, e a cada vez as pessoas estarão de acordo conosco quanto ao fato de que *estamos em condições* de saber. É por isso que os princípios da física se encontram, também eles, disponíveis a todos nos manuais.

Quando uma pessoa diz que *sabe* algo, então precisa ser alguma coisa que ela, segundo a opinião geral, está em condições de saber.

556.

Não dizemos: Ele está em condições de acreditar nisso.
Em vez disso: "É razoável, em tal situação, supor isso" (ou "acreditar nisso").

557.

Um tribunal de guerra pode ter que julgar se foi razoável, em tal e tal situação, supor com segurança (ainda que falsamente) tais e tais coisas.

558.

Dizemos saber que a água, sob tais e tais circunstâncias, ferve em vez de congelar. Será concebível que estejamos errados quanto a isso? Será que um erro, aqui, não arrastaria consigo todos os juízos? Quero dizer:[197] O que poderia permanecer de pé caso isso caísse? Será que alguém poderia descobrir algo que nos levasse a dizer: "Isso era um erro"?

O que quer que venha a acontecer no futuro, como quer que a água venha a se comportar no futuro – nós *sabemos* que ela até agora se comportou *assim* em incontáveis casos.

Esse fato infiltrou-se[198] no fundamento do nosso jogo de linguagem.

559.

Você precisa ter em mente que o jogo de linguagem é, por assim dizer, algo imprevisível. Quero dizer: Ele não está fundamentado. Não é razoável (nem irrazoável).

Ele está aí – como nossa vida.

560.

E o conceito de saber está atrelado ao conceito de jogo de linguagem.

---

[197]. Há um erro de transcrição na edição de Anscombe e Von Wright, que anotou *noch mehr* (mais ainda) onde o manuscrito traz *ich meine* (quero dizer).

[198]. A redação inicial traz o termo "fundiu-se"; a variante "infiltrou-se" aparece na sequência do manuscrito, sem que a redação inicial tenha sido riscada.

561.

"Eu sei" e "Você pode confiar nisso". Mas nem sempre se pode substituir o primeiro pelo segundo.

562.

De todo modo, é importante imaginar uma linguagem na qual o *nosso* conceito de 'saber' não existe.

563.

Pode-se dizer "Eu *sei* que ele tem dor", mesmo que não se possa oferecer, em favor disso, nenhuma razão convincente. – Será que isso é o mesmo que "Tenho certeza de que ele ..."? – Não. "Tenho certeza" oferece a você certeza subjetiva.[199] "Eu sei" quer dizer que há uma distinção de compreensão entre mim, que sei isso, e aquele que não o sabe. (Talvez baseada em uma distinção de grau de experiência.)

Em matemática, caso eu diga "Eu sei", então a justificativa para isso é uma prova.

Nesses dois casos, quando se diz "Você pode confiar nisso" em vez de "Eu sei", então a fundamentação é, para cáda um deles, de um tipo diferente.

E a fundamentação tem um fim.

---

[199] A seguinte variante aparece na sequência do manuscrito, sem que a redação inicial tenha sido riscada: "... oferece a você algo subjetivo".

564.

Um jogo de linguagem: trazer os materiais de construção, informar o número de pedras disponíveis. Às vezes, o número é estimado, às vezes é estabelecido por meio de contagem. Surge, então, a pergunta "Você acredita que a quantidade de pedras é essa?" e a resposta "Eu sei que sim, acabei de contá-las". Mas aqui o "Eu sei" poderia ficar de fora. Quando, porém, há diversos modos confiáveis de determinação, tais como contar, pesar, medir a pilha etc., então pode aparecer a afirmação "Eu sei" em vez do relato de *como* se sabe.

565.

Mas, aqui, ainda não estamos falando de modo algum em um 'saber' que *isso* se chama "placa", *isso*, "coluna" etc.

566.

Aliás, a criança que aprende meu jogo de linguagem (n° 2)[200] não aprende a dizer "Eu sei que isso se chama 'placa'".

Mas é claro que há um jogo de linguagem em que a criança usa *essa* frase. Isso pressupõe que a criança também já seja capaz de usar o nome tão logo ele lhe seja dado. Como se alguém me dissesse "Esta cor se chama '...'". – Portanto, se a criança aprendeu um jogo de linguagem com materiais de construção, então agora podemos lhe dizer algo como "E *este* material se chama '...'", e, com isso, *ampliamos* o jogo de linguagem original.

---

200. *Investigações filosóficas*, op. cit., §2. Ver nota ao parágrafo 396.

567.

E será agora que o meu saber de que me chamo L. W. é do mesmo tipo que o saber de que a água ferve a 100°C? Naturalmente, essa questão está posta de maneira equivocada.

568.

Se um dos meus nomes fosse usado apenas muito raramente, então poderia acontecer que eu não o soubesse. Só é óbvio que eu sei meu nome porque, como qualquer pessoa, eu o utilizo incontáveis vezes.

569.

Uma experiência interior não pode me mostrar que eu *sei* algo. Portanto, se mesmo assim eu digo "Eu sei que me chamo ...", e se isso evidentemente não é uma proposição empírica, – – –

570.

"Eu sei que me chamo assim; entre nós, qualquer adulto sabe como se chama."

571.

"Eu me chamo ..., pode confiar nisso. Se isso se mostrar falso, então no futuro você nunca mais precisa acreditar em mim."

572.

Parece, de fato, que eu sei que não posso estar errado, por exemplo, quanto a meu próprio nome!

Isso se expressa nas seguintes palavras: "Se isso é falso, então estou louco". Muito bem, mas isso são apenas palavras; que influência isso tem, porém, na aplicação da linguagem?

573.

Talvez esta: que nada pode me convencer do contrário?

574.

A pergunta é: Que *tipo* de proposição é esta: "Eu sei que não posso estar errado quanto a isso", ou ainda: "Não posso estar errado quanto a isso"?

O "Eu sei" parece aqui se descolar de todo fundamento. Eu simplesmente *sei*. Caso, porém, houvesse qualquer possibilidade de falar em erro, então é preciso que se possa checar se eu sei.

575.

A expressão "Eu sei" poderia, portanto, ter o propósito de indicar os casos em que sou confiável; mas a utilidade desse sinal precisa provir da *experiência*.

576.

Poderíamos dizer "Como é que eu sei que não estou errado quanto a meu nome?" – e se a isso fosse respondido "Porque eu o utilizei muito frequentemente", então poderíamos continuar perguntando: "Como é que eu sei que não estou errado quanto a *isso*?".
E aqui o "Como é que eu sei" já não pode ter nenhum significado.

577.

"Eu sei meu nome com total convicção."
Eu iria me recusar a levar em consideração qualquer argumento que quisesse mostrar o contrário!
E o que significa "Eu *iria* me recusar"? Será que isso é a expressão de uma intenção?

578.

Mas será que uma autoridade mais elevada não poderia me assegurar de que eu não sei a verdade? De modo que eu tivesse que dizer "Então me ensine!". Mas então meus olhos precisariam ser abertos.[201]

579.

Faz parte do jogo de linguagem com nomes de pessoas que cada um saiba seu nome com a máxima certeza.

---

201. Essa última frase é uma inserção posterior.

20.4.1951
580.

Poderia ocorrer, porém, que sempre que eu dissesse "Eu sei isso" tal coisa acabasse se revelando falsa. (Exibir.)[202]

581.

Mas, apesar disso, eu talvez não conseguisse me conter e continuasse assegurando "Eu sei ...". Mas como então a criança[203] aprendeu essa expressão?

582.

"Eu sei isso" pode querer dizer: Isso já me é conhecido – mas também: Isso certamente é assim.

583.

"Eu sei que, na língua ... , isso se chama '...'." – Como você sabe isso? – "Eu aprendi ... ."
   Será que aqui eu poderia substituir "Eu sei que etc." por "Na língua ... , isso se chama '...'"?

---

202. A redação inicial era: "(Exibir etc.)"; "etc." foi riscado por Wittgenstein.
203. A redação inicial traz o termo "pessoa"; a variante "criança" aparece superposta, sem que a redação inicial tenha sido riscada.

584.

Acaso seria possível utilizar o verbo "saber" apenas na pergunta "Como você sabe isso?", feita depois de uma afirmação simples? – Em vez de "Eu já sei isso", diríamos "Isso me é conhecido"; e o faríamos apenas depois que um fato fosse comunicado. Mas o que diríamos no lugar de "Eu sei o que é isso"?[204]

585.

Mas será que "Eu sei que isso é uma árvore" não diz algo diferente de "Isso é uma árvore"?

586.

Em vez de "Eu sei o que é isso" poderíamos dizer "Sou capaz de dizer o que é isso". E, se adotássemos esse modo de expressão, o que aconteceria com "Eu sei que isso é ..."?

587.

De volta à pergunta a respeito de se "Eu sei que isso é um ..." diz algo diferente de "Isso é um ...". – Na primeira frase uma pessoa é mencionada; na segunda, não. Mas isso não mostra que elas têm sentidos diferentes. De toda maneira, substituímos frequentemente a primeira forma pela segunda, dando-lhe então, frequentemente, uma entonação especial. Pois falamos de modo dife-

---

204. Essa última frase é uma inserção posterior.

rente quando fazemos uma afirmação incontroversa ou quando a sustentamos em resposta a uma objeção.

588.

Mas será que, com a expressão "Eu sei que ...", não digo que me encontro em um estado particular, ao passo que a mera afirmação "Isso é um ..." não o diz? E, no entanto, frequentemente respondemos a uma afirmação como essa com "Como você sabe isso?". – "Com efeito, apenas porque o fato de que eu afirmo isso torna manifesto que eu acredito saber isso." – Poderíamos expressar isso da seguinte maneira: Em um jardim zoológico, poderia haver a placa "Isso é uma zebra"; mas de modo algum "Eu sei que isso é uma zebra".

"Eu sei" só tem sentido se é uma pessoa quem o declara. *Nesse caso*,[205] porém, é indiferente se a declaração é "Eu sei ..." ou "Isso é ...".

589.

Como, então, alguém aprende a reconhecer seu estado de saber?

590.

Poderíamos falar do reconhecimento de um estado no máximo quando isso quer dizer[206] "Eu sei o que é isso". Aqui, podemos nos certificar de que realmente possuímos esse saber.

---

205. A edição de Anscombe e Von Wright ignora o grifo, presente no manuscrito.
206. A redação inicial, riscada por Wittgenstein, era: "... no máximo por meio das palavras...".

591.

"Eu sei que tipo de árvore é essa. – É uma castanheira."
"Eu sei que tipo de árvore é essa. Eu sei que é uma castanheira."
A primeira afirmação soa mais natural que a segunda. Só diremos "Eu sei" uma segunda vez caso queiramos dar uma ênfase especial à certeza;[207] por exemplo, para antecipar uma objeção. O primeiro "Eu sei" quer dizer aproximadamente: Eu sou capaz de dizer.

Num outro caso, porém, poderíamos começar com a constatação "Isso é uma ..." e, então, para rebater a uma objeção: "Eu sei que tipo de árvore é essa" e com isso enfatizar a certeza.[208]

592.

"Eu sou capaz de dizer que tipo de ... é essa, e, ainda por cima, com certeza."

593.

Mesmo quando podemos substituir "Eu sei que isso é assim" por "Isso é assim", não podemos, contudo, substituir a negação de uma pela negação da outra.

Com "Eu não sei ...", surge um novo elemento no jogo de linguagem.

---

207. No original: *Gewißheit*.
208. No original: *Sicherheit*.

21.4.1951
594.

"L. W." é meu nome. E, caso alguém contestasse, eu imediatamente estabeleceria inúmeras conexões que o assegurariam.

595.

"Mas eu certamente posso imaginar uma pessoa que faz todas essas conexões, sem que nenhuma delas concorde com a realidade. Por que não posso me encontrar numa situação semelhante?"
   Quando imagino essa pessoa, então imagino também uma realidade, um mundo, que a rodeia; e a imagino pensando (e falando) em contradição com esse mundo.

596.

Se alguém me informa que seu nome é N. N., então faz sentido, para mim, perguntar-lhe "Será que você pode estar errado quanto a isso?". Essa é uma pergunta legítima do jogo de linguagem. E, para ela, faz sentido a resposta Sim ou Não. – Ora, é claro que também essa resposta não é infalível, quer dizer, ela pode se mostrar falsa em alguma ocasião, mas isso não priva de sentido a pergunta "Será que você pode …" e a resposta "Não".

597.

A resposta à pergunta "Será que você pode estar errado quanto a isso?" confere certo peso à afirmação. A resposta também pode ser: "Eu *acredito* que não".

598.

Mas acaso não poderíamos responder à pergunta "Será que você pode ..." da seguinte maneira: "Eu vou lhe descrever o caso, e então você mesmo poderá julgar se eu posso estar errado"?

Caso se trate do nome da pessoa, por exemplo, o caso poderia ser assim: ela nunca usou tal nome, mas se lembra de tê-lo lido em um documento, – por outro lado, a resposta poderia ser: "Eu carreguei esse nome minha vida inteira, fui chamado assim por todo mundo". Se *essa* resposta não for equivalente a "Eu não posso estar errado quanto a isso", então ela não tem qualquer sentido. E é bastante evidente que, com isso, aponta-se para uma distinção muito importante.

599.

Poderíamos, por exemplo, descrever a certeza em relação à proposição de que a água ferve a cerca de 100°C. Essa não é, por exemplo, uma proposição que ouvi certa vez, como uma ou outra proposição que eu poderia citar. Eu mesmo fiz o experimento na escola. Essa é uma proposição bastante elementar dos nossos manuais, nos quais podemos confiar em relação a esses assuntos porque ... – Podemos opor a tudo isso, agora, exemplos que mostram que os homens já consideraram tais e tais coisas como certas, as quais depois, segundo nossa opinião, se mostraram falsas. Mas esse argumento não tem qualquer valor.[209] Dizer que, no final das contas, podemos fornecer apenas

---

[209]. Anotação à margem da página: "Será também que não pode acontecer de hoje alguém acreditar reconhecer um erro de épocas anteriores e, depois, vir a perceber que sua primeira concepção estava *correta* etc.?" (Nota de Anscombe e Von Wright).

fundamentos que *nós* consideramos como fundamentos – não diz absolutamente nada.

Eu acredito que na base disso está um mal-entendido a respeito da essência do nosso jogo de linguagem.

600.

Que tipo de fundamento eu tenho para confiar nos manuais de Física experimental?

Não tenho qualquer fundamento para não confiar neles. E confio neles. Eu sei como esses livros são feitos – ou, antes, acredito saber. Tenho algumas evidências, mas elas não têm grande alcance e são de um tipo bastante disperso. Eu ouvi, vi e li coisas.

22.4.1951
601.

Sempre existe o perigo de querer reconhecer o significado a partir do exame da expressão e do estado de espírito com o qual ela é usada, em vez de pensar sempre na prática. Eis por que tão frequentemente ficamos repetindo a expressão para nós mesmos: porque é como se precisássemos ver, nela e no sentimento que temos, aquilo que procuramos.

23.4.1951
602.

Será que devo dizer "Eu acredito na física" ou "Eu sei que a física é verdadeira"?

603.

Alguém me ensina que, sob *tais* circunstâncias, *isto* acontece. Essa pessoa o descobriu por ter feito o experimento algumas vezes. Isso tudo, evidentemente, não nos provaria nada se, ao redor dessa experiência, não houvesse outras, que constituem com ela um sistema. Essa pessoa, então, não fez apenas experimentos a respeito da queda dos corpos, mas também experimentos a respeito da resistência do ar, entre outros.

No final, porém, confio nessas experiências ou nos relatos a seu respeito, e oriento minhas próprias ações nesse sentido, sem qualquer escrúpulo. – Mas será que essa confiança também não se mostrou valiosa? Até onde posso julgar – sim.

604.

Em um tribunal, a afirmação de um físico de que a água ferve a cerca de 100°C seria incondicionalmente aceita como verdade.

Caso agora eu desconfiasse dessa afirmação, o que eu poderia fazer para enfraquecê-la? Fazer experimentos eu mesmo? O que eles provariam?

605.

E se a afirmação do físico fosse uma superstição, e fosse tão absurdo que o julgamento[210] se baseasse nela quanto se baseasse na prova do fogo?[211]

---

210. O termo inicial, riscado por Wittgenstein, era: "tribunal".

211. Wittgenstein se refere à prática medieval de submeter acusados à fogueira. Caso estivessem falando a verdade, o fogo não deveria queimá-los.

606.

Que uma outra pessoa, segundo minha opinião, tenha errado não serve de razão para supor que agora eu esteja errando. – Mas será que não é uma razão supor que eu *pudesse* errar? Não é razão, *de modo algum*, para qualquer *incerteza* no meu julgamento ou na minha ação.

607.

O juiz, com efeito, poderia dizer "Essa é a verdade – até onde um homem pode reconhecê-la". – Mas qual seria o efeito desse acréscimo? (*beyond all reasonable doubt*).[212]

608.

Será que é equivocado que eu me oriente, nas minhas ações, segundo uma proposição da física? Será que devo dizer que não tenho nenhuma boa razão para isso? Não é exatamente isso o que chamamos de uma 'boa razão'?

609.

Suponhamos que encontrássemos pessoas que não considerassem essa uma razão convincente. Ora, como imaginar tal coisa? Em vez do físico, elas consultam, por exemplo, um oráculo.

---

212. Em inglês no original: "para além de qualquer dúvida razoável".

(E por causa disso nós as consideramos primitivas.) Será que é equivocado que elas consultem o oráculo e se orientem por ele? – Se chamamos isso de "equivocado", será que já não partimos do nosso jogo de linguagem, e *combatemos* o deles?

610.

E será que estamos certos ou errados em combatê-lo? Certamente, nosso procedimento será apoiado por toda sorte de palavras de ordem[213] (*slogans*).

611.

Onde dois princípios, inconciliáveis entre si, realmente se encontram, aí cada um declara o outro como louco ou herege.

612.

Eu disse que iria 'combater' o outro, – mas será então que não lhe ofereceria *razões*? Certamente; mas qual o alcance delas? No fim das razões está a *persuasão*. (Pense no que acontece quando os missionários convertem os nativos.)

613.

Se agora digo "Eu sei que a água na chaleira, sobre a chama,

---

213. A expressão inicial, riscada por Wittgenstein, era: "gritos de batalha".

ferve em vez de congelar", então parece que estou tão justificado em relação a esse "Eu sei" quanto em relação a *qualquer* outro. 'Se sei alguma coisa, então sei *isso*.' – Ou será que sei ainda com *maior* certeza que o homem à minha frente é meu velho amigo Fulano de Tal? E como será que isso se compara à proposição de que vejo a partir de dois *olhos* e de que os verei caso me observe no espelho? – Não sei com segurança[214] o que devo responder aqui. – Mas há de fato uma diferença entre esses casos. Se a água congelar sobre a chama, é claro que ficarei perplexo no mais alto grau, mas irei supor algum efeito ainda desconhecido por mim e talvez deixe o julgamento do assunto para os físicos. – Contudo, o que poderia fazer com que eu duvidasse de que esse homem aqui é N. N., o qual conheço há anos? Uma dúvida, aqui, pareceria arrastar tudo consigo e precipitar tudo no caos.

614.

Ou seja: Se tudo ao meu redor me contradissesse: O nome daquela pessoa não é o que eu sempre soube (e aqui uso "soube" deliberadamente), nesse caso, então, o fundamento de todo juízo me seria subtraído.

615.

Será então que isso quer dizer: "Eu só posso fazer qualquer juízo porque as coisas se comportam de tal e tal maneira (por assim dizer, de modo gentil)"?

---

214. "com segurança" é uma inserção posterior.

616.

Acaso, então, seria *inconcebível* que eu permanecesse sobre a sela mesmo que os fatos refugassem tanto assim?

617.

Certos acontecimentos me colocariam em uma má posição, na qual eu não poderia mais prosseguir com o antigo jogo. Na qual eu seria arrancado à *certeza* do jogo.
Sim, acaso não é evidente que a possibilidade de um jogo de linguagem está condicionada por certos fatos?[215]

618.

Pareceria, então, como se o jogo de linguagem precisasse '*mostrar*' os fatos que o possibilitam. (Mas não é assim.)
Será então que se pode dizer que apenas certa regularidade nos acontecimentos torna possível a indução? Evidentemente, esse 'possível' precisaria ser '*logicamente possível*'.

619.

Será que devo dizer: Mesmo que, de repente, surgisse uma irregularidade nos acontecimentos da natureza, isso não *precisaria* me

---

215. A redação inicial é: "... que um jogo de linguagem é possível apenas por meio de certos fatos?"; a variante adotada aparece na sequência do manuscrito, sem que a redação inicial tenha sido riscada.

derrubar da sela? Eu poderia, como sempre, extrair conclusões – contudo, se chamaríamos isso de "indução" é uma outra questão.

620.

Em certas circunstâncias, dizemos "Você pode confiar nisso"; e, na linguagem cotidiana,[216] essa asseveração pode ou não estar justificada, e pode valer como justificada mesmo quando o que ela predisse não acontece. *Há um jogo de linguagem* no qual essa asseveração é empregada.

24.4.1951
621.

Caso estivéssemos falando de anatomia, eu diria: "Eu sei que 12 pares de nervos partem do cérebro". Eu nunca vi esses nervos, e até mesmo um especialista só os observou em poucos espécimes. – Assim, justamente aqui a expressão "Eu sei" é usada corretamente.

622.

Mas então também é correto usar "Eu sei" nos contextos mencionados por Moore, ao menos *em certas circunstâncias*. (Não sei de modo algum o que significa "*I know that I am a human being*".[217] Mas também a isso se poderia atribuir um sentido.)

---

216. "na linguagem cotidiana" é uma inserção posterior.
217. Em inglês no original: "Eu sei que sou um ser humano".

Para cada uma dessas proposições,[218] posso imaginar circunstâncias que a tornariam um lance em um de nossos jogos de linguagem, de modo que ela perdesse tudo o que nela é filosoficamente espantoso.

623.

O estranho é que em um caso assim eu sempre gostaria de dizer (embora isso seja errado): "Eu sei isso – até o ponto em que se pode saber algo assim". Isso é incorreto, mas algo de correto está escondido por trás disso.

624.

"Será que você pode estar errado quanto ao fato de que esta cor se chama 'verde' em português?"[219] Minha resposta a isso só pode ser "Não". Se eu dissesse "Sim, – pois algum tipo de ilusão é sempre possível", então isso não significaria absolutamente nada.
Será então que esse adendo é algo desconhecido do interlocutor? E como ele me é conhecido?

625.

Mas acaso isso quer dizer que seria inconcebível que a palavra "verde" resultasse aqui de uma espécie de lapso na fala ou con-

---

218. "Para cada uma dessas proposições" é uma inserção posterior.
219. A edição de Anscombe e Von Wright ignora as aspas, presentes no manuscrito.

fusão momentânea? Será que não conhecemos casos assim?
– Também poderíamos dizer a alguém: "Será que você não cometeu um lapso ao falar?". Isso quer dizer algo como: "Reflita uma vez mais". –

Mas essas regras de precaução só têm sentido caso em algum momento elas cheguem a um fim.

Uma dúvida sem fim não chega a ser uma dúvida.

626.

Também não significa nada dizer: "O nome dessa cor em português *certamente* é 'verde', – a não ser que, agora, eu esteja cometendo um lapso ao falar, ou esteja de alguma forma confuso".

627.

Será que não precisaríamos inserir essa cláusula em *todos* os jogos de linguagem? (E assim se mostra a sua falta de sentido.)

628.

Quando alguém diz "Certas proposições precisam estar excluídas da dúvida", então parece como se eu devesse incorporar essas proposições, por exemplo que eu me chamo L. W., a um livro de lógica. Pois se pertence à descrição do jogo de linguagem, pertence também à lógica. Mas que eu me chame L. W. não pertence a uma tal descrição. O jogo de linguagem que opera com os nomes das pessoas pode muito bem continuar existindo caso eu esteja errado quanto ao meu nome, – mas ele pressupõe que não faz sentido dizer que a maioria das pessoas estão erradas quanto aos seus nomes.

629.

Mas, por outro lado, é correto que eu afirme a meu respeito "Eu não posso estar errado quanto ao meu nome", e incorreto que eu diga "Talvez eu esteja errado". Mas isso não significa que não faça sentido, para outras pessoas, colocar em dúvida aquilo de que declaro ter certeza.

630.

Não poder estar errado, na língua materna, a respeito das designações de certas coisas é, simplesmente, o caso usual.

631.

"Não posso estar errado quanto a isso" caracteriza, simplesmente, um modo de fazer afirmações.

632.

A recordação da qual estamos certos e aquela da qual não estamos certos. Se a recordação da qual estamos certos não fosse, em geral, mais confiável – ou seja, se ela não se confirmasse, por meio de outras verificações, com maior frequência do que aquela da qual não estamos certos –, então a expressão da certeza e da incerteza não teria, na linguagem, a função que hoje tem.

633.

"Não posso estar errado quanto a isso" – mas e se, de fato, eu estiver errado? Será então que isso não é possível? Mas será que isso torna sem sentido a expressão "Eu não posso etc."? Ou acaso seria melhor, em seu lugar, dizer "Dificilmente posso estar errado quanto a isso"? Não; pois isso quer dizer algo diferente.

634.

"Não posso estar errado quanto a isso; e, no pior dos casos, faço de minha proposição uma norma."

635.

"Não posso estar errado quanto a isso: hoje mesmo estive com ele."

636.

"Não posso estar errado quanto a isso; mas se algo, de fato, parecer contrariar minha proposição, então me agarrarei a ela contra essa aparência."

637.

"Não posso etc." atribui à minha afirmação seu lugar no jogo. Mas ela diz respeito essencialmente a *mim*, não ao jogo em geral.

Caso eu esteja errado em minha afirmação, isso não destitui o jogo de linguagem de sua utilidade.

※

25.4.1951[220]
638.

"Não posso estar errado quanto a isso" é uma proposição comum, que serve para indicar o valor de certeza de uma afirmação. E está justificada apenas no seu uso cotidiano.

639.

Mas para que raios ela serve se eu posso – como todos reconhecem – estar errado quanto a ela e, portanto, também quanto à proposição que ela deveria sustentar?

640.

Ou será que devo dizer que essa proposição exclui determinado *tipo* de erro?

---

[220]. A sequência de parágrafos que se inicia agora, de 628 até o fim do livro, foi extraída do MS 177, pp. 1r-11r.

641.

"Ele me disse isso hoje; – quanto a isso não posso estar errado." – Mas e se isso, de fato, se mostrasse falso?! – Será que não precisamos fazer aqui uma distinção nos modos como algo 'se mostra falso'? – Como então pode ser *mostrado* que minha afirmação era falsa? Aqui, com efeito, opõe-se evidência a evidência, e precisa ser *decidido* qual deve ceder.

642.

Caso, porém, alguém venha com a seguinte ponderação:[221] E se de repente eu, como que despertando, dissesse "Agora mesmo eu estava iludido, imaginando que me chamava L. W.!" — quem me diz então que não despertarei ainda outra vez, declarando que *essa* foi uma estranha[222] ilusão, e assim por diante?

643.

Evidentemente pode-se imaginar um caso, e há tais casos,[223] em que depois de 'despertar' nunca mais coloca-se em dúvida o que era ilusão e o que era realidade. Mas um caso assim, ou sua possibilidade, não tira o crédito da proposição "Não posso estar errado quanto a isso".

---

221. A redação inicial traz o termo "objeção"; a variante "ponderação" aparece superposta, sem que a redação inicial tenha sido riscada.
222. "estranha" é uma inserção posterior.
223. "e há tais casos" é uma inserção posterior.

644.

Caso contrário, será que toda afirmação não ficaria sem crédito?

645.

Não posso estar errado quanto a isso, – mas em algum momento posso muito bem achar que percebo,[224] justificadamente ou não, que eu não estava em condições de fazer juízos.

646.

Seja como for, se isso acontecesse sempre ou frequentemente, o caráter do jogo de linguagem mudaria completamente.

647.

Há uma diferença entre um erro para o qual, por assim dizer, está previsto um lugar no jogo, e algo completamente contrário às regras,[225] que ocorre excepcionalmente.

---

224. A redação inicial traz o termo "decidir"; a variante "achar que percebo" aparece superposta, sem que a redação inicial tenha sido riscada.

225. As seguintes variantes aparecem na sequência do manuscrito, sem que a redação inicial tenha sido riscada: "... e uma confusão, que ocorre excepcionalmente"; "... e uma confusão que ocorre em algum momento como exceção".

648.

Posso também convencer os outros de que 'não posso estar errado quanto a isso'.

Digo a alguém: "Fulano de Tal esteve comigo hoje de manhã e me contou isso e aquilo". Se isso for espantoso, talvez ele me pergunte: "Você não pode estar errado quanto a isso?". Isso pode querer dizer: "É totalmente certo que isso aconteceu *hoje de manhã*?", mas também: "É totalmente certo que você o entendeu corretamente?". – É fácil ver por meio de quais explicações eu poderia mostrar que não estava errado quanto ao tempo e, igualmente, que não entendi mal o que me foi contado. Mas tudo isso *não* pode mostrar que não sonhei a coisa toda, nem que não imaginei isso como num sonho. Tampouco pode mostrar que talvez eu não esteja cometendo, o tempo todo, um *lapso de fala*. (Essas coisas acontecem.)

649.

(Certa vez eu disse a alguém – em inglês – que a forma de determinado galho era característica dos galhos de olmo [*elm*], o que foi contestado por meu interlocutor. Nós passamos então por alguns freixos e eu disse "Veja só, aqui estão os galhos de que eu estava falando". Ao que ele respondeu: *"But that's an ash"*[226] – e eu: *"I always meant ash when I said elm"*.)[227]

---

226. Em inglês no original: "Mas isso é um freixo".

227. Em inglês no original: "O tempo todo, quando eu disse olmo, eu queria dizer freixo".

650.

Isso então quer dizer: A possibilidade de um *erro* pode ser eliminada em certos (e numerosos) casos. – É assim que efetivamente eliminamos erros nas contas. Pois quando uma conta foi conferida inúmeras vezes, então já não podemos dizer: "O fato de que ela está correta é, apesar de tudo, apenas *muito provável*, – já que um erro pode sempre se introduzir furtivamente".[228] Pois supondo que, em certa ocasião, tivéssemos a impressão de que um erro foi descoberto – por que não deveríamos presumir um erro *nessa ocasião*?

651.

Não posso estar errado quanto a isto: que $12 \times 12 = 144$.[229] E não podemos, agora, contrapor a certeza *matemática* à relativa incerteza das proposições empíricas. Pois a proposição matemática foi obtida por meio de uma série de ações, as quais não se diferenciam de modo algum das ações do restante da vida e que estão igualmente sujeitas ao esquecimento, à distração, à ilusão.

652.

Será então que posso profetizar que os homens jamais rejeita-

---

228. A seguinte variante aparece na sequência do manuscrito, sem que a redação inicial tenha sido riscada: "... já que um erro de atenção pode sempre passar despercebido".

229. Note-se que, no mundo germânico, a tabuada vai até o número 12.

rão as atuais proposições do cálculo, que jamais declararão que apenas agora sabem como as coisas se passam? Mas será que isso justificaria uma dúvida de nossa parte?

653.

Se a proposição 12 × 12 = 144 está subtraída à dúvida, então é preciso que proposições não matemáticas também estejam.

26.4.1951
654.

Mas a isso podem-se objetar algumas coisas. – Em primeiro lugar, "12 × 12 etc." é claramente uma proposição *matemática* e, a partir daí, pode-se concluir que apenas tais proposições estão numa situação como essa. E se essa conclusão não é justificada, então deveria haver uma proposição igualmente certa, que trata do procedimento para realizar essa conta, mas que não é matemática. – Estou pensando em uma proposição do seguinte tipo, por exemplo: "Na grande maioria dos casos, a conta '12 × 12' resultará em '144' quando feita por pessoas que sabem calcular". Ninguém irá contestar essa proposição, e ela evidentemente não é uma proposição matemática. Mas será que ela possui a certeza da proposição matemática?

655.

A proposição matemática foi oficialmente carimbada, por assim dizer, como indiscutível. Ou seja: "Discutam por outras coisas; *isso* está firmemente estabelecido, é uma dobradiça em torno da qual suas discussões podem girar".

656.

E isso *não*[230] pode ser dito a respeito da proposição de que *eu* me chamo L. W. Tampouco a respeito da proposição de que tais e tais pessoas fizeram corretamente tais e tais contas.

657.

As proposições da matemática, poderíamos dizer, são fósseis petrificados. – A proposição "Eu me chamo ..." não o é. Mas também ela será considerada *inabalável* por aqueles que, como eu, têm evidências avassaladoras. E não por leviandade. Pois o fato de que a evidência é avassaladora consiste precisamente em que nós não *precisamos* nos curvar a nenhuma evidência contrária. Temos aqui, portanto, uma escora semelhante àquela que torna a proposição matemática inabalável.

658.

Também poderíamos objetar a todas as proposições da tabuada com a seguinte pergunta: "Mas será que você não poderia agora estar tomado por um delírio e, talvez, descobrir isso mais tarde?".

---

230. A edição de Anscombe e Von Wright ignora o grifo, presente no manuscrito.

659.

"Não posso estar errado quanto a isto: que acabei de almoçar nesse instante."

Aliás, se digo a alguém "Acabei de almoçar nesse instante", ele pode achar que estou mentindo ou que agora não estou em meu perfeito juízo, mas ele não achará que eu *estou cometendo um erro*. De fato, a suposição de que eu pudesse estar cometendo um erro não tem aqui qualquer sentido.

Mas não é bem isso. Eu poderia, por exemplo, ter pegado no sono logo depois da refeição, sem o perceber, e ter dormido por uma hora, e agora acreditar que tivesse acabado de comer. Mas continuo distinguindo, aqui, tipos diferentes de erro.

660.

Eu poderia perguntar: "*Como* eu poderia estar errado quanto ao fato de que me chamo L. W.?". E posso dizer: Não vejo como isso seria possível.

661.

Como eu poderia estar errado quanto à suposição de que nunca estive na Lua?

662.

Se eu dissesse "Não estive na Lua – mas posso estar errado", então isso seria estúpido.

Pois até mesmo o pensamento de que, por algum meio desconhecido, eu pudesse ter sido transportado para lá enquanto dormia *não me daria qualquer direito* de falar, aqui, de um possível erro. Eu jogo *incorretamente* o jogo se faço isso.

663.

Eu tenho o direito de dizer "Não posso estar errado aqui", mesmo quando cometo um erro.

664.

Há uma diferença: se alguém aprende na escola o que é correto e incorreto em matemática ou se eu mesmo declaro que não posso estar errado quanto a uma proposição.

665.

Aqui, acrescento algo particular ao que está estabelecido de modo geral.

666.

Mas o que dizer, por exemplo, a respeito da anatomia (ou de uma grande parte dela)? Será que o que ela descreve também não está excluído de toda dúvida?

667.

Mesmo se eu chegasse a um povo que acredita que os homens são transportados em sonho à Lua, ainda assim eu não poderia lhes dizer: "Eu nunca estive na Lua. – Naturalmente, posso estar errado". E, à sua pergunta "Será que você não pode estar errado?", eu precisaria responder: Não.

668.

Que consequências práticas surgem se comunico alguma coisa e acrescento que não posso estar errado quanto a isso?
(Em vez disso, eu também poderia acrescentar: "Eu posso estar tão pouco errado em relação a isso quanto em relação ao fato de que me chamo L. W.".)
Meu interlocutor poderia, ainda assim, duvidar da minha afirmação. Mas, caso ele confie em mim, irá não apenas aceitar o que digo, como também irá extrair, a partir de minha convicção, certas conclusões quanto a meu comportamento.

669.

A proposição "Não posso estar errado quanto a isso" é certamente usada na prática. Mas podemos colocar em dúvida se ela deve ser entendida em sentido totalmente estrito ou se, em vez disso, ela é um tipo de exagero, talvez usado apenas para propósito de persuasão.

27.4.1951
670.

Poderíamos falar de princípios fundamentais da investigação humana.

671.

Eu voo daqui até uma parte do mundo em que os homens têm notícias apenas incertas, ou mesmo nenhuma notícia, a respeito da possibilidade de voar. Eu lhes digo que acabei de voar de ... até eles. Eles me perguntam se eu poderia estar cometendo um erro. – Evidentemente, eles têm uma representação incorreta de como a coisa toda se passa. (Se eu tivesse sido colocado em uma caixa,[231] seria possível que eu cometesse um erro a respeito do tipo de transporte.) Se eu simplesmente lhes digo que não posso estar cometendo um erro, talvez isso não os convença; mas, se lhes descrevo o processo, talvez sim. Eles certamente não trarão para a discussão a possibilidade de um *erro*. Nesse caso, porém, eles poderiam acreditar – mesmo confiando em mim – que eu estive sonhando ou que um *encanto* me fez imaginar essas coisas.

672.

'Se não confio *nesta* evidência, por que então devo confiar em qualquer evidência?'

---

[231]. A seguinte variante aparece na sequência do manuscrito, sem que a redação inicial tenha sido riscada: "Em certas circunstâncias...".

673.

Acaso não é difícil diferenciar entre os casos em que *não* posso estar cometendo um erro e aqueles em que *dificilmente* posso estar cometendo um erro? É sempre claro a qual tipo um caso pertence? Creio que não.

674.

Contudo, existem certos tipos de caso nos quais estou justificado em dizer que não posso estar cometendo um erro, e Moore deu alguns exemplos de tais casos.

Posso enumerar diversos casos típicos, mas não posso fornecer nenhuma característica geral. (N. N. não pode estar cometendo um erro quanto ao fato de que voou dos Estados Unidos para a Inglaterra poucos dias atrás. Apenas se ele está louco pode considerar possível alguma outra coisa.)

675.

Se alguém acredita ter voado poucos dias atrás dos Estados Unidos para a Inglaterra, então acredito que ele não pode *estar cometendo um erro* quanto a isso.

O mesmo acontece quando alguém diz que agora está sentado à mesa escrevendo.

676.

"Mas se também nesses casos não posso estar cometendo um erro, – acaso não é possível que eu esteja sob o efeito de drogas?"

Se estou sob o efeito de drogas, e se elas me tiram a consciência, então neste momento não estou realmente falando e pensando. Não posso supor seriamente que estou sonhando agora. Quem ao sonhar diz "Estou sonhando", mesmo se o diz em voz alta, tem tão pouca razão quanto se, em sonho, diz "Está chovendo", enquanto de fato está chovendo. Mesmo que seu sonho realmente esteja relacionado ao ruído da chuva.

POSFÁCIO

Uma investigação lógica

PAULO ESTRELLA FARIA

> *A questão é: o que o lógico deve dizer aqui?*
> (§68)

Durante os últimos dezoito meses de sua vida (entre novembro de 1949 e abril de 1951), Wittgenstein redigiu os quatro conjuntos de notas publicados em 1969 por Gertrude E. M. Anscombe e G. H. von Wright sob o título de *Sobre a certeza*.

Estritamente falando, não se trata de um *livro* de Wittgenstein, em paridade com outras de suas obras. O *Tractatus Logico-Philosophicus* é um livro a que Wittgenstein deu forma definitiva ao longo de anos de trabalho, e submeteu à publicação. As *Investigações filosóficas* são um livro inacabado, que permaneceu inédito, mas foi igualmente revisado e corrigido ao longo de anos. As notas que constituem o *Sobre a certeza*, em troca, são — e devem ser lidas como — apenas isso: notas, formando quase um diário das reflexões de seu autor ao longo dos dezoito meses em que foram escritas. Não podemos saber o que Wittgenstein teria feito delas se tivesse tido a oportunidade de editá-las.

Sobre a importância desse material na obra do filósofo austríaco, porém, não pode haver dúvida: *Sobre a certeza* contém algumas das ideias mais importantes e originais que Wittgenstein articulou em sua carreira, particularmente durante as duas décadas que se seguiram a seu retorno à filosofia em 1929.

Essas ideias, parcialmente antecipadas em alguns de seus escritos dos anos 1930 e 1940, recebem aqui um tratamento novo e convergem para resultados que não têm precedentes naqueles escritos — ou, a propósito, nos de qualquer outro filósofo.

Esta é, pois, a primeira indicação a ter presente ao abordar esses quatro conjuntos de notas: não é possível ler o *Sobre a certeza* como se se tratasse de um livro, nem mesmo um livro inacabado, como são as *Investigações filosóficas*. Ainda assim, há nessas notas um movimento (a fixação e a explicitação gradual das ideias de Wittgenstein) que é possível acompanhar ao longo do texto *como ele se encontra*. Trata-se, como escrevem os editores, de "um único tratamento contínuo de seu objeto".[1]

Um segundo fator contribui decisivamente para a unidade desse material, e também este não tem precedentes — não, em todo caso, na escala em que aqui ocorre. Refiro-me à concentração continuada de Wittgenstein nas ideias de outro filósofo — no caso, George Edward Moore.

Pode-se indicar em poucas palavras o tema central que Wittgenstein encontra nos escritos de Moore sobre os quais se debruça; ele salta aos olhos à mais perfunctória das leituras. Trata-se da ideia de que há proposições empíricas que são tão certas quanto qualquer proposição da lógica ou da matemática. Moore deu exemplos de tais proposições em "A Defence of Common Sense" [Uma defesa do senso comum, 1925] e fez uso de uma delas em "Proof of an External World" [Prova de um mundo exterior, 1939].

O interesse de Wittgenstein por esses dois textos de Moore foi motivado por duas ordens de fatores, que podemos chamar, respectivamente, de externos e internos. Começo pelos primeiros.

---

1. Essa é a última frase do prefácio escrito por Anscombe e Von Wright para a primeira edição do *Sobre a certeza* (Basil Blackwell, 1969).

No verão de 1949, Wittgenstein viajou aos Estados Unidos a convite de Norman Malcolm, que foi seu anfitrião na Universidade Cornell, em Ithaca, Nova York. Àquela altura, Malcolm acabara de publicar o artigo "Defending Common Sense" — ao qual Moore respondera em uma importante carta datada de 28 de junho de 1949 — e convidou Wittgenstein a discutir aqueles dois ensaios de Moore, de que ele se ocupava no artigo. Não há dúvida de que essas discussões contribuíram para definir, em boa medida, a agenda da reflexão filosófica de Wittgenstein ao longo do ano e meio que se seguiu.

Mas, como veremos, algumas das ideias centrais do *Sobre a certeza* foram antecipadas em outros escritos de Wittgenstein, de modo que as discussões com Malcolm (e, possivelmente, uma nova leitura atenta dos textos de Moore) podem ter atuado como um catalisador para a articulação dessas ideias. Em qualquer caso, Wittgenstein já se havia interessado pelos ensaios de Moore anteriormente.[2]

Em poucas palavras, Moore forneceu a Wittgenstein a ocasião de articular sistematicamente a consequência mais radical da reconsideração, iniciada em 1929, das relações entre *sentido* e *verdade*. A defesa mooreana do senso comum abriu uma via privilegiada para articular sistematicamente, e

---

2. De acordo com os editores do *Sobre a certeza*, ele teria dito a Moore que "A Defence of Common Sense" era seu melhor artigo — e Moore teria concordado. Em troca, a primeira reação de Wittgenstein ao ouvir falar de "Proof of an External World", que Moore havia apresentado em uma palestra perante a Academia Britânica, foi pronunciadamente hostil: "Os filósofos que negaram a realidade da Matéria não queriam negar que por baixo das calças eu uso cuecas" (John Wisdom, "Moore's Technique", p. 431). Sua avaliação sobre os méritos respectivos dos dois artigos não se alterou substancialmente; mas, a partir de sua estadia nos Estados Unidos, Wittgenstein passou a tratar "Proof of an External World" como uma via de acesso privilegiada ao que mais lhe importava em "A Defence of Common Sense" — o que, como se verá, é a chave para entender a ordem em que os dois escritos de Moore são discutidos em *Sobre a certeza*.

até as últimas consequências, o abandono do princípio, que fora a viga mestra da filosofia do *Tractatus*, segundo o qual *ter uma proposição sentido não pode depender de que alguma proposição seja verdadeira*.

Embora as notas de Wittgenstein tenham sido publicadas na ordem cronológica em que foram escritas (não houve, felizmente, nenhuma tentativa de "reconstrução racional" desse material, limitando-se a intervenção editorial a reunir o material e, seguindo o costume de Wittgenstein, numerar as observações), é possível identificar claramente duas etapas no desenvolvimento das ideias de Wittgenstein que elas documentam — e assim, grosso modo, dois "capítulos" principais marcados, respectivamente, pelas reflexões sobre "Proof of an External World" (o primeiro grupo de notas, §§1-65) e a seguir sobre "A Defence of Common Sense" (os outros três, §§66-192, 193-299 e 300-676). Essa divisão em duas etapas, que parece ter sido assinalada pela primeira vez por Michael Williams,[3] sugere haver algo mais do que as meras contingências do "contexto da descoberta" na distribuição do material. De fato, tentarei mostrar que a inversão da ordem cronológica de publicação dos escritos de Moore na abordagem de Wittgenstein está guiada por uma concepção, que emerge gradualmente ao longo do texto e do itinerário intelectual que ele documenta, acerca do nexo lógico entre os dois ensaios de Moore — e também, e decisivamente, pela reconsideração, progressivamente aprofundada, das reflexões sobre a natureza da lógica e das noções lógicas fundamentais, que foram a principal preocupação de Wittgenstein desde as "Notes on Logic" de 1913. Mais do que como uma contribuição à epistemologia (que, por certo, também se pode ex-

---

3. Crispin Wright, "Wittgensteinian Certainties". In: Denis McManus (Org.), *Wittgenstein and Scepticism*. Londres: Routledge, 2004, p. 54.

trair dessas notas, como veio sendo feito desde sua publicação),[4] é, antes, como uma contribuição à *filosofia da lógica* — que foi, ao longo de todo o itinerário filosófico de Wittgenstein, o fio condutor constante — que proponho ler suas últimas reflexões.

Embora essa abordagem esteja na contramão de boa parte da literatura secundária acerca do *Sobre a certeza*, não reivindico para ela uma novidade radical. Como assinala Nestroy na frase escolhida por Wittgenstein como epígrafe das *Investigações filosóficas*: "Em geral, o progresso tem isto em si: ele parece muito maior do que realmente é". Esse lema caracteriza com propriedade a relação da presente proposta com alguns dos seus antecedentes, a começar pela contribuição do discípulo e editor de Wittgenstein, Rush Rhees.

Em sua resenha do livro de George Pitcher *The Philosophy of Wittgenstein*, Rhees escreve, a propósito da relação entre o *Tractatus* e as *Investigações filosóficas*: "Wittgenstein queria que os dois livros fossem lidos juntos. Isso não ajudou as pessoas a verem que *Investigações* é um livro de filosofia da lógica; levou muitos, como Pitcher, a lerem o *Tractatus* como uma teoria do conhecimento".[5]

Nas notas de Rhees publicadas postumamente por D. Z. Phillips sob o título *Wittgenstein's "On Certainty": There — Like Our Life* [O *Sobre a certeza* de Wittgenstein: Lá — como nossa vida][6] uma seção inteira, datada de 3 de março de 1970, foi intitulada pelo editor "On Certainty: A Work in Logic" [Sobre a

---

4. Vejam-se, por exemplo, os excelentes ensaios reunidos por Annalisa Coliva e Danièle Moyal-Sharrock na coletânea *Hinge Epistemology*. Leiden/ Boston: Brill, 2016.

5. Rush Rhees, "The Philosophy of Wittgenstein". *Ratio*, v. 8, 1966, p. 37.

6. Id., *Wittgenstein's "On Certainty": There — Like Our Life*. Org. de D. Z. Phillips. Oxford: Blackwell, 2003.

certeza: Um trabalho de lógica]. Lemos aí: "Se dizemos que o livro é uma investigação lógica — isso significa que é uma discussão do que a lógica é, ou do que são princípios lógicos".[7] É o que pretendo demonstrar.

A adequada compreensão dessa tese interpretativa pressupõe o entendimento, ao menos em suas linhas gerais, das estruturas argumentativas dos dois escritos de Moore.

Em "A Defence of Common Sense", Moore apresenta dois conjuntos de proposições que expressariam algo como uma "visão de mundo do senso comum", e que ele afirma serem sabidas com certeza. O primeiro conjunto é constituído por proposições na primeira pessoa do singular, e tem a forma geral "Eu, Moore, sei com certeza que...". O segundo conjunto é constituído de uma única proposição que afirma que outras pessoas estão em condições de afirmar, sobre si mesmas, proposições correspondentes às que Moore alega poder afirmar acerca de si mesmo. Assim, se Moore pode dizer "Eu sei, com certeza, que a Terra existia muito antes do meu nascimento", cada um de seus leitores pode igualmente afirmar "Eu sei, com certeza, que a Terra existia muito antes do meu nascimento".

A lista de Moore é extensa, mais eis aqui uma lista mais breve, concebida no mesmo espírito e com a mesma finalidade, com a qual Moore abre sua conferência de 1941 "Certainty":

> Eu estou neste momento, como todos vocês podem ver, numa sala e não ao ar livre; estou em pé, e não sentado ou deitado; estou vestido, e não estou de modo algum nu; estou falando em voz alta, e não estou nem cantando nem sussurrando nem permanecendo em silêncio; tenho entre as mãos algumas folhas de papel com escrita; há muitas outras pessoas na mesma

---

7. Id. Ibid., p. 48.

sala em que eu estou; e há janelas naquela parede e uma porta nesta outra.[8]

As proposições enumeradas por Moore, em 1925 como em 1941, são manifestamente incompatíveis com várias doutrinas filosóficas, o que suscita uma dificuldade peculiar: "O que é estranho é que filósofos tenham sido capazes de sustentar sinceramente, como parte de seu credo filosófico, proposições inconsistentes com o que eles mesmos *sabiam* ser verdadeiro; e, no entanto, até onde percebo, isso de fato aconteceu com frequência".[9]

Essa incongruência sugere uma estratégia argumentativa que tomará forma em "Proof of an External World". Em um ensaio publicado em 1942, Norman Malcolm deu-se ao trabalho de imaginar "a espécie de argumento" que Moore apresentaria em resposta ao defensor de cada uma de doze importantes teses filosóficas.[10] Em sua resposta, Moore aprovou os argumentos imaginados por Malcolm como aqueles que, de fato, ele apresentaria.[11]

Eis alguns exemplos da lista de Malcolm:

(2) *Filósofo*: "O tempo é irreal".

Moore: "Se você quer dizer que nenhum evento jamais sucede ou precede outro evento, está certamente errado; pois *depois* de almoçar eu dei uma caminhada, depois disso tomei um banho, e depois um chá".

---

8. G. E. Moore, "Certainty". In: *Philosophical Papers*. Londres: George Allen and Unwin, 1959, p. 171.
9. Id., "A Defence of Common Sense", p. 115.
10. Norman Malcolm, "Moore and Ordinary Language" [1942]. In: P. A. Schilpp (Org.), *The Philosophy of G. E. Moore*. La Salle, IL: Open Court, 1968.
11. Id. Ibid., pp. 668-9.

(3) *Filósofo*: "O espaço é irreal".

Moore: "Se você quer dizer que nada está jamais à direita, à esquerda, atrás ou acima de outra coisa, está certamente errado; pois este tinteiro está à esquerda desta caneta, e minha cabeça acima de ambos".

[...]

(5) *Filósofo*: "Nenhuma coisa material existe sem ser percebida".

Moore: "O que você diz é absurdo, pois ninguém estava percebendo minha cama enquanto eu dormia na noite passada e, no entanto, ela certamente não deixou de existir".

[...]

(7) *Filósofo*: "Como você provaria que a afirmação de que suas próprias sensações, sentimentos e experiências são os únicos que existem é falsa?".

Moore: "Do seguinte modo: Eu sei que *você* está me enxergando e ouvindo neste momento, e também sei que minha mulher está com dor de dente, de onde se segue que existem sensações, sentimentos e experiências além dos meus próprios".[12]

A pergunta crucial será, manifestamente: com que direito Moore enumera suas certezas e as emprega como premissas de refutações filosóficas à maneira das imaginadas por Malcolm? A essa pergunta, Wittgenstein responde:

> Mesmo quando a pessoa mais confiável me assevera que *sabe* que as coisas são de tal e tal modo, isso não pode me convencer, por si só, de que ela sabe essas coisas. Apenas de que acredita sabê-las. Eis por que as asseverações de Moore de que sabe ... não nos podem interessar. As proposições, contudo, que Moore enumera como exemplos de tais verdades sabidas, essas sim são interessantes.

---

12. Id. Ibid., pp. 346-7.

Não porque alguém saiba sua verdade ou acredite sabê-la, mas porque todas elas desempenham um papel *semelhante* no sistema dos nossos juízos empíricos. (§137)

Em que consiste esse papel é, em última instância, o tema central de *Sobre a certeza*.

Em "Proof of an External World", Moore recorre a uma dessas proposições empíricas que ele tem por certas para refutar o ceticismo acerca da realidade do mundo exterior. Sua estratégia apoia-se na caracterização lógica standard da existência como um predicado de segunda ordem: a prova da existência de um par de coisas *a* e *b* é necessariamente, e só pode ser, uma prova de não-vacuidade da extensão de um predicado F tal que Fa e Fb. Se eu provar que existem pelo menos dois trevos de quatro folhas, terei provado, *ipso facto*, que existem trevos de quatro folhas. Mas terei provado outras coisas ainda: pois a prova da não-vacuidade da extensão de um predicado é, *ipso facto*, uma prova da não-vacuidade da extensão de qualquer predicado ao qual aquele esteja subordinado. Se eu provar que existem pelo menos dois trevos de quatro folhas, também terei provado que existem pelo menos duas plantas etc. Provar a existência de "coisas fora de nós" será, nessa perspectiva, provar a existência de uma ou algumas coisas às quais convém o predicado "fora de nós": um par de laranjas, por exemplo.

Dessa caracterização da espécie de prova pretendida segue-se, de modo natural, a rejeição da pretensão de unicidade reivindicada por Kant para sua "Refutação do Idealismo" e a apresentação da prova de Moore como um *exemplo* da espécie de prova que se pode dar da realidade do mundo exterior:

Parece-me que, longe de ser verdadeiro, como Kant queria, que só há uma prova possível da existência de coisas fora de nós, a saber, a que ele deu, posso agora dar um grande número de provas diferentes, cada uma das quais é uma prova perfeitamente rigorosa; e que em muitas outras ocasiões estive em condições de dar muitas outras. Posso provar agora, por exemplo, que duas mãos humanas existem. Como? Erguendo minhas duas mãos e dizendo, enquanto faço um certo gesto com a mão direita, "Aqui está uma mão" e acrescentando, enquanto faço um certo gesto com a esquerda, "e aqui está outra". E se, ao fazê-lo, eu provei *ipso facto* a existência de coisas exteriores, todos vocês perceberão que eu também posso fazê-lo de um sem-número de outras maneiras: não há necessidade de multiplicar exemplos.[13]

Diante disso, não surpreende que a primeira frase do *Sobre a certeza* seja: "Se você sabe que aqui está uma mão, então lhe concedemos todo o resto" (§1). Mas essa frase, embora sugira um veredicto (antecipado, de resto, pelo próprio Moore) sobre "Proof of an External World", é apenas o ponto de partida de Wittgenstein, cuja reflexão sobre a prova de Moore vai muito além da suspeita de que o argumento válido de Moore tem como premissa uma proposição cuja verdade não foi estabelecida.

Para compreendê-lo cumpre, antes de mais, compreender o itinerário de Wittgenstein ao longo dos vinte anos precedentes — em outras palavras, cumpre entender o que, em seu percurso lógico-filosófico, preparou-o para o confronto com Moore.

Esteve em jogo nesse itinerário, como assinalei, o postulado da *independência do sentido em relação à verdade*, essa viga mestra da filosofia do *Tractatus*, parte integral do legado de Bertrand Russell que Wittgenstein incorpora a seu livro.

O postulado tem origem em um desacordo entre Gottlob Frege e Russell, perante o qual Wittgenstein (contrariamen-

---

13. G. E. Moore, "Proof of an External World", pp. 165-6.

te a sua inclinação usual) toma, decididamente, o partido de Russell.

O problema é suscitado pelas considerações sobre a semântica dos termos singulares que Frege apresenta em "Über Sinn und Bedeutung" (1892) e pela crítica que lhes endereça Russell em "On Denoting" (1905). No primeiro desses dois ensaios, Frege responde, de modo um tanto expeditivo, ao que ele descreve como uma objeção "idealista" a sua concepção dos termos singulares. A objeção atém-se à possibilidade da vacuidade referencial de um termo singular para motivar a sugestão de que o significado desse termo é uma representação, e não um objeto extramental. A resposta de Frege é que, sempre que se emprega um termo singular, sua referência é pressuposta (*vorausgesetzt*), e que essa pressuposição pode ser frustrada. Não é, contrariamente ao que sugerem alguns comentadores, de modo algum claro o que Frege supõe que seja a consequência dessa frustração; mas é claramente compatível com tudo que ele diz que essa consequência seja uma violação do Princípio de Bivalência: uma frase da forma "a é F", se "a" não tem referência (é um termo vazio), não será nem verdadeira nem falsa.

A teoria das descrições introduzida por Russell em "On Denoting" rejeita radicalmente o apelo à noção de pressuposição — e, com ele, a ideia de que uma proposição possa ter sentido e, mesmo assim, carecer de valor de verdade. Se a expressão que ocupa o lugar de sujeito gramatical da frase carece de referência, duas possibilidades se abrem: (a) a expressão é um termo singular vazio (um nome que nada nomeia), e a frase não expressa nenhuma proposição; ou (b) o sujeito gramatical da frase é uma expressão denotativa (por exemplo, uma descrição definida) e a frase, e a proposição que ela expressa, são falsas:

Se dizemos "o rei da Inglaterra é calvo", isso é, assim o parece, não um enunciado sobre o complexo que *significa* "o rei da Inglaterra", mas sobre o homem real denotado pelo significado. Mas considere-se agora "o rei da França é calvo". Por paridade de forma, isso deveria ser também sobre a denotação da expressão "o rei da França". Mas essa expressão, embora tenha um *significado* se "o rei da Inglaterra" tem um significado, certamente não tem denotação, não pelo menos em qualquer sentido óbvio. Assim, suporíamos que "o rei da França é calvo" deveria ser um contrassenso; mas não é um contrassenso, pois é simplesmente falso.[14]

E Wittgenstein escreve no *Tractatus*, ecoando Russell: "O complexo só pode ser dado por meio de sua descrição, e ela será ou não conforme. A proposição em que se fala de um complexo será, caso ele não exista, não um contrassenso, mas simplesmente falsa" (*Tractatus*, §3.24).

Em suma, ao tratar descrições como quantificadores, Russell dissociou-as dos termos singulares para arregimentá-las na categoria lógica das expressões cuja extensão é vazia ou cheia conforme pelo menos um predicado seja satisfeito. A contrapartida dessa reclassificação é o reconhecimento de uma classe de nomes "logicamente próprios" e de um modo de designação primitivo, irredutível ao "conhecimento por descrição". Esse modo de designação, Russell caracteriza-o, em *Principia Mathematica*, através da noção de "representação direta": "Sempre que é possível supor a inexistência do sujeito gramatical de uma proposição sem privá-la de sentido, é manifesto que o sujeito gramatical não é um nome próprio, *i.e.* não é um nome que representa diretamente algum objeto".[15]

---

14. Bertrand Russell, "On Denoting". *Mind*, v. 14, 1905, p. 419.
15. Alfred North Whitehead; Bertrand Russell, *Principia Mathematica*, v. 1. Cambridge: Cambridge University Press, 1910, p. 66.

O que é distintivo dos termos singulares genuínos, ou nomes próprios "em sentido lógico estrito", é, assim, que a existência dos objetos a que eles se referem está fora de questão. A esse respeito, porém, há uma divergência digna de nota entre Russell e Wittgenstein. Para Russell, dizer que um objeto "não pode não existir" é equivalente a dizer que sua existência não pode ser posta em dúvida — de onde o apelo ao Princípio do Conhecimento por Contato (*Principle of Acquaintance*) como um suplemento epistemológico à teoria das descrições. Para Wittgenstein, rejeitando aquela equivalência, um objeto que não pode não existir é, simplesmente, um existente necessário. É o que explica a introdução, no *Tractatus*, da categoria metafísica de *substância* para dar conta dos objetos simples que são os referentes dos nomes:

> Os objetos constituem a substância do mundo. Por isso não podem ser compostos.
> Se o mundo não tivesse substância, ter ou não sentido uma proposição dependeria de ser ou não verdadeira uma outra proposição. (*Tractatus*, §§2.021-2.0211)

Isso pressupõe a admissibilidade de tratar toda proposição como uma função de verdade de proposições logicamente simples (elementares) que são também logicamente independentes. Apenas assim é possível especificar a *forma geral da proposição*: a saber, a forma geral de uma função de verdade (*Tractatus*, §5.47).

Mas, se toda proposição é uma função de verdade de proposições elementares, que devem ser logicamente independentes, não há lugar para o que Russell chamou de "incompatibilidades sintéticas": e, de fato, o autor do *Tractatus* está convencido de que "a afirmação de que um ponto do campo visual tem ao mesmo tempo duas cores diferentes é uma contradição" (§6.3751).

Tal é o sentido, e o alcance, do abalo sísmico anunciado em "Some Remarks on Logical Form", o ensaio que, em 1929, assinala o retorno de Wittgenstein à filosofia após dez anos consagrados a outras atividades: se "números (racionais e irracionais) devem ingressar na estrutura das próprias proposições atômicas",[16] é porque as relações de exclusão entre determinações de um mesmo determinável (como, tipicamente, entre os graus de um gradiente) não são relações formais, como a contradição, mas *materiais*. Em suma: "o que eu disse no *Tractatus* não esgota as regras gramaticais para "e", "não", "ou" etc.; há regras para as funções de verdade que lidam também com a parte elementar da proposição".[17]

A consideração das incompatibilidades entre graus de um gradiente introduz, desde as *Observações filosóficas* redigidas entre 1929 e 1930, um tema inteiramente alheio à filosofia do *Tractatus*: as operações de *medida* — e, com elas, e pela primeira vez explicitamente, a consideração de pressuposições *factuais* do sentido de uma proposição. Pois, no momento em que o *significado* das proposições elementares deva ser levado em conta para avaliar relações de dependência lógica (no momento em que estendemos a noção de lógica para abarcar validades e invalidades *materiais*), estamos comprometidos a aceitar como parte da lógica toda proposição cuja verdade é condição do significado de alguma proposição: é condição de que ela signifique o que significa, e não outra coisa — de que tenha as relações de dependência que tem, e não outras.

No caso das cores, que era o caso paradigmático de "Some Remarks on Logical Form", sabemos a priori que a atribuição

---

16. Ludwig Wittgenstein, "Some Remarks on Logical Form", p. 31.
17. Id., *Philosophische Bemerkungen* [1964]. Org. de Rush Rhees. v. II. Berlim: Suhrkamp, 1984, p. 109.

de uma cor a um ponto é incompatível com a atribuição de outra cor. Mas o caso, que Wittgenstein imediatamente reconhece ser análogo, das *medidas* suscita uma dificuldade até então imprevista. Pois não temos medida sem empregar um *padrão de medida* — e esse é um objeto físico com propriedades suscetíveis de alteração. Como Wittgenstein nota nas *Observações filosóficas*, não é uma escala métrica imaterial, mas um objeto físico (a fita métrica, a trena metálica, a régua) que encostamos no objeto a ser medido. A constância das propriedades físicas do padrão de medida é, assim, uma condição do sentido da proposição que expressa o resultado da mensuração. O desfecho dessa consideração é o abandono inexorável do postulado de independência do sentido em relação à verdade: "Eu considerarei todo fato cuja ocorrência é uma pressuposição do sentido de uma proposição como pertencendo à linguagem".[18]

Esse resultado "parece abolir a lógica" (*Investigações filosóficas*, §242), pois parece torná-la dependente de fatos empíricos, ou do que Wittgenstein agora chama de "a história natural da humanidade":

> Apenas em casos normais o uso das palavras nos é claramente prescrito; nós não temos nenhuma dúvida, nós sabemos o que temos de dizer neste ou naquele caso. Quanto mais anormal é o caso, mais duvidoso se torna aquilo que devemos dizer. E se as coisas se passassem de modo completamente diferente do que realmente se passam — se não houvesse, por exemplo, nenhuma expressão característica de dor, de medo, de alegria; se o que é regra se tornasse exceção, e o que é exceção se tornasse regra; ou se ambas se tornassem fenômenos mais ou menos da mesma frequência — então, com isso, nossos jogos de linguagem normais

---

18. Id. Ibid., p. 78.

perderiam aquele espírito que os caracteriza. – O procedimento de colocar um pedaço de queijo na balança e determinar seu preço de acordo com o que ela indica perderia seu espírito característico se frequentemente acontecesse de esse pedaço, sem causa aparente, crescer ou encolher repentinamente. (*Investigações filosóficas*, §142)

Do mesmo modo, é uma condição do sentido da proposição "Isto é vermelho" que os falantes da linguagem concordem em seus juízos sobre o que é e o que não é vermelho:

Ao entendimento mútuo por meio da linguagem pertence não apenas uma concordância nas definições, mas (por mais estranho que isso possa soar) uma concordância nos juízos. Isso parece abolir a lógica; mas não a abole. – Uma coisa é descrever o método de medida; outra, encontrar e enunciar resultados da medição. Mas o que chamamos de "medir" é determinado também por certa constância nos resultados da medição. (*Investigações filosóficas*, §242)

Esse desfecho, Roger White o descreve muito bem:

[...] dependemos de certos aspectos contingentes do nosso mundo para conferir um sentido a nossos signos, e ao imaginar que esses aspectos não se realizem estamos imaginando um mundo em que proposições contendo tais signos não poderiam ser formuladas, não um mundo em que elas seriam falsas.[19]

Isso abole, feitas as contas, *uma certa lógica* — de fato, um ideal, uma imagem sublimada da lógica, cuja "pureza cristali-

---

19. Roger M. White, "Can whether a Proposition Makes Sense Depend on the Truth of Another? (*Tractatus* 2.0211-2)". In: Godfrey Vesey (Org.), *Understanding Wittgenstein*. Ithaca, NY: Cornell University Press, 1974, p. 24.

na", como Wittgenstein escreve no §107 das *Investigações*, não era um *resultado* da investigação, mas uma *exigência*. Como assinala Warren Goldfarb:

> A sugestão implícita [de Wittgenstein] é que não temos *nenhum* exemplo de uma linguagem sem pressuposições; essa é uma quimera filosófica. Nenhum de nossos jogos de linguagem contém regras que determinem veredictos sobre o uso em todo caso concebível; de tal modo que, no fim, não temos nenhuma ideia do que seria isso. A comunicação ordinária depende de que o mundo se comporte de maneira ordinária.[20]

E, na página seguinte: "Isso certamente abole a lógica no sentido de Frege, de Russell ou do jovem Wittgenstein; pois a lógica no sentido deles requer a independência de pressuposições [*presuppositionlessness*] que o 'acordo nos juízos' nega".[21]

E é assim que a lógica parece depender do que Wittgenstein agora chama de "história natural": "Aquilo que precisamos dizer para explicar o significado (quero dizer, a importância) de um conceito frequentemente são fatos naturais extraordinariamente gerais. Aqueles que, devido a sua grande generalidade, quase nunca são mencionados" (*Investigações filosóficas*, §142).

E, mais adiante: "O que oferecemos, na verdade, são observações acerca da história natural do homem; mas não curiosidades, e sim constatações de que ninguém duvidou, e que só passam despercebidas por estarem constantemente diante de nossos olhos" (*Investigações filosóficas*, §415).[22]

---

20. Warren Goldfarb, "Wittgenstein on Fixity of Meaning". In: William W. Tait (Org.), *Early Analytic Philosophy: Frege, Russell, Wittgenstein*. Chicago/ La Salle, IL: Open Court, 1997, p. 87.

21. Id. Ibid., p. 88.

22. A mesma observação constitui o §142 da parte I das *Observações sobre os fundamentos da matemática* (Ludwig Wittgenstein, *Bemerkungen über die Grundlagen der Mathematik*, I, §142).

Então, e era aí que eu queria chegar, esse é o fio da meada que vai levar até ao confronto com Moore e à composição do *Sobre a certeza*. Esse movimento está documentado de forma especialmente clara nas *Bemerkungen über die Grundlagen der Mathematik* [Observações sobre os fundamentos da matemática]. Na Primeira Parte desse livro, que os editores datam de 1937-38, encontramos a seguinte observação sobre a noção de prova matemática: "Eu li uma prova — e agora estou convencido. — E se eu em seguida esquecesse essa convicção? // Pois trata-se de um procedimento particular: eu *percorro* a prova e então aceito seu resultado. Isso é o uso entre nós, um fato da nossa história natural".[23]

Na Primeira Parte ainda, sempre a propósito da noção de prova matemática:

> É como se expressássemos a essência da forma. — Mas eu digo: Quem fala em *essência* constata simplesmente uma convenção. E a isso se poderia objetar: não há diferença maior que aquela entre uma proposição sobre uma essência e uma sobre uma mera convenção. E se eu respondesse: à *profundidade* da essência corresponde a *profunda* necessidade da convenção?[24]

A ideia de que uma convenção deve ser arbitrária, e por isso superficial, trai uma preocupação com a natureza da lógica, e especificamente com as relações entre proposições lógicas e proposições empíricas. Afinal, o sentido de uma proposição determina as relações lógicas em que essa proposição se encontra com outras proposições. Assim, se o sentido de uma proposição pressupõe a verdade de certas proposições da "história

---

23. Id. Ibid., parte I, §63.
24. Ibid., §74.

natural", a lógica pareceria pertencer igualmente à história natural. Na Sexta Parte, datada pelos editores de 1943-44, lemos:

> O que você diz parece se resumir nisso, que a lógica pertence à história natural do homem. E isso não se coaduna com a rigidez do "deve" lógico.
>
> Mas o "deve" lógico é parte integrante das proposições da lógica, e essas *não* são proposições sobre a história natural humana. Se uma proposição da lógica dissesse: os homens estão de acordo entre si de tal e tal modo (e isso teria a forma de uma proposição da história natural), então sua contraditória diria que aqui *falta* um acordo. Não que aqui há um acordo de outra espécie.
>
> O acordo dos homens que é um pressuposto da lógica não é um acordo de *opiniões*, muito menos de opiniões em matéria de lógica.[25]

Mas quero chamar atenção, em particular, para esta passagem da Sexta Parte, em que o tema central do *Sobre a certeza* aparece limpidamente delineado, quatro ou cinco anos antes:

> Agora alguém diz que na série de números cardinais que obedece à regra +1, cuja técnica nos foi ensinada de tal ou tal modo, 450 segue-se a 449. Isso não é a proposição empírica de que passamos de 449 a 450 quando nos parece que aplicamos a operação +1 a 449. É antes a determinação de que só quando o resultado é 450 teremos aplicado a operação.
>
> É como se tivéssemos enrijecido [*verhärtet*] a proposição empírica e feito dela uma regra. E agora temos não uma hipótese que é testada pela experiência, mas um paradigma com o qual a experiência é comparada e julgada. E, assim, uma nova espécie de juízo.[26]

---

25. Ibid., parte VI, §49.
26. Ibid., §22.

Essa observação ecoa no *Sobre a certeza*, realçada por uma metáfora merecidamente celebrada:

> Poderíamos imaginar que certas proposições com a forma de proposições empíricas se houvessem enrijecido [*erstarrt*] e funcionassem como dutos para as proposições empíricas não enrijecidas, fluidas; e que essa relação se modificasse com o tempo, de modo que as proposições fluidas se enrijecessem e as rígidas se tornassem fluidas. (§96)

> Se alguém dissesse, contudo, "Portanto também a lógica é uma ciência empírica", então ele estaria errado. Mas isto está correto: que a mesma proposição às vezes pode ser checada pela experiência, às vezes pode ser tratada como regra para a checagem. (§98)

Duas noções aí introduzidas requerem elucidação, e a elas retornaremos detidamente. A primeira é "forma de uma proposição empírica". A segunda é a noção de identidade proposicional ("a mesma proposição") que Wittgenstein está supondo. Sobre a primeira, tenho uma proposta bem definida para apresentar; a segunda, em troca, constitui um problema para o qual limito-me a chamar atenção.

Comecemos pelo começo — que, no texto de Wittgenstein, é "Proof of an External World", não as proposições enrijecidas de "A Defence of Common Sense". A primeira frase do *Sobre a certeza* parece conter *in nuce*, como vimos, um diagnóstico do que está mal na prova de Moore: "Se você sabe que aqui está uma mão, então lhe concedemos todo o resto" (§1).

À primeira vista, o que está em jogo é a confiança com que Moore toma a proposição "Aqui está uma mão, e aqui está outra" como premissa de sua prova. Wittgenstein estaria fazendo sua esta crítica antecipada pelo próprio Moore: a deficiência básica de sua prova residiria no fato de que Moore não demonstrou sua premissa.

Moore aborda essa crítica na parte final de seu ensaio, dedicada a estabelecer que o que ele ofereceu foi genuinamente uma prova conclusiva da realidade de "coisas no espaço fora de nós". Três requisitos que um argumento deve satisfazer para ser uma prova são enumerados, e Moore sustenta que cada um deles está satisfeito. Em primeiro lugar, uma prova deve ser um argumento válido: em outras palavras, deve ser um argumento tal que sua conclusão não pode ser falsa caso a(s) premissa(s) seja(m) verdadeira(s). Em segundo lugar, uma prova deve ser um argumento não-circular: em outras palavras, sua conclusão deve ser diferente das premissas; em particular, sua conclusão deve poder ser verdadeira ainda que a(s) premissa(s) seja(m) falsa(s) ("p, logo p" é um argumento válido, mas circular). Em terceiro lugar, uma prova deve ter como premissas proposições cuja verdade é conhecida. E Moore sustenta, sucessivamente, (1) que sua prova é um argumento válido, (2) não-circular e (3) baseado em uma premissa que sabemos ser verdadeira.

Moore pretende que essas três condições, a par de necessárias, são suficientes para caracterizar um argumento como uma prova. A discussão a que Wittgenstein submete a prova de Moore termina por impugnar essa pretensão de suficiência.

A discussão está tacitamente fundada na consideração de três condições que um argumento deve satisfazer para constituir uma prova, que não coincidem inteiramente com as condições enunciadas por Moore. Uma prova deve ser um argumento *válido* (e Moore sustenta, com razão, que sua prova é um argumento válido). Mas uma prova deve ser também um argumento *sólido*: suas premissas devem ser verdadeiras (e Moore sustenta, novamente com razão, que a premissa de sua prova é verdadeira).[27] Mas, além de ser válido e sólido, um argumento precisa ser *cogente* (e não apenas não-circular) para constituir uma prova: em outras palavras, precisa ser um argumento

> através do qual alguém poderia/deveria ser levado à convicção racional na verdade de sua conclusão — um caso em que é possível *aprender* que a conclusão é verdadeira obtendo garantia (*warrant*) para as premissas e então raciocinando rumo a ela através dos passos envolvidos no argumento em questão. Assim, um argumento válido com premissas garantidas (*warranted*) não pode ser cogente se a via para garantir as premissas passa — necessariamente, ou sob as restrições de um dado contexto epistêmico — por uma garantia prévia para sua conclusão. Tais argumentos incorrem, como costumamos dizer, em petição de princípio.[28]

Este é precisamente o defeito finalmente apontado por Wittgenstein na prova de Moore: seja o que for que me autoriza a julgar que aqui está uma mão, e aqui está outra, essa autorização já pressupõe a verdade da conclusão que Moore pretende estabelecer. Wittgenstein deixa isso muito claro ao oferecer esta paródia da prova de Moore:

> Eu falo ao telefone com um amigo em Nova York. Ele me conta que suas mudas estão dando botões de tal e tal aspecto. Agora eu estou convencido de que são mudas de ... Será que estou também convencido de que a Terra existe? (§208)

---

27. Estritamente falando, o que Moore sustenta é que sua premissa é *sabida* (G. E. Moore, "Proof of an External World", op. cit., pp. 166-7), o que obviamente implica, pela factividade de "saber" ("S sabe que p" implica "p"), que é verdadeira.

28. Crispin Wright, "Some Reflections on the Acquisition of Warrant by Inference". In: Susana Nuccetelli (Org.), *New Essays on Semantic Externalism and Self-Knowledge*. Cambridge, MA: MIT Press, 2003, p. 57.

Eis a prova mooreana da existência da Terra tal como a concebe Wittgenstein:

(TERRA)
1. Meu amigo de Nova York me diz ao telefone que suas mudas estão dando botões de tal e tal aspecto.
2. Suas mudas estão dando botões de tal e tal aspecto.
Logo:
3. A Terra existe.[29]

E isso suscita a pergunta incontornável: "Será que minha conversa telefônica com Nova York corrobora minha convicção de que a Terra existe?" (§210). Ao que Wittgenstein responde: "O fato de que a Terra existe é, antes, uma parte da *imagem* que, ela toda, constitui o ponto de partida de minha crença" (§209).

Compare-se esse exemplo com um dos muitos imaginados por Wright, desta feita uma refutação imaginária do ceticismo sobre a realidade do passado:

(ALGAS MARINHAS)
1. Há uma linha de algas marinhas frescas na praia cerca de quarenta metros acima do oceano.
2. As algas marinhas foram trazidas pela maré algumas horas atrás.

---

29. Reproduzo aqui, por conveniência da exposição, a reconstrução de Wright ("Wittgensteinian Certainties", op. cit., p. 40). O argumento delineado por Wittgenstein pode ser reconstruído na forma explícita de um *modus ponens* mediante a substituição de 1 por "Se as mudas do meu amigo de Nova York estão dando botões de tal e tal aspecto, então a Terra existe". O próprio Wright ressalva, de resto: "Estritamente falando, precisaríamos refazer a escolha de e [=1], de modo a evitar uma implicação independente de *I* [=3]" (Id. Ibid., p. 55, nota 22).

Logo:
3. O mundo não começou a existir há trinta segundos, cheio de traços aparentes de uma história mais estendida.[30]

Em 1985, na conferência "Facts and Certainty", Wright explicava o que ele mais tarde veio a chamar de violações de transmissão de garantia caracterizando as proposições mooreanas como proposições sem conteúdo factual,[31] *por essa razão* além do alcance da conquista cognitiva (*cognitive achievement*). Suas contribuições posteriores refinaram essa análise: não se trata de que "Existe um mundo exterior" não tenha conteúdo factual; o que situa essa proposição para além da conquista cognitiva é o fato de que sua verdade é pressuposta na aquisição de qualquer garantia que tenhamos para julgar (retornando ao exemplo de Moore) que aqui está uma mão, e aqui está outra.

A meu ver, Crispin Wright fez mais do que qualquer outro intérprete de Wittgenstein, sem excluir Rush Rhees, para articular uma leitura do *Sobre a certeza* como um livro que dá continuidade à reflexão sobre lógica, e sobre a relação entre princípios lógicos e proposições empíricas, que constitui o fulcro da meditação de Wittgenstein ao longo de toda a sua carreira. Juntamente com Wright, Martin Davies é o principal articulador da distinção entre transmissão de garantia (*warrant transmission*) e fechamento dedutivo (*closure*) em termos da qual é possível reconstruir a transição, documentada no *Sobre a certeza*, da reflexão sobre "Proof of an External World" à investigação das proposições que, em "A Defence of Common Sense", Moore alega saber, com certeza, que são verdadeiras — proposições tão diferentes, à primeira vista, como "sou um ser

---

30. Id. Ibid., p. 29.
31. De onde o título da conferência.

humano" (§4), "sei que aqui está uma mão (vale dizer, a minha mão)" (§9), "o Sol não é um buraco na abóbada celeste" (§104), "minhas mãos não desaparecem quando não estou prestando atenção nelas" (§153), "as palavras simples que compõem esta frase são palavras do português" (§158), "nunca estive na estratosfera" (§222), "já havia a Terra desde antes do meu nascimento" (§233), "Eu tenho um corpo" (§244), "gatos não crescem em árvores (§282)", "Eu me chamo ..." (§571) ou "esse homem aqui é N. N., o qual conheço há anos" (§613).[32]

As violações de garantia ilustradas pela prova de Moore, por TERRA e por ALGAS MARINHAS, foram seguidamente tomadas (por Fred Dretske, Robert Nozick e outros) como contraexemplos ao princípio de fechamento (*closure*) do conhecimento pela implicação conhecida:

(FECHAMENTO)
Se S sabe que p, sabe que p implica q, e infere q de p, então S sabe que q.[33]

---

32. A dimensão diacrônica dos sistemas de proposições mooreanas (assinalada na metáfora do "rio dos pensamentos" dos §§96-97) salta aos olhos quando consideramos um dos exemplos preferidos de Wittgenstein: "Ninguém jamais esteve na Lua" (§§106, 111, 117, 171, 226, 238, 327, 337, 338, 661, 662) — que, desde 1969 (por ironia, o ano da publicação do *Sobre a certeza*), é, simplesmente, uma falsidade empírica.

33. Um conjunto é dito "fechado por" (*closed under*) uma operação quando todo resultado de uma aplicação dessa operação a um elemento do conjunto é, ele próprio, um elemento do conjunto; assim, por exemplo, o conjunto dos números naturais é fechado pela operação *sucessor de*: todo resultado da aplicação dessa operação a um número natural é, também, um número natural. (A metáfora espacial do fechamento tem, como se vê, uma aplicação quase literal: uma operação "fecha" um conjunto quando, não importa quão longe possamos ir em sua aplicação, nunca "saímos" do conjunto.) Analogamente, tudo que sabemos ser implicado por algo que sabemos é, também — uma vez "aplicada a operação": vale dizer, destacado o consequente do condicional que sabemos ser verdadeiro —, algo que, *ipso facto*, sabemos.

O ponto é delicado, pois está em jogo a legitimidade de inferir *q* de *p* quando *p* é uma proposição empírica e *q* uma proposição filosófica com a "forma de uma proposição empírica". Para os críticos históricos do fechamento, como Dretske e Nozick, essa inferência era espúria porque, em razão de seu conteúdo, *q* (usualmente, em seus exemplos, a negação de um cenário cético) não pode ser sabida, o que invalida tanto o *modus ponens* de Moore quanto o *modus tollens* do cético: posso saber que aqui está uma mão, e aqui está outra, ainda que não saiba (pois *não posso* saber, como sustenta o cético) que existe um mundo exterior. Para Wright e Davies, não se trata de que eu não possa *saber* que é verdadeiro o consequente de um condicional que sei ser verdadeiro quando sei, também, que seu antecedente é verdadeiro.[34] O problema com a conclusão de Moore não é que ela não possa ser sabida (porque um cenário cético ao estilo do Gênio Maligno cartesiano, ou dos Cérebros Numa Cuba de Putnam, poderia ser real), mas que ela não pode *vir a ser* sabida — adquirir uma garantia (*warrant*) — ao ser inferida de premissas cuja garantia pressupõe sua verdade. Moore incorre em petição de princípio porque a verdade de sua conclusão (a conclusão de um argumento, insisto, válido e sólido) é uma condição antecedente para estarmos justificados a tomar suas premissas por verdadeiras.

E aqui está a chave para abordar "A Defence of Common Sense":

---

34. A ideia é apanhada, lapidarmente, em uma observação informal de Saul Kripke, em seu seminário do outono de 1996 em Princeton, a que tive a oportunidade de assistir: exceções a (FECHAMENTO), caso haja alguma, é bom que sejam *muito* raras; do contrário, seria sempre legítimo rejeitar a conclusão indesejada de um argumento objetando: "Essa é a bem conhecida falácia de fazer uma dedução válida!".

Quando Moore diz que *sabe* isso e aquilo, de fato ele não faz nada além de enumerar proposições empíricas às quais assentimos sem qualquer checagem especial, proposições, portanto, que desempenham um papel lógico peculiar no sistema das nossas proposições empíricas. (§137)

Wittgenstein concede que as proposições mooreanas são certas (tão certas, mesmo, quanto as proposições matemáticas) —, mas insiste em mostrar que Moore confunde certeza e saber. Não se trata de que *saibamos* que as proposições mooreanas são verdadeiras, mas de que estejamos autorizados a tomá-las como verdadeiras independentemente de qualquer justificação específica: "Eu gostaria de dizer: Moore não *sabe* as coisas que afirma saber, mas elas estão firmemente estabelecidas para ele, assim como para mim; considerá-las como firmemente estabelecidas pertence ao *método* do nosso duvidar e investigar" (§151).

E com isso chegamos ao núcleo da presente proposta interpretativa. Naquela que chamarei de "a proposição central" do *Sobre a certeza*, Wittgenstein escreve: "Eu quero dizer: proposições com a forma de proposições empíricas, e não apenas proposições da lógica, pertencem ao fundamento de todo operar com pensamentos (com a linguagem)" (§401).

Creio que essa é uma ideia difícil, não por ser esotérica, mas porque vai de encontro a uma imagem profundamente arraigada do que Wittgenstein descreve como "operar com pensamentos". De acordo com essa imagem amplamente disseminada, o pensamento se exerce e evolui em um meio sem atrito, ao abrigo das contingências da causação e dos acidentes da história (*Investigações filosóficas*, §§97-107).

Mas o que são "proposições da forma de proposições empíricas"? Na seção imediatamente subsequente àquela que enuncia a "proposição central" do *Sobre a certeza*, Wittgenstein comenta:

> Nessa observação, já a expressão "proposições com a forma de proposições empíricas" está bastante ruim; trata-se de afirmações sobre objetos físicos. E elas não servem como fundamento, à maneira de hipóteses que, caso se mostrem falsas, são substituídas por outras. (§402)

Duas ideias importantes estão contidas nessa seção do *Sobre a certeza*. Em primeiro lugar, as proposições "da forma de proposições empíricas" em questão não são, estritamente falando, proposições empíricas (não são hipóteses a serem testadas pela experiência), ainda que tratem de objetos empíricos.[35] Como vimos, a ideia está presente desde, pelo menos, a Parte VI das *Bemerkungen über die Grundlagen der Mathematik* (datada pelos editores "c. 1943-4").

Em segundo lugar, que as proposições em questão não servem como fundamentos "à maneira de hipóteses" não significa que não sirvam *de modo algum* como fundamentos. Muito pelo contrário, e isso fora antecipado na "proposição central" (§401): tais proposições "pertencem ao fundamento de todo operar com pensamentos (com a linguagem)".

Mas o que significa "enrijecer" uma proposição empírica de modo a torná-la um "paradigma com o qual a experiência é comparada e testada"? A primeira ocorrência, no *Sobre a certeza*, da expressão "forma de proposições empíricas" elucida parcialmente a metáfora através da introdução de uma outra:

---

[35]. Anscombe e Denis Paul julgaram imprescindível verter "Gegenstände" por "*material* objects" (grifo meu). Giovane Rodrigues e Tiago Tranjan, por sua vez, optaram por "objetos físicos".

Poderíamos imaginar que certas proposições com a forma de proposições empíricas se houvessem enrijecido e funcionassem como dutos para as proposições empíricas não enrijecidas, fluidas; e que essa relação se modificasse com o tempo, de modo que as proposições fluidas se enrijecessem e as rígidas se tornassem fluidas. (§96)

A mitologia pode novamente se tornar fluida como um rio; o leito do rio dos pensamentos pode se deslocar. Mas eu distingo entre o movimento da água no leito do rio e o deslocamento deste último; embora não exista uma separação nítida entre os dois. (§97)

Se alguém dissesse, contudo, "Portanto também a lógica é uma ciência empírica", então ele estaria errado. Mas isto está correto: que a mesma proposição às vezes pode ser checada pela experiência, às vezes pode ser tratada como regra para a checagem. (§98)

Entre a seção 96, em que a expressão ocorre pela primeira vez, e a seção 402, em que ela é finalmente descartada, Wittgenstein emprega a expressão "proposições da forma de proposições empíricas" uma vez mais, e a ocorrência é iluminadora: "o que nos interessa é o fato de que não pode haver dúvida a respeito de certas proposições empíricas, caso o ato de julgar deva realmente ser possível. Ou ainda: Estou inclinado a acreditar que nem tudo que tem a forma de uma proposição empírica é uma proposição empírica" (§308).

Minha sugestão é que "forma de uma proposição empírica" é o último avatar do que fora chamado, no *Tractatus Logico-Philosophicus*, de "a forma proposicional geral" (*Tractatus*, §4.5). Essa forma ("As coisas se passam de tal e tal modo", *Es verhält sich so und so*) era "uma variável" (*Tractatus*, §4.53), ou, como Wittgenstein escreve nas *Investigações filosóficas*, "um esquema proposicional" (*Investigações filosóficas*, §134) apto a tomar como argumento qualquer "comunicação de uma situação" (*Tractatus*, §4.03), portanto, qualquer proposição genuína — e, assim, a ocorrer como uma variável *ligada*. No exemplo das *Investigações filosóficas*: "Ele me explicou sua situação, disse-me que as coisas se passam de tal e tal modo, e que por isso precisa de um adiantamento" (*Investigações filosóficas*, §134). Como explica Arthur N. Prior:

> "As coisas se passam de tal e tal modo" é uma variável proposicional na linguagem comum do mesmo modo que um pronome é uma variável nominal na linguagem comum. No exemplo de Wittgenstein, o "valor" dessa "variável" é dado por uma proposição específica proferida antes, como a denotação de um pronome pode ser fixada por um nome que ocorre antes.[36]

De acordo com a presente proposta interpretativa, tem a "forma de uma proposição empírica", no sentido do *Sobre a certeza*, toda proposição apta a ocorrer como antecedente anafórico (ou catafórico) da variável proposicional "As coisas se passam de tal e tal modo". Isso compreende tanto proposições empíricas genuínas quanto as proposições "rigidificadas" que constituem as "dobradiças" (*Angeln*) da certeza, em outra metáfora célebre de Wittgenstein (cf. §§341, 343, 655).

A decisão, consignada nas *Observações filosóficas* de 1929-30, de considerar como parte da linguagem "todo fato cuja ocorrência é uma pressuposição do sentido de uma proposição" é replicada agora na decisão de tratar como parte da lógica "tudo o que descreve um jogo de linguagem" (§56). Wittgenstein se atém daí em diante a essa determinação:

---

36. Arthur N. Prior, "Correspondence Theory of Truth". In: Paul Edwards (Org.), *The Encyclopedia of Philosophy*, v. II. Nova York/ Londres: Macmillan, 1967, p. 229. Cf. também Prior, *Objects of Thought*, pp. 37-9, e a discussão detida desse tópico em Paulo Estrella Faria, "This is How Things Are". *Analytica*, v. 25, 2021.

Aquilo que vale como checagem suficiente de uma afirmação – pertence à lógica. Pertence à descrição do jogo de linguagem. (§82)

Mas será, então, que não precisaríamos dizer que não há uma fronteira nítida entre proposições da lógica e proposições empíricas? A falta de nitidez é precisamente aquela da fronteira entre *regra* e proposição empírica. (§319)

Ou seja, o fato de que *na prática* certas coisas não são colocadas em dúvida pertence à lógica de nossas investigações científicas. (§342)

E é assim que a certeza das proposições com "a forma de uma proposição empírica", como a premissa da prova de Moore, se equipara, finalmente, à das proposições matemáticas. Eis o que Wittgenstein escreve agora sobre "Esta é minha mão":

Compare isso com 12 × 12 = 144. Também aqui não dizemos "talvez". Pois, na medida em que essa proposição se baseia em que não erramos na contagem ou ao fazer a conta, em que nossos sentidos não nos iludem no momento de fazer a conta, então ambas – proposição aritmética e proposição física – estão no mesmo nível.
Eu quero dizer: o jogo físico é tão seguro quanto o aritmético. Mas isso pode ser mal compreendido. Minha observação é lógica, não psicológica. (§447)

Se a proposição 12 × 12 = 144 está subtraída à dúvida, então é preciso que proposições não matemáticas também estejam. (§653)

Isso não significa que a imunidade à dúvida seja uma propriedade permanente de uma proposição. Vários dos exemplos discutidos por Wittgenstein são de proposições *circunstancialmente* subtraídas à dúvida:

Quando alguém diz "Certas proposições precisam estar excluídas da dúvida", então parece como se eu devesse incorporar essas proposições, por exemplo que eu me chamo L. W., a um livro de lógica. Pois se pertence à descrição do jogo de linguagem, pertence também à lógica. Mas que eu me chame L. W. não pertence a uma tal descrição. O jogo de linguagem que opera com os nomes das pessoas pode muito bem continuar existindo caso eu esteja errado quanto ao meu nome, – mas ele pressupõe que não faz sentido dizer que a maioria das pessoas estão erradas quanto aos seus nomes. (§628)

Do mesmo modo, "Tenho duas mãos" pode ocasionalmente ocorrer como uma proposição empírica; tudo de que precisamos para reconhecê-lo é imaginar uma situação apropriada, em que essa proposição fosse empregada para transmitir uma informação:

Se eu não sei se alguém tem duas mãos (por exemplo, se elas lhe foram amputadas ou não), então acreditarei na sua asseveração de que tem duas mãos, caso ele seja confiável. E, caso ele diga que *sabe* isso, então para mim isso só pode significar que ele já pôde se certificar disso, que portanto seus braços não estão, por exemplo, ocultos por bandagens e curativos etc. etc. Que eu acredite aqui na pessoa confiável segue-se do fato de que eu concedo a essa pessoa a possibilidade de se certificar. Quem diz, porém, que (talvez) não haja objetos físicos não faz isso. (§23)

Essas considerações convergem na pergunta pela identidade de proposições: o que significa dizer que "a mesma proposição" é ora empregada como uma proposição empírica, a ser testada pela experiência, ora como uma regra do teste?

Se essa pergunta é entendida como um pedido de definição, está fadada a ficar sem resposta. Tendo assinalado que a falta de nitidez da fronteira entre proposições da lógica e proposições empíricas "é precisamente aquela da fronteira entre *regra* e proposição empírica" (§319), Wittgenstein acrescenta: "Aqui, creio eu, é preciso ter em mente que o próprio conceito de 'proposição' não é nítido" (§320).

Proposição é, no jargão introduzido nas *Investigações filosóficas*, um conceito governado por semelhanças de família, e não por alguma definição, ainda que implícita. Desde o início da década de 1930, Wittgenstein enfatizou continuamente a impossibilidade de fornecer uma definição formal de "proposição": "O que é uma proposição? Não tentarei dar uma definição geral de 'proposição', pois é impossível fazê-lo. Isso não é mais possível que dar uma definição da palavra 'jogo'".[37]

Nas *Investigações*, Wittgenstein enuncia uma condição suficiente de aplicação do conceito de proposição, guardando-se de sugerir, diversamente do que fizera no *Tractatus*, que essa seja uma condição necessária: "Chamamos de proposição aquilo a que *em nossa linguagem* aplicamos o cálculo das funções de verdade" (*Investigações filosóficas*, §136).

Podemos dizer, para enfatizar a relação interna entre *sentido* e *uso*, como Wittgenstein fizera desde o *Tractatus*, que o sinal proposicional "empregado, pensado" (*Tractatus*, §3.5) é uma proposição. Mas isso deixa em aberto a questão de saber o que pode integrar um sinal proposicional. Se eu digo "Quero pintar meu quarto desta ↗ cor", a amostra de cor não é parte do sinal proposicional? A resposta de Wittgenstein é "diga o que preferir":

---

37. Ludwig Wittgenstein, *Wittgenstein's Lectures, Cambridge, 1932-1935, from the notes of Alice Ambrose and Margaret Macdonald*. Org. de Alice Ambrose. Oxford: Basil Blackwell, 1979, p. 20.

Resumindo: Vagueza de "proposição", "linguagem", "frase". P. ex. considere o uso de um diagrama na proposição "Um unicórnio se parece com isso". O diagrama é parte da proposição? Diga o que preferir. Se você inclui o diagrama, é mais como "Um unicórnio se parece com um cavalo com um chifre".[38]

Reconhecemos que aquilo que chamamos de "proposição", de "linguagem", não constitui a unidade formal que eu imaginava, mas sim uma família de estruturas mais ou menos aparentadas umas às outras. (*Investigações filosóficas*, §108)

A meu ver, esse leitmotiv antiessencialista só é compatível com a ideia de que "a mesma proposição" pode ocorrer ora como uma proposição empírica, ora como uma regra, sob uma interpretação muito liberal da própria ideia de proposição. Nessa interpretação, a identidade de sinal proposicional (verbal, gestual, pictórico)[39] é um critério (no sentido em que Wittgenstein emprega essa noção nas *Investigações* e em outros escritos: uma evidência prima facie que não é condição necessária nem suficiente) da identidade de proposição.

Uma pequena modificação em um exemplo colhido num contexto filosófico muito diferente contribuirá para elucidar essa noção. Nos "Studies in the Logic of Confirmation" [Estudos sobre a lógica da confirmação], Carl G. Hempel convida-nos a considerar a situação em que a hipótese científica "Todo sal de sódio em combustão emite uma chama amarela" é submetida a teste. Se o investigador leva à combustão uma porção

---

38. Id., *Wittgenstein: Lectures, Cambridge 1930-1933, from the notes of G. E. Moore*. Org. de David G. Stern, Brian Rogers, Gabriel Citron. Cambridge: Cambridge University Press, 2016, p. 257.

39. Ibid., p. 139.

de sal de sódio e obtém uma chama amarela, essa observação confirma a hipótese. Do mesmo modo, se uma porção de gelo puro é exposta a uma chama incolor e não a torna amarela, essa observação confirma a proposição "Nada que não produza uma chama amarela em combustão é sal de sódio", logicamente equivalente, por contraposição, à hipótese submetida a teste, que é assim confirmada. A informação antecedente de que gelo não é sal de sódio é responsável pela aparente irrelevância da segunda observação, mas a ocorrência da relação de confirmação (uma relação, por hipótese, puramente lógica entre hipótese e observação) é independente da informação antecedente que possamos ter sobre o objeto de nossa investigação. Mas então Hempel convida-nos a considerar a situação em que um material de composição desconhecida é exposto à combustão. Agora, "se a chama não se tornar amarela, a hipótese requer que a substância não contenha sal de sódio".[40] À primeira vista, as duas situações são logicamente análogas, mas há uma diferença crucial entre as duas: na primeira, a proposição "Todo sal de sódio em combustão emite uma chama amarela" está sendo testada, e a observação fornecerá um veredicto sobre essa hipótese. Na segunda situação, em troca, a hipótese é, ao menos interinamente, aceita como verdadeira (está "subtraída à dúvida") e serve como um critério para julgar a observação — uma "regra para a checagem".[41]

---

40. Carl G. Hempel, "Studies in the Logic of Confirmation". *Mind*, v. 54, 1945, p. 19.

41. Estritamente falando, não é assim que Hempel a trata: na segunda situação tal como ele a descreve, a *próxima* coisa a fazer é submeter o composto a uma análise química, da qual pode afinal resultar a refutação da hipótese. Tal é o sentido da modificação adverbial "ao menos interinamente", introduzida por minha conta e risco. Na *Estrutura das revoluções científicas* e em outros escritos, Kuhn dá exemplos históricos concretos — cujo exame, todavia, nos levaria longe; apenas à guisa de ilustração: "Seguidamente foi observado [...] que a segunda lei do

Essa não é, porém, a última palavra de Wittgenstein sobre as proposições "subtraídas à dúvida" para as quais Moore chamou atenção. Após explicar que as proposições mooreanas "não servem como fundamento, à maneira de hipóteses que, caso se mostrem falsas, são substituídas por outras" (§402), Wittgenstein cita o *Fausto I*, de Goethe: "... und schreib getrost / 'Im Anfang war die Tat'".[42]

O verso do monólogo de Fausto no "Studienzimmer" (I.1237) é, notoriamente, uma variante da primeira frase do Evangelho segundo João, que Fausto está empenhado em traduzir: "No começo era o Verbo (*logos*)". Para Wittgenstein, ele expressa uma tese decisiva sobre a natureza de nossa confiança irrefletida nas proposições mooreanas: "Contudo, a fundamentação, a justificação do jogo de linguagem chega a um fim; – o fim, porém, não reside em que certas proposições nos apareçam imediata e evidentemente como verdadeiras, ou seja, em uma espécie de *ver* da nossa parte, mas em nosso *agir*, que está na base do jogo de linguagem" (§204).

→ movimento de Newton, embora tenha requerido séculos de pesquisa factual e teórica para se estabelecer, comporta-se, para os que adotam a teoria de Newton, como um enunciado puramente lógico que nenhuma quantidade de observação poderia refutar" (Thomas S. Kuhn, *The Structure of Scientific Revolutions*, p. 78). A ideia fora antecipada, pioneiramente, por Quine: "Quanto menos uma ciência progrediu, tanto mais sua terminologia tende a repousar sobre uma suposição acrítica de compreensão mútua. Com o avanço em rigor essa base é substituída gradualmente pela introdução de definições. As inter-relações recrutadas para essas definições adquirem o estatuto de princípios analíticos; o que era antes considerado uma teoria sobre o mundo vem a ser reconstruído como uma convenção da linguagem" (Willard van Orman Quine, "Truth by Convention", p. 77).

42. "... e escreve confiante: 'No começo era o ato'". Wittgenstein, provavelmente citando de memória, troca a primeira pessoa do presente do indicativo do original ("*schreibe*", "escrevo") pela segunda pessoa do imperativo, atribuindo ao verso uma conotação (a de algo como uma exortação a si mesmo) ausente do original. Na tradução de Jenny Klabin Segall, lemos: "E escrevo em paz: Era no início a Ação!" (Johann Wolfgang von Goethe, *Fausto: uma tragédia*, Primeira Parte [São Paulo: Editora 34, 2004], p. 131).

A ideia, e a citação de Goethe, já estavam presentes no manuscrito datado de setembro-outubro de 1937, publicado por Rush Rhees sob o título "Causa e efeito: apreensão intuitiva":

> A origem e a forma primitiva do jogo de linguagem é uma reação; apenas a partir daí podem formas mais complicadas se desenvolver.
> A linguagem — eu quero dizer — é um refinamento, "im Anfang war die Tat".
> [...]
> A forma primitiva do jogo de linguagem é a certeza (Sicherheit), não a incerteza. Pois a incerteza jamais conduziria à ação.[43]

E assim chegamos à última das hipóteses interpretativas que eu proponho que orientem o estudo do *Sobre a certeza*: a saber, que para Wittgenstein proposições mooreanas não são, enquanto cumprem seu papel de "fundamento de todo operar com pensamentos", objeto de *atitudes proposicionais* de nossa parte (não são objeto de consideração *temática*, no sentido que Heidegger deu a essa expressão), mas operam como pressuposições do agir irrefletido, que, como tais, não são nem justificadas nem injustificadas (§§110, 130, 166, 359), nem sabidas nem não sabidas (§4). O erro de Moore consiste precisamente em tomá-las como itens no repertório de coisas que todos *sabemos*, com certeza, serem verdadeiras.[44] Em oposição a Moore, Wittgenstein escreve:

> A criança não aprende que existem livros, que existem poltronas etc. etc.; ela aprende a buscar livros, a sentar-se em poltronas etc. (§476)

---

43. Ludwig Wittgenstein, "Ursache und Wirkung: Intuitives Erfassung", pp. 394-6. Cf., a propósito desse escrito e dessa passagem em particular, Peter Winch, "Im Anfang war die Tat", 1981.

44. G. E. Moore, "A Defence of Common Sense", op. cit., pp. 106-9

Não podemos fazer experimentos se não há muitas coisas de que não duvidamos. Isso não quer dizer, porém, que aceitemos certas pressuposições ingenuamente. Quando escrevo uma carta e a envio, então suponho que ela chegará a seu destino; é o que espero. (§337)

Quando digo "É claro que eu sei que isto é uma toalha", faço uma *declaração* [*Äußerung*]. Não estou pensando em uma verificação. Para mim, é uma declaração imediata [*unmittelbar*].
Não estou pensando em passado ou futuro. (O mesmo vale, é claro, para Moore.)
Exatamente como um apanhar imediato; assim como apanho, sem duvidar, uma toalha. (§510)

[...] "Mas será que isso é uma checagem *suficiente*? E, caso o seja, será que ela não precisa ser reconhecida como tal na lógica?" – Como se a fundamentação não chegasse em algum momento ao fim. Mas o fim não é a pressuposição infundada, e sim o modo de agir infundado. (§110)

A inadequação das leituras epistemológicas do *Sobre a certeza* torna-se particularmente manifesta quando consideramos essa ideia de um fundamento que não é objeto de uma atitude proposicional, mas se manifesta num modo de agir irrefletido:

Contudo, a fundamentação, a justificação do jogo de linguagem chega a um fim; – o fim, porém, não reside em que certas proposições nos apareçam imediata e evidentemente como verdadeiras, ou seja, em uma espécie de *ver* da nossa parte, mas em nosso *agir*, que está na base do jogo de linguagem. (§204)

Deve-se a Danièle Moyal-Sharrock a tentativa mais sistemática até aqui empreendida[45] de interpretar as dobradiças ("*hinges*", "*Angeln*") de que fala Wittgenstein — as certezas que, em paridade com os princípios lógicos, formam "o fundamento de todo operar com pensamentos" — como pressuposições que não têm, por si mesmas, conteúdo proposicional, embora *cada* uma dessas dobradiças possa ser expressa na forma de uma proposição mooreana, que, todavia, exceto em circunstâncias muito peculiares, é um contrassenso:

> Será que eu sei que aqui deitado está um homem doente? Isso não faz sentido! Eu me sento em seu leito, observo atentamente seus traços. – Quer dizer então que eu não sei que ali está um doente? – Nem a pergunta nem a afirmação fazem sentido. Tão pouco sentido quanto: "Eu estou aqui", que eu poderia usar, no entanto, a todo momento, caso surgisse a circunstância adequada. – Quer dizer então que, a não ser em determinadas circunstâncias, também "2 × 2 = 4" é algo sem sentido, e não uma proposição aritmética verdadeira? "2 × 2 = 4" é uma proposição aritmética verdadeira – não "em determinadas circunstâncias", nem "sempre" –, mas os sinais escritos ou falados "2 × 2 = 4", em chinês, poderiam ter outro significado ou ser manifestamente sem sentido, de onde se vê: somente no uso a proposição tem sentido. E "Eu sei que aqui deitado está um doente", usada em uma situação inadequada, só não parece algo sem sentido, mas uma obviedade, porque se pode imaginar de modo relativamente fácil uma situação adequada para ela e porque se pensa que a expressão "Eu sei que ..." está sempre bem empregada ali onde

---

[45]. Danièle Moyal-Sharrock, *Understanding Wittgenstein's "On Certainty"*. Nova York: Palgrave Macmillan, 2004.

não há nenhuma dúvida (portanto também ali onde a expressão da dúvida seria incompreensível). (§10)[46]

Tal como na situação imaginada por Wittgenstein nessa passagem, os exemplos de Moore padecem, uniformemente, de falta de contextualização. À míngua de qualquer indicação sobre a espécie de circunstância em que faria sentido proferir uma daquelas proposições, o resultado é um contrassenso — uma engrenagem solta, na metáfora das *Investigações filosóficas* (*Investigações filosóficas*, §271). Por exemplo:

> Estou sentado com um filósofo no jardim; ele diz repetidas vezes "Eu sei que isto é uma árvore", enquanto aponta para uma árvore próxima a nós. Um terceiro se aproxima, ouve isso, e eu lhe digo: "Este homem não é maluco: Estamos apenas filosofando". (§467)

O cuidado de imaginar circunstâncias concretas de uso, que confeririam sentido ao proferimento de proposições como "Eu sei que aqui deitado está um doente" ou "Eu sei que isto é uma árvore", e contrastar essas situações imaginárias com os proferimentos descontextualizados do filósofo paradigmaticamente representado por Moore, recomenda resistir à tentação de formular algo como uma tese geral que expressaria a lição do *Sobre a certeza*:

> De fato, eu digo: Toda proposição empírica pode ser convertida em um postulado – e se torna, então, uma norma de apresentação. Mas até mesmo em relação a isso tenho alguma desconfiança. A formulação é demasiadamente geral. Gostaríamos quase de dizer

---

46. Cf. a arguta leitura dessa seção proposta por James Conant em "Wittgenstein on Meaning and Use", *Philosophical Investigations*, v. 21, pp. 222-50, 1998.

"Toda proposição empírica pode, teoricamente, ser convertida...", mas o que "teoricamente" quer dizer aqui? Soa demasiadamente como o *Tractatus*. (§321)

"Teoricamente" significa aqui a priori, independentemente da consideração do "fenômeno espacial e temporal da linguagem" (*Investigações filosóficas*, §108); independentemente da *atenção às particularidades* que é o traço distintivo do método de Wittgenstein em seus escritos dos anos 1930 em diante. Mas não é apenas o "anseio por generalidade", que Wittgenstein vinha denunciando desde o *Blue Book*,[47] o que é reminiscente do *Tractatus* nestes últimos escritos. Sobre aquilo que mais importa a Wittgenstein, a continuidade prevalece: "Será que não chego cada vez mais perto de dizer que a lógica, em última instância, não se deixa descrever? Você precisa olhar para a prática da linguagem, e então você a vê" (§501).[48]

Paulo Estrella Faria é professor titular da Universidade Federal do Rio Grande do Sul (UFRGS) e pesquisador do CNPq.

---

47. Ludwig Wittgenstein, *The Blue and Brown Books*. Oxford: Basil Blackwell, 1958, p. 17.

48. Agradeço a Tiago Tranjan pelos comentários a uma versão precedente deste texto. Meu trabalho foi apoiado por uma bolsa de produtividade em pesquisa do CNPq (Processo nº 307313/2022-0).

REFERÊNCIAS BIBLIOGRÁFICAS

COLIVA, Annalisa; MOYAL-SHARROCK, Danièle (Orgs.). *Hinge Epistemology*. Leiden/Boston: Brill, 2016.

CONANT, James. "Wittgenstein on Meaning and Use". *Philosophical Investigations*, v. 21, pp. 222-50, 1998.

FARIA, Paulo Estrella. "This is How Things Are". *Analytica*, v. 25, pp. 111-24, 2021.

FREGE, Gottlob. "Über Sinn und Bedeutung". *Zeitschrift für Philosophie und philosophische Kritik*, v. 100, pp. 25-50, 1892 (reimpresso em *Funktion, Begriff, Bedeutung: Fünf Logische Studien*. 3. ed. Org. de Günther Patzig. Göttingen: Vandenhoeck & Ruprecht, 1969, pp. 40-65).

GOLDFARB, Warren. "Wittgenstein on Fixity of Meaning". In: TAIT, William W. (Org.). *Early Analytic Philosophy: Frege, Russell, Wittgenstein*. Chicago/La Salle, IL: Open Court, 1997, pp. 75-89.

HEMPEL, Carl G. "Studies in the Logic of Confirmation". *Mind*, v. 54, pp. 1-26, 97-121, 1945 (reimpresso com um posfácio em *Aspects of Scientific Explanation*. Nova York: The Free Press, 1965).

KUHN, Thomas S. *The Structure of Scientific Revolutions*. 3. ed. Chicago/Londres: University of Chicago Press, 1962 [ed. bras.: *A estrutura das revoluções científicas*. 13. ed. São Paulo: Perspectiva, 2017].

MALCOLM, Norman. "Moore and Ordinary Language" [1942]. In: SCHILPP, P. A. (Org.). *The Philosophy of G. E. Moore*. La Salle, IL: Open Court, 1968, pp. 345-68.

_____. "Defending Common Sense". *Philosophical Review*, v. 58, pp. 201-20, 1949.

MOORE, G. E. "A Defence of Common Sense". In: MUIRHEAD, J. H. (Org.). *Contemporary British Philosophy* (Second Series). Londres: George Allen & Unwin, 1925, pp. 192-233 (reimpresso em G. E. Moore, *Selected Writings*. Org. de Thomas Baldwin. Londres: Routledge, 1993, pp. 106-33).

_____. "Proof of an External World". *Proceedings of the British Academy*, v. 25, pp. 273-300, 1939 (reimpresso em G. E. Moore, *Selected Writings*. Org. de Thomas Baldwin. Londres: Routledge, 1993, pp. 147-70).

_____. "A Reply to my Critics" [1942]. In: SCHILPP, P. A. (Org.). *The Philosophy of G. E. Moore*. La Salle, IL: Open Court, 1968, pp. 535-687.

_____. "Certainty". In: *Philosophical Papers*. Londres: George Allen and Unwin, 1959, pp. 227-51 (reimpresso em G. E. Moore, *Selected Writings*. Org. de Thomas Baldwin. Londres: Routledge, 1993, pp. 171-96).

_____. "Letter to Malcolm" [1949]. In: BALDWIN, Thomas. *Selected Writings*, Londres: Routledge, 1993, pp. 213-6.

MOYAL-SHARROCK, Danièle. *Understanding Wittgenstein's "On Certainty"*. Nova York: Palgrave Macmillan, 2004.

PRIOR, Arthur Norman. "Correspondence Theory of Truth". In: EDWARDS, Paul (Org.). *The Encyclopedia of Philosophy*, v. II. Nova York/ Londres: Macmillan, 1967, pp. 223-32.

_____. *Objects of Thought*. Org. de P. T. Geach; A. J. P. Kenny. Oxford: Clarendon Press, 1971.

QUINE, Willard van Orman. "Truth by Convention". In: LEE, O. H. *Philosophical Essays for Alfred North Whitehead*. Londres: Longmans, Green & Co., 1936, pp. 90-124 (reimpresso em *The Ways of Paradox and Other Essays*, ed. rev. e exp. Cambridge, MA/ Londres: Harvard University Press, 1976, pp. 77-106).

RHEES, Rush. "The Philosophy of Wittgenstein". *Ratio*, v. 8, pp. 180-93, 1966 (reimpresso em *Discussions of Wittgenstein*. Londres: Routledge & Kegan Paul, 1970, pp. 37-54).

_____. *Wittgenstein's On Certainty: There — Like Our Life*. Org. de D. Z. Phillips. Oxford: Blackwell Publishing, 2003.

RUSSELL, Bertrand. "On Denoting". *Mind*, v. 14, pp. 479-93, 1905 (reimpresso em *The Collected Papers of Bertrand Russell*, v. 4: *Foundations of Logic 1903-05*. Org. de Alasdair Urquhart. Londres/ Nova York: Routledge, 1994, pp. 414-27).

WHITE, Roger M. "Can whether a Proposition Makes Sense Depend on the Truth of Another? (*Tractatus* 2.0211-2)". In: VESEY, Godfrey (Org.). *Understanding Wittgenstein*. Ithaca, NY: Cornell University Press, 1974, pp. 14-29.

WHITEHEAD, Alfred North; RUSSELL, Bertrand. *Principia Mathematica*, v. 1. Cambridge: Cambridge University Press, 1910.

WINCH, Peter. "Im Anfang war die Tat". In: BLOCK, Irving (Org.). *Perspectives on the Philosophy of Wittgenstein*. Cambridge, MA: MIT Press, 1981, pp. 159-78.

WISDOM, John. "Moore's Technique" (1942). In: SCHILPP, P. A. (Org.). *The Philosophy of G. E. Moore*. La Salle, IL: Open Court, 1968, pp. 421-50.

WITTGENSTEIN, Ludwig. *Logisch-philosophische Abhandlung (Tractatus Logico-Philosophicus)* [1921], v. I. Berlim: Suhrkamp, 1984, pp. 7-85.

_____. "Some Remarks on Logical Form". *Proceedings of the Aristotelian Society*, supp. v. 9, pp. 162-71, 1929 (reimpresso em L. Wittgenstein, *Philosophical Occasions, 1912-1951*. Org. de James C. Klagge, Alfred Nordmann. Indianapolis/ Cambridge: Hackett Publishing Company, 1993, pp. 29-35).

_____. *Philosophische Untersuchungen* [1953]. Org. de G. E. M. Anscombe, Rush Rhees, G. H. von Wright. v. I. Berlim: Suhrkamp, 1984, pp. 225-580 [ed. bras.: *Investigações filosóficas*. Org. e trad. de Giovane Rodrigues e Tiago Tranjan. São Paulo: Fósforo, 2022].

_____. *Bemerkungen über die Grundlagen der Mathematik* [1956]. Org. de G. E. M. Anscombe, Rush Rhees, G. H. von Wright. v. VI. Berlim: Suhrkamp, 1984.

_____. *The Blue and Brown Books*. Oxford: Basil Blackwell, 1958.

_____. *Philosophische Bemerkungen* [1964]. Org. de Rush Rhees. v. II. Berlim: Suhrkamp, 1984.

_____. "Ursache und Wirkung: Intuitives Erfassung". Org. de Rush Rhees. Trad. de Peter Winch ("Cause and Effect: Intuitive Awareness"). *Philosophia*, v. 6, pp. 391-445, 1976 (reimpresso em *Philosophical Occasions, 1912-1951*. Org. de James C. Klagge, Alfred Nordmann. Indianapolis/ Cambridge: Hackett Publishing Company, 1993, pp. 368-426).

_____. *Wittgenstein's Lectures, Cambridge, 1932-1935, from the notes of Alice Ambrose and Margaret Macdonald*. Org. de Alice Ambrose. Oxford: Basil Blackwell, 1979.

_____. *Wittgenstein: Lectures, Cambridge 1930-1933, from the notes of G. E. Moore*. Org. de David G. Stern, Brian Rogers, Gabriel Citron. Cambridge: Cambridge University Press, 2016.

WRIGHT, Crispin. "Facts and Certainty". *Proceedings of the British Academy*, v. 71, pp. 429-72, 1985.

_____. "Some Reflections on the Acquisition of Warrant by Inference". In: NUCCETELLI, Susana (Org.). *New Essays on Semantic Externalism and Self-Knowledge*. Cambridge, MA: MIT Press, 2003, pp. 57-77.

_____. "Wittgensteinian Certainties". In: MCMANUS, Denis (Org.). *Wittgenstein and Scepticism*. Londres: Routledge, 2004, pp. 22-55.

Vocabulário crítico

Assim como já havíamos feito nas *Investigações filosóficas*, acrescentamos um vocabulário crítico ao presente volume, com a esperança de que ele possa ajudar o estudioso da obra de Wittgenstein. Nas páginas a seguir, o leitor poderá encontrar, em visão panorâmica, as soluções de tradução encontradas para vários termos relevantes. Alguns desses termos, além disso, são acompanhados de um verbete mais longo, em que discutimos as dificuldades encontradas, as soluções adotadas e o significado filosófico das escolhas feitas.

As entradas estão organizadas por ordem alfabética dos termos alemães. Termos com parentesco morfológico estão sempre agrupados. Por exemplo: as traduções adotadas para o substantivo *Beweis* serão encontradas na entrada para o verbo *beweisen*. Além disso, conjuntos de termos semanticamente próximos também foram agrupados, facultando ao leitor uma compreensão mais ampla do vocabulário wittgensteiniano. Assim, o verbo *beweisen* vem acompanhado, na mesma entrada, dos verbos *demonstrieren*, *erweisen*, *herleiten* e *nachweisen*, bem como do substantivo *Dartun*. Com esse mesmo objetivo de ajudar o leitor a se movimentar com segurança pelo vocabulário da obra, inserimos ainda várias remissões cruzadas. A entrada *beweisen*, por exemplo, remete às entradas *folgen*, *prüfen*, *Raisonnement* e *schließen*.

Cumpre observar, finalmente, que a seleção das entradas e dos verbetes obedeceu a um duplo critério. Em primeiro lugar, a relevância filosófica dos termos tratados. Em segundo, a dificuldade de tradução que eles impunham e a variedade das soluções encontradas.

absurd
   ver **Unsinn**

alltäglich
   ver **gewöhnlich**

anerkennen
   ver **Wissen**

Angabe
   ver **Bericht**

annehmen / vermuten / voraussetzen
   annehmen
     aceitar: 159, 399, 604
     supor: 17, 67, 92, 134, 171, 182, 186, 214, 217, 224, 228, 243, 295, 301, 308, 337, 349, 411, 413, 429, 439, 460-1, 468, 524, 556-7, 606, 609, 613, 650, 676
     aceitável (para *annehmbar*): 517
     suposição (para *Annahme*): 105, 117, 134, 146, 226, 296, 343, 411, 492, 659, 661
   vermuten
     presumir: 308, 650
     supor: 21, 57, 425, 491, 500, 523
     suposição (para *Vermutung*): 424-5, 459
   voraussetzen
     pressupor: 40, 115, 117, 153, 163, 446, 534, 566, 628

     pressuposição (para *Voraussetzung*): 110, 168, 337

Anschauung
   ver **Begriff** e **Meinung**

Ansicht
   ver **Meinung**

anwenden
   ver **gebrauchen**

auffassen
   compreender: 4
   conceber: 57-8, 359
   considerar: 250
   ver também **Begriff** e ***verstehen***

ausdrücken
   ver **aussprechen**

ausrufen / rufen
   ausrufen
     berrar: 350
     gritar: 360, 363
   rufen
     chamar (*rufen*): 391
     grito (para *Ruf*): 540

Aussage / Behauptung / Feststellung / Versicherung
   Wittgenstein é essencialmente um lógico e um filósofo da linguagem.

Torna-se fundamental, assim, encontrar um conjunto coerente de traduções para o amplo arsenal de termos utilizados para falar a respeito não só dos diversos elementos que compõem a linguagem, mas também das diversas formas como as manifestações linguísticas se inserem em nossa vida, ou como nos relacionamos com elas (algo próximo ao que uma tradição posterior, profundamente influenciada pelo autor, viria a chamar de "atitudes proposicionais"). O que fazemos com uma frase ou proposição? Qual o grau de compromisso que assumimos em relação ao que foi dito? Que conjunto de condições nos leva a assumir esse compromisso e em que casos estaríamos dispostos a revê-lo? Essas são algumas das perguntas fundamentais levantadas no *Sobre a certeza*.

Nesta entrada, reunimos as diferentes palavras alemãs que traduzimos, salvo algumas poucas exceções, por "afirmação". O termo indica que o falante expressa uma frase ou proposição com valor de assentimento, mas não determina o grau de compromisso assumido relativamente a esse assentimento, o qual pode se revelar mais ou menos forte. Apenas *Versicherung* manifesta um grau maior de convicção (por exemplo, a disposição de convencer outras pessoas), razão pela qual recebeu tradução diferente.

Aussage
   afirmação: 8, 10, 18, 19, 54, 76, 79-82, 84, 125, 167, 230, 237, 264, 335, 355, 367, 371, 402, 408, 436, 439, 441, 485, 500, 514, 553, 564, 591, 597, 604, 605, 638, 641, 668
   enunciado: 21
   afirmar (para *aussagen*): 420, 451, 629
   enunciar (para *aussagen*): 155
   exprimir (para *aussagen*): 401

Behauptung (*das Behaupten*)
   afirmação: 21, 37, 66, 153, 162, 443, 521, 584, 588, 631, 637, 644
   aquilo que (alguém) afirma: 243
   afirmar (para *behaupten*): 151, 520, 588
   proposição assertiva (para *Behauptungssatz*): 87, 290

Feststellung
   afirmação: 43, 245, 406, 587
   constatação: 401

Versicherung
   asseveração: 15, 21, 23, 37, 137, 431, 441, 620
   assegurar (para *versichern*): 113, 389-90, 424, 426, 428, 438, 441, 520, 554, 578, 581
   asseverar (para *versichern*): 137

ver também **Äußerung**, **aussprechen**, **Bericht**, **mitteilen** e **Satz**

Äußerung / Beteuerung / erklären für
O que dissemos na entrada *Aussage* vale em grande medida para *Äußerung*. Surge aqui, porém, uma dificuldade adicional: este último termo está associado ao verbo *äußern*, o qual, fosse traduzido ao pé da letra, quereria dizer algo como "externar", "colocar para fora". Contudo, essa tradução mais literal e etimologicamente embasada não levaria em conta a função corrente do termo na língua alemã, que está ligada quase sempre ao uso da linguagem e se refere, simplesmente, ao ato de

dizer alguma coisa. Algo semelhante acontece com os verbos portugueses "exprimir" e "expressar", os quais assumem, no entanto, contornos ligeiramente diferentes dos de *äußern*. Por essa razão, demos preferência a "declaração" e, subsidiariamente, a "manifestação", termos que se prestam bem, como é o caso nas ocorrências do *Sobre a certeza*, a enfatizar o ato de fala.

Äußerung
    declaração: 13, 21, 383, 406, 431-2, 510, 520, 588
    expressão / um expressar-se: 178, 180
    manifestação: 255, 349-50
    declarar (para *äußern*): 588

Beteuerung
    declaração veemente: 488

erklären für
    considerar: 217, 279
    declarar: 155, 349, 376, 452, 524, 611, 629, 664
    declarar (para *erklären als*): 642
    ver também **Aussage, aussprechen, Bericht, Erklärung** e **mitteilen**

aussprechen / ausdrücken / meinen
aussprechen
    enunciar: 87-8, 95, 159, 167, 169, 443, 466
    enunciar explicitamente: 87
    expressar: 284
    manifestar: 264
    pronunciar: 340, 423, 465, 533

ausdrücken
    expressar: 37, 42, 90, 194, 245, 303, 349, 355, 358, 414-5, 424, 492, 572, 588
    exprimir: 330, 357
    formular: 84
    expressamente (para *ausdrücklich*): 152

    expressão (para *Ausdruck*): 10, 12, 27, 37, 260, 402, 433, 577, 581, 586, 601, 632-3

meinen
    querer expressar: 372
    outros (ver *meinen*)
    ver também **Aussage, Äußerung, Bericht** e **mitteilen**

Bedeutung
    ver **Sinn**

Begriff / Anschauung / auffassen
Tanto em contextos filosóficos mais técnicos como em contextos cotidianos, o termo *Begriff* deve ser traduzido como "conceito", palavra portuguesa que compartilha a mesma fluência da alemã. Já o termo *Anschauung* não deve ser traduzido, no *Sobre a certeza*, em seu uso filosófico mais técnico, derivado da tradição kantiana (em que faz par com *Begriff*), como "intuição". Ao contrário, Wittgenstein tem em vista seu uso mais geral e cotidiano, mais amplo, que indica certo modo de ver as coisas. Daí "concepção" (etimologicamente próxima a conceito) e "visão" (com seus derivados).

Begriff
    conceito: 8, 21, 36, 42, 47, 62, 65, 85, 320, 393, 536-7, 560, 562
    noção: 541
    conceitual (para *begrifflich*): 51
    determinação conceitual (para *Begriffsbestimmung*): 138

Anschauung
    concepção: 92
    concepção de natureza (para *Naturanschauung*): 291
    ponto de vista mais básico (para *Grundanschauung*): 238

visão de mundo (para
Weltanschauung): 422
ver também **Meinung** e
Vorstellung

Begründung
  ver **Grund**

Behauptung
  ver **Aussage**

beibringen
  ver **lehren**

*(sich) beirren / irremachen /
Irrenarzt / irre werden /
Verwirrung*
  (sich) beirren
    perturbar-se: 251
  irremachen
    confundir: 498
  Irrenarzt
    alienista: 355
  irre werden
    desesperar: 66
    ficar desorientado: 421
  Verwirrung
    confusão: 625
    confuso (para *verwirrt*): 304, 626
  ver também **falsch**, **(sich) irren**,
  täuschen e **(sich) wundern**

(sich) benehmen
  ver **(sich) verhalten**

benützen
  ver **gebrauchen**

Bericht / Angabe
  Bericht
    relato: 138, 163, 603
    reportar (para *berichten*): 108
  Angabe
    fornecimento: 443
    o que alguém diz: 524
    relato: 502, 564

ver também **Aussage, Äußerung,
aussprechen** e **mitteilen**

*beruhen / gründen / (sich) nach
etw. richten / (sich) ruhen*
  beruhen
    basear-se: 163, 170, 335, 341, 385,
    446-7, 455, 519
  gründen
    basear: 240, 378, 563
  (sich) nach etw. richten
    basear(-se) em algo: 605
    orientar(-se) por algo: 603, 608-9
  (sich) ruhen
    basear-se: 153, 477
  ver também **Grund**

bestätigen / Gewähr / verbürgen
  bestätigen
    confirmar: 60, 161-2, 241, 355, 421,
    632
    confirmação (para *Bestätigung*):
    288
  Gewähr
    garantia: 69
  verbürgen
    garantir: 12
  ver também **prüfen** e **(sich)
  überzeugen**

betrachten / halten für
  betrachten
    considerar: 4, 145, 151, 178, 196-7,
    203, 212, 475, 609, 657
    observar: 214, 255
    ver: 92
    consideração (para
    Betrachtung): 211, 226
    exame (para *Betrachtung*): 601
    ponto de vista (para
    Betrachtung): 292
    conceber como possibilidade
    (para *in Betracht ziehen*): 173
    levar em consideração (para *in
    Betracht ziehen*): 577

halten für
    considerar: 67, 155, 162, 257, 336, 443, 461, 498, 526, 599, 609, 674
    pensar (ter a opinião de que): 349
    considerar verdadeiro (para *Für-wahr-halten*): 172
    opinião (para *das Dafürhalten*): 452
    ter certeza (para *für sicher halten*): 279
    ver também **denken, meinen, Meinung** e **vorstellen**

Betrachtung
    ver **Meinung**

betrügen
    ver **täuschen**

bewähren
    ver **(sich) überzeugen**

beweisen / Dartun / demonstrieren / erweisen / herleiten / nachweisen
    A discussão a respeito dos tipos de atividade por meio dos quais buscamos obter certeza — ou seja, por meio dos quais buscamos nos assegurar de que certas opiniões (crenças, proposições) estariam imunes a revisão — é fundamental para o *Sobre a certeza*. Ao menos desde suas origens gregas, alguns desses meios de certificação se manifestam como provas, demonstrações, inferências, ou seja, como procedimentos altamente abstratos, geralmente associados à lógica e à matemática, ciências de generalidade máxima. É precisamente por meio desse caráter abstrato (ou não empírico), aliás, que se costuma justificar por que devemos atribuir confiança, ou certeza, a tais procedimentos. Ora, um dos grandes feitos da filosofia wittgensteiniana, e em particular do *Sobre a certeza*, reside justamente em borrar a distinção, que deveria ser nítida, entre aquilo que pertence à lógica da linguagem e aquilo que se baseia na experiência empírica. Por esse motivo, o conjunto de termos listados aqui ganha destaque. Wittgenstein busca investigar as condições concretas, extraídas de nosso modo de vida, que estão por trás de atividades tidas como puramente lógicas, como "provar", "demonstrar", "comprovar" etc.

beweisen
    comprovar: 20
    demonstrar: 59
    provar: 1, 239, 488, 603, 604
    prova (para *Beweis*): 240, 295, 388, 420, 487, 563
    prova contrária (para *Gegenbeweis*): 245
    prova em contrário (para *Beweis des Gegenteils*): 360, 368

Dartun
    demonstração: 243

demonstrieren
    tornar-se manifesto: 464

erweisen
    demonstrar: 14, 15, 92, 488
    mostrar: 133, 477
    comprovadamente (para *erwiesenermaßen*): 336

herleiten
    derivar: 1

nachweisen
    provar: 20
    ver também **folgen, prüfen, Raisonnement** e **schließen**

bezeichnen
    ver **zeigen auf**

(sich) beziehen / (sich) beschäftigen
  (sich) beziehen
    referir-se: 60
    relacionar-se: 243, 404
    relação (para *Beziehung*): 90, 525
  (sich) beschäftigen
    relacionar-se: 374
  ver também **(sich) verhalten** e **Zusammenhang**

Bild
É interessante observar como este termo, fundamental e quase onipresente nas *Investigações filosóficas*, recua aqui para um papel bastante secundário. Sua tradução, de toda a forma, continua a mesma: "imagem", com uma única exceção.
  imagem: 90, 146-7, 209, 249, 417, 450
  imagem de mundo (para *Weltbild*): 93-5, 162, 167, 233, 262
  quadro: 37
  ver também **Begriff** e **Vorstellung**

bilden
  compor: 158
  constituir: 102, 126, 209, 213, 410-1, 603
  construir: 36
  formar: 144, 237
  ver também **Gerüst**

charakterisieren / kennzeichnen / Merkmal (*Charakter*, *Charakteristik*, *charakteristisch*)
  charakterisieren
    caracterizar: 149, 318
    característica (para *Charakteristik*): 674
    característico (para *charakteristisch*): 255, 649
    caráter (para *Charakter*): 494, 646
  kennzeichnen
    caracterizar: 631
    indicar: 145
  Merkmal
    traço característico: 336

darstellen / anführen
  darstellen
    apresentar: 93
    representar: 481
    apresentação (para *Darstellung*): 321
  anführen
    apresentar: 250
    fornecer: 599
  ver também **Bild** e **Vorstellung**

denken / bedenken / Gedanke / überlegen
A problematização da relação entre linguagem e pensamento (certos "conteúdos mentais" que, segundo uma opinião bastante difundida, deveriam estar nos fundamentos do uso da linguagem) é uma das características marcantes da filosofia madura de Wittgenstein. Nesse contexto, vale a pena chamar a atenção para a distinção entre as maneiras de lidar com os verbos *denken* e *vorstellen*. O primeiro é invariavelmente traduzido por "pensar" (exceção feita à sua forma pronominal); já o segundo é em geral traduzido (assim como o pronominal *sich denken*) por "imaginar" (ver entrada própria).
denken
  pensar: 85, 108, 159, 347, 349, 358, 387, 397-8, 465, 492, 510, 595, 601, 676
  ter em mente: 320
  (uso retórico) **considerar**: 443
  (uso retórico) **imaginar**: 201, 237
  (uso retórico) **pensar**: 89, 167, 612, 654

capacidade de pensar (para
Denkkraft): 549
concebível (para *denkbar*): 54,
282, 558
inconcebível (para *undenkbar*):
616, 625
mal pensado (para *schlecht
gedacht*): 358
pensamento (para *das Denken*):
411, 415, 470, 480
bedenken
refletir: 49
ter em mente: 92, 559
ponderação (para *das Bedenken*):
642
Gedanke
pensamento: 97, 159, 350, 401,
421, 469, 662
curso de pensamento (para
Gedankenweg e *Gedankengang*):
84, 103
fluxo de pensamento (para
Gedankengang): 465
leviandade (para
Gedankenlosigkeit): 657
überlegen
refletir: 625
reflexão (para *Überlegung*): 135
ver também **meinen** e **vorstellen**

*deuten / Interpretation /
konstruieren* (*vieldeutig*)
deuten
interpretar: 53, 106
ambíguo (para *vieldeutig*): 481
Interpretation
interpretação: 145
konstruieren
interpretar: 367
ponto construído (para
konstruierter Punkt): 56

deuten auf
ver **zeigen auf**

(sich) einbilden
ver **täuschen** e **vorstellen**

Einsicht
dar-se conta: 37
lampejo: 59

Einstellung
ajuste: 347
atitude: 381, 404
disposição: 89
ajustar (para *einstellen*): 347
construído (para *eingestellt*): 88

empfinden
ver **fühlen**

Erfahrung / Erlebnis
Erfahrung
experiência: *passim*
empírico (para *Erfahrungs-*):
passim
saber (para *erfahren*): 84, 345
ter uma experiência (para
erfahren): 173
Erlebnis
experiência pessoal: 389
experiência interior (para
inneres Erlebnis): 569

erhalten
adquirir: 153, 229
obter: 275, 651
receber: 70

erkennen / Erkenntnis
ver **Wissen**

erklären für
ver **Äußerung**

Erklärung / Ausführung
Assim como havia acontecido nas
Investigações filosóficas, optamos
por traduzir o par *Erklärung* e

erklären por "explicação" e "explicar". As razões são as mesmas. O que Wittgenstein deseja rejeitar, aqui como lá, é um amplo conjunto de concepções filosóficas, ou equívocos filosóficos, segundo os quais nossa linguagem precisaria (e poderia) encontrar uma fundamentação última. Para indicar a oposição a tal projeto fundacionista, a noção de "explicação" é muito mais clara do que a noção de "esclarecimento" (opção que, do ponto de vista etimológico, seria mais próxima de *erklären*). De fato, ao usar tal termo, o foco da crítica de Wittgenstein não é a possibilidade geral de esclarecer certos usos da linguagem e certas crenças (algo em que, pelo contrário, ele deposita muitas esperanças), mas sim a possibilidade de colocar esses usos e essas crenças em uma cadeia fundacional mais rígida, ou seja, uma cadeia de *explicações* capaz de dar conta, de uma vez por todas, tanto do significado como da certeza.

Erklärung
   explicação: 34, 79, 189, 412, 460, 477
   explicar (para *erklären*): 79, 108, 117, 310
Ausführung
   explicação: 648
   ver também **Äußerung** e **lehren**

erinnern / entsinnen
   erinnern
      lembrar: 157, 332, 468, 494
      recordar: 38, 352, 417
      lembrança (para *Erinnerung*): 93
      recordação (para *Erinnerung*): 632
   entsinnen
      lembrar: 598

erstarren
   enrijecer: 96
   enrijecido (para *erstarrt*): 96
   ver também **fest**

erstaunt
   ver **(sich) wundern**

erweisen
   ver **beweisen**

(sich) erweisen
   ver **(sich) herausstellen**

Erziehung
   ver **lehren**

Fakt
   ver **Tatsache**

falsch / irreführend / richtig
   A língua alemã padece de uma ambiguidade insolúvel, por vezes incômoda para o leitor de outras línguas: *falsch* pode significar tanto "errado" quanto "falso". É claro que, na maioria dos usos, isso não gera grandes dificuldades, mas há casos em que não é possível identificar com clareza o objetivo do autor que escreve em alemão. O tradutor, então, dispõe de bases pouco sólidas para sua decisão. Tome-se como exemplo o parágrafo 534: seria *falso* ou *errado* dizer "A criança que domina um jogo de linguagem precisa *saber* certas coisas"? Fazer a primeira escolha sugere que o valor de verdade dessa *proposição* é falso, ou seja, que quem a diz faz uma má representação do modo como as coisas efetivamente se passam. A segunda escolha, adotada por nós, sugere que dizer algo assim

está em desacordo com critérios mais gerais de avaliação e de conduta. A lista a seguir serve para que o leitor brasileiro fique avisado das escolhas tomadas na presente tradução.

falsch (*fälschlich*)
    equivocado: 178, 567, 608-9
    errado: 41-2, 249, 297, 355, 425, 496-7, 534, 549, 623, 662
    falso: 5, 54, 60, 70, 72, 75, 81, 94, 108, 155, 162, 199, 200, 203, 205, 237, 275, 336, 402-3, 408, 436-7, 481, 492, 514-5, 554, 557, 571-2, 580, 596, 599, 641
    incorreto: 37, 303, 414-5, 446, 629, 664, 671
    falsificar (para *falsifizieren*): 375

irreführend
    desencaminhador: 425
    enganoso: 199

richtig
    correto: 18, 37, 39, 41, 74-5, 91-2, 98, 118, 130, 179, 188, 201, 232, 370, 425, 429, 434, 483, 498, 500, 526, 531, 533, 535, 621-3, 629, 650, 656, 664
    correção (para *Richtigkeit*): 92, 94
    incorreto (para *unrichtig*): 498, 623

ver também **(sich) beirren, (sich) irren, Irrtum, Recht** e **täuschen**

Fehler
    ver **Irrtum**

fest / festhalten / festlegen / feststehen / feststellen
Talvez a discussão fundamental proposta pelo *Sobre a certeza* seja aquela pertinente à possibilidade de distinção entre lógica e experiência (o mundo empírico). Por um lado, Wittgenstein concede à lógica um papel estruturante. Assim, é bastante razoável vê-la como o núcleo mais duro da linguagem, que permite que ela tenha significado antes que esse significado seja avaliado como verdadeiro ou falso. A experiência, por outro lado, não compartilha desse mesmo estatuto, uma vez que está sujeita às incertezas, oscilações e revisões típicas de qualquer acontecimento no mundo. Uma vez desenhada essa oposição, a pergunta básica de Wittgenstein no *Sobre a certeza* talvez pudesse ser formulada da seguinte maneira: em que medida aquilo que consideramos como pertencendo à lógica da linguagem também não está sujeito às mesmas vicissitudes às quais se sujeita a experiência? Ou ainda: em que medida a lógica participa do jogo da crença no verdadeiro e no falso?
É nesse contexto que a tradução do morfema *fest* deve ser compreendida. Presente em algumas passagens cruciais, principalmente por meio do verbo *feststehen*, o que ele indica é o modo de ver certos fatos no mundo como desempenhando um papel lógico, ou aparentado ao da lógica, na medida em que os consideramos imunes a toda revisão, como base de todo o nosso sistema de crenças e, por conseguinte, da própria constituição de nossos significados linguísticos. Nossa opção principal, ditada pela flexibilidade de uso — vale dizer, pela fluência e pela clareza em diversos contextos —, foi o termo português "firme", que aparece não só como adjetivo, mas também em diversas locuções

verbais, como "estar firme", "estar firmemente estabelecido" e "manter firmemente no lugar".
fest
  firme: 152, 289
  rígido: 96
  sólido: 234
festhalten
  agarrar-se: 636
  apegar-se: 106, 173, 225
  manter firmemente no lugar: 144, 152
festlegen
  estabelecer: 139, 665
  fixar: 167
feststehen
  estar firme: 343
  estar firmemente estabelecido: 48-9, 111-2, 116, 125, 144, 151-2, 210, 234-5, 655
feststellen
  constatar: 30
  estabelecer: 15-6, 288, 470, 564
  afirmação (para *Feststellung*): 43, 245, 406, 587
  constatação (para *Feststellung*): 401
  ver também **Aussage** e **erstarren**

Fluß

Fluß (na grafia usada por Wittgenstein e mantida nas edições contemporâneas; ou *Fluss*, na nova ortografia) pode significar tanto "rio" quanto "fluxo", o que torna especialmente difícil a tradução do início do parágrafo 97. Ali se lê: "*Die Mythologie kann wieder in Fluß geraten*", que nós vertemos como "A mitologia pode novamente se tornar fluida como um rio". O problema reside na expressão "*in Fluß geraten*", com sua peculiar polissemia. Por um lado, ela indica que a mitologia pode "novamente desembocar no rio"; por outro lado, segundo um uso bastante idiomático, ela também indica que a mitologia pode "novamente tornar-se fluida". A adoção da primeira solução perderia totalmente de vista esse segundo significado, que nos parece fundamental e é reforçado pelo fato de que o adjetivo *flüssig*, correspondente ao substantivo *Fluss*, tem sempre o significado de "fluido"; já a adoção da segunda solução perderia de vista a imagem do "rio", central para todo esse conjunto de parágrafos (de 96 a 99). Nossa redação busca conciliar, na medida do possível, essas duas demandas.

  rio: 99
  fluidas (para *flüssig*): 96-7
  leito do rio (para *Flußbett*): 97
  tornar-se fluida como um rio (para *in Fluß geraten*): 97

folgen / daher kommen / Eintrag / hervorgehen / Konsequenz
folgen
  seguir(-se) (com valor lógico): 2, 13, 58, 117, 135, 178, 360, 415
  vir depois: 40, 584
  conclusão (para *Folge*): 142
  conclusão (para *Folgerung*): 654
  consequência (para *Folge*): 363, 437, 450, 668
  consequência (para *Folgerung*): 143
daher kommen
  seguir-se de: 23
Eintrag
  consequência: 524
hervorgehen
  seguir-se: 44
  proceder de: 575
  surgir a partir de: 475

Konsequenz
consequência: 57, 66, 397, 399, 409
ver também **beweisen** e **schließen**

Forschung
ver **Untersuchung**

fühlen / empfinden / (jdm.) vorkommen
fühlen
sentir: 108, 279, 407
sensação (para *Gefühl*): 233
sentimento (para *Gefühl*): 524, 601
empfinden
sentir: 41, 417
ter a sensação: 315
(jdm.) vorkommen
ter a sensação: 347
ver também **Sinn**

Fundament
ver **Grund**

gebrauchen / anwenden / benützen / verwenden
Conjunto de termos cruciais para o exame que Wittgenstein propõe a respeito do modo como a linguagem faz parte de nossas vidas (é "usada", "aplicada", "empregada" em certos contextos). Mantivemos aqui, de modo bastante consistente, excetuando-se as poucas ocorrências indicadas a seguir, as mesmas soluções já adotadas nas *Investigações filosóficas*, texto em que essas distinções eram bem mais presentes (e mais importantes) que no *Sobre a certeza*. Assim, *gebrauchen* é "usar"; *anwenden* é "aplicar"; e *verwenden* é "empregar".

gebrauchen
usar: 8, 10, 38, 51, 87, 127, 155, 258, 260, 284, 306, 370-1, 388, 406, 427, 431, 433, 480, 498, 519, 543, 547, 566, 568, 598, 601, 614, 621-2, 669
mal usado (para *gemißbraucht*): 6
mau uso (para *Mißbrauch*): 6
uso (para *Gebrauch*): 10-1, 29, 36, 63, 178, 199, 297, 307, 415, 525, 527, 638
anwenden
aplicação (para *Anwendung*): 26, 28, 203, 215, 350-1, 522, 554, 572
uso (para *Anwendung*): 347
benützen
usar: 75
utilizar: 584
verwenden
empregar: 124, 620
utilizar: 568, 576
emprego (para *Verwendung*): 26, 29, 61, 483, 527, 548
estar bem empregado (para *am Platz sein*): 10

Gegenteil / entgegen- / gegen- / zuwiderhandeln / outros
Gegenteil
contrário: 37, 89, 93, 155, 218, 239, 279, 360, 368, 380, 420, 477, 573, 577
em contrário (para *gegenteilig*): 239
entgegen-
contrapor (para *entgegenstellen*): 651
contrário (para *entgegengesetzt*): 190, 203
contrário (para *entgegenstehend*): 657
opor (para *entgegenhalten*): 599
gegen-
contrariar (para *gegen etw. sprechen*): 636
em contraste (para *im Gegensatz zu*): 530

mutuamente (para *gegenseitig*): 142
prova contrária (para *Gegenbeweis*): 245
zuwiderhandeln
　agir contrariamente a algo: 368
outros
　algo contrário às regras (para *eine Regelwidrigkeit*): 647
ver **streiten**

Geist / Stimmung
O substantivo *Geist* designa, numa primeira acepção, aquilo que em português se costuma traduzir por "espírito" (os dois termos compartilham boa parte de suas acepções, desde o sentido de "aparição" até o de "espírito santo" cristão [*heiliger Geist*], passando por toda a gama de significados relativos à parte "espiritual" da existência humana). Em seu uso filosófico, bastante espraiado na cultura alemã, o termo remete também às capacidades humanas de pensar e julgar. De fato, os dicionários contemporâneos da língua alemã tratam essa acepção como a principal definição do adjetivo *geistig*. Além disso, o termo está historicamente associado a conceitos clássicos da filosofia que remetem ao νοῦς grego e ao *mens* latino. Dada essa duplicidade, traduzimos o termo por "espírito" ou por "mente", a depender do contexto. É relevante acrescentar, a esse propósito, que a filosofia madura de Wittgenstein dedica-se a discutir, em frequentes ocasiões, a ideia bastante difundida de que estados ou conteúdos mentais desempenhariam função central na determinação dos significados linguísticos, o que torna relevante a opção por "mente" em muitos contextos. (Tais discussões, na obra do próprio Wittgenstein, costumam vir indicadas como "filosofia da psicologia".) Na mesma direção, a filosofia alemã da segunda metade do século 20 traduz o que chamamos de "filosofia da mente" (e falantes do inglês chamam de "*philosophy of mind*") por *Philosophie des Geistes*. De fato, um dos principais representantes dessa tradição, John Searle (autor profundamente influenciado por Wittgenstein), teve seus livros ***Mind***, *Language and Society* (1998) e ***Mind***: *A brief introduction* (2004) traduzidos em alemão respectivamente por *Geist, Sprache und Gesellschaft* e *Geist: eine Einführung*.

Geist
　espírito: 89
　mente: 47, 347
　espiritual (para *geistig*): 108
　estado de espírito (para *Geisteszustand*): 6
　perturbação mental (para *Geistesstörung*): 71, 73, 155, 230
Stimmung
　estado de espírito: 601
ver **Zustand**

Gerüst / Gebäude
Gerüst
　estrutura: 211
Gebäude
　edifício: 276
　estrutura: 102
ver também **System**

Gesetz
ver **Prinzip**

Gewißheit / gewiß / gewiß sein / Sicherheit / sicher / sicher sein

Gewißheit foi o termo escolhido pelos primeiros editores para compor o título do livro. Ele é traduzido por nós, sem exceção, como "certeza", e comentários adicionais seriam desnecessários caso Wittgenstein não se valesse de outro termo precisamente no mesmo sentido: *Sicherheit*. Este último termo, porém, tem um campo semântico mais largo que o primeiro, o que justifica sua eventual tradução por "segurança", sobretudo quando aparece associado à preposição "com" ("entender com segurança", "agir com segurança", "responder com segurança" etc.; ver lista completa a seguir). Mesmo assim, na imensa maioria das ocorrências no *Sobre a certeza*, o sentido das duas palavras é indistinguível, a ponto de Wittgenstein frequentemente usá-las intercambiavelmente (ver, por exemplo, os parágrafos 245, 415, 591). Note-se, aliás, que apesar de o livro levar *Gewißheit* no título, os parágrafos em que *Sicherheit* ocorre são ao menos duas vezes mais numerosos.

Também optamos por fixar, com poucas exceções, a tradução das expressões correlatas *"gewiß sein"* e *"sicher sein"*, que aparecem quase sempre em nossa tradução como "ter certeza". A alternativa para a primeira expressão seria "estar certo" — o que teria a vantagem de preservar o verbo usado por Wittgenstein (*sein* = ser/estar), mas a imensa desvantagem de gerar a ambiguidade entre "certeza" e "correção". A alternativa para a segunda expressão seria "estar seguro" (que adotamos apenas três vezes) — que teria a mesma vantagem mencionada anteriormente, com a desvantagem de perder a referência ao substantivo *Sicherheit*, cuja tradução mais frequente, como explicado, é "certeza". Uma vez mais, o caráter intercambiável dessas expressões é sugerido, por exemplo, a partir de seus usos no parágrafo 269.
Finalmente, fixamos a tradução do adjetivo *sicher* (desvinculado da expressão *"sicher sein"*) como "seguro", com algumas poucas exceções, conforme lista a seguir.

Gewißheit
   certeza: 30, 115, 174, 194, 245, 275, 340, 386, 415, 423, 481, 497, 591, 613, 654
   valor de certeza (para *Gewißheitswert*): 638
gewiß
   certamente: 39, 191, 197, 203, 434, 487, 516, 582, 626, 671
   certo: 108, 193-4, 245, 273, 463, 599, 648
   contar como certeza (para *als gewiß gelten*): 273
   declarar ter certeza (para *für gewiß erklären*): 155
   sendo uma certeza (para *als gewiß*): 272
gewiß sein
   possuir certeza: 448
   ter certeza: 114, 126, 245, 269, 273, 298
   ser uma certeza: 273
Sicherheit
   certeza: 47, 56, 66-7, 77, 185, 245, 264, 270, 308, 337, 357-8, 360, 404, 415, 425, 429-30, 444, 446, 457, 485, 511, 524, 563, 579, 591-2, 599, 617, 632, 651

com segurança (para *mit Sicherheit*): 154, 196, 233, 331, 524, 557, 613
incerteza (para *Unsicherheit*): 606, 632, 651

sicher
  certamente: 145, 494, 669
  certo: 81, 183-5, 217, 279, 632, 654
  com certeza (adv.): 134
  confiável: 564
  declarar ter certeza (para *für sicher erklären*): 629
  seguro: 1, 196-7, 240, 243, 250, 255, 298, 307, 447, 517
  incerto (para *unsicher*): 81, 217
  não certo (para *unsicher*): 632
  proceder com certeza (para *sicher gehen*): 459
  ter certeza (para *für sicher halten*): 279

sicher sein
  estar seguro: 255, 298, 307
  ter certeza: 7, 8, 66, 90, 157, 176, 217, 269, 281, 286, 308, 338, 373, 381, 387, 409, 413, 415, 429, 431, 446, 456, 461, 490-1, 524, 526-8, 549, 553, 555, 563
  ver também **versichern**

gewöhnlich / alltäglich / gewohnt / normal
  gewöhnlich
    comum: 339, 638
    cotidiano: 406
    normal: 552
    ordinário: 347, 377
    usual: 106, 133, 391, 434, 445, 630
  alltäglich
    corriqueiro: 553
    cotidiano: 347, 638
    linguagem cotidiana (para *Alltagssprache*): 620
  gewohnt
    usual: 237

normal
  normal: 27, 250, 260, 333, 420, 428, 441
  anormal (para *abnormal*): 27

glauben
  A tradução para o substantivo *Glaube* é sempre "crença". Para o verbo *glauben*, preferimos "acreditar", pela maior fluência e naturalidade em português, na maioria dos contextos. As soluções alternativas, "achar" e "crer", foram adotadas apenas quando recomendadas por alguma peculiaridade do contexto imediato.
  achar: 645, 659
  acreditar: *passim*
  crer: 6, 90, 159, 320, 355, 375, 387, 673
  credulidade (para *Leichtgläubigkeit*): 235
  crédulo (para *gläubig*): 159
  crença (para *Glaube*): *passim*
  crer (para *Glauben schenken*): 239, 275, 279
  crível (para *glaubhaft*): 441
  digno de crédito (para *gut beglaubigt*): 134
  ver também **(sich) verlassen**

Grund / Begründung / Fundament / Grundlage / zugrunde liegen
  Em nossa tradução, os termos *Begründung*, *Grundlage* e *zugrunde liegen* remetem sempre ao campo semântico dos "fundamentos" e da "fundamentação". O que está em jogo, aqui, é um tema central para toda a filosofia wittgensteiniana, e para o *Sobre a certeza* em particular. Trata-se do antigo projeto filosófico de encontrar bases sólidas — no sentido de bases últimas, definitivas,

inabaláveis — sobre as quais pudessem ficar assentados, de uma vez por todas, tanto nosso conhecimento do mundo (projeto epistemológico) como o significado de nossa linguagem (projeto lógico). É justamente contra essa pretensão que a filosofia madura de Wittgenstein se insurge, denunciando-a como inalcançável, mas também como desnecessária. Já o termo *Grund*, que etimologicamente está na base dos termos mencionados, admite usos muito mais variados. Em seu sentido primeiro e mais concreto, ele é "chão", "solo". Progredindo um pouco na abstração, torna-se "base", "fundamento": aquilo sobre o qual algo pode se apoiar e se erguer. Finalmente, *Grund* torna-se também "razão", "motivo". É esse último uso aquele mais corriqueiro na língua alemã e, na maioria dos casos, é ele que precisa ser adotado como tradução. Porém, quando o contexto indica que Wittgenstein está discutindo as questões mencionadas no parágrafo anterior, optamos mais uma vez pela solução "fundamento".

Grund
    base: 204
    fundamento: 74, 91-2, 130-1, 205-6, 235, 253, 275, 322-3, 375, 380, 415, 429, 474, 484, 516, 574, 599, 600
    razão: 4, 18, 78, 90, 107, 111, 122-3, 171, 182, 200, 243, 264-6, 270-1, 282, 288, 307, 333, 336, 373, 387, 438, 458-9, 563, 606, 608-9, 612
    alicerce (para *Grundmauer*): 248
    basear (para *gründen*): 240, 378, 563
    básico (para *Grund-*): 238, 473
    caráter não fundamentado (para *Grundlosigkeit*): 166
    com base em (para *auf Grund dessen*): 171, 281
    fundamental (para *grund-*): 332, 670
    princípio (para *Grundsatz* e *Lehrsatz*): 87, 551, 555

Begründung
    fundamentação: 110-1, 204, 296, 563
    fundamentado (para *begründet*): 173, 205, 253, 559
    fundamentar (para *begründen*): 307, 499
    infundado (para *unbegründet*): 110, 253

Fundament
    fundamento: 401-2, 411, 498, 558
    fundamental (para *fundamental*): 512, 514, 517

Grundlage
    fundamento: 167, 246, 403, 411, 414, 449, 614

zugrunde liegen
    estar na base de: 172, 599
    servir de fundamento a: 90
ver também **beruhen**, **Prinzip**, **Recht** e **Vernunft**

(sich) herausstellen / (sich) betätigen / (sich) bewähren / (sich) entpuppen / (sich) erweisen
    (sich) herausstellen
        revelar-se: 492, 503, 580
    (sich) betätigen
        manifestar-se: 89
    (sich) bewähren
        mostrar-se valioso: 147, 474, 603
        dar bons resultados: 170
    (sich) entpuppen
        revelar-se: 425
    (sich) erweisen
        mostrar-se: 4, 5, 402, 492, 571, 596, 599, 641
    ver também **zeigen**

herleiten
   ver ***beweisen***

hindeuten
   ver ***zeigen auf***

Idee
   ver ***Vorstellung***

(sich) irren / fehlgehen / verlegen / verrechnen / versprechen / verzählen
   A possibilidade do erro é um dos marcadores lógicos mais constantes do *Sobre a certeza*, algo como um teste para verificar a posição de uma proposição nos jogos de linguagem em que ocorre. Inicialmente, Wittgenstein examina o uso de expressões como "Eu não *posso* estar errado" (§8) e "nenhum erro era possível" (§15). Ele também traça certa "anatomia do erro" ("Que aparência teria um erro aqui?", §17 e §51), utilizada como critério para *saber* algo. Mais tarde, a mesma base de investigação é mobilizada para elucidar o conceito de "certeza objetiva" (§270).
   Os termos mais frequentes nessa discussão são o verbo *(sich) irren* e o substantivo correlato, *Irrtum*. Para traduzi-los lançamos mão de uma variedade de expressões em que o *erro* aparece como elemento central, sendo as principais delas o próprio verbo "errar" e, ainda mais frequentemente, a expressão "estar errado". Encontramos aqui, mais uma vez, certa sutileza da língua portuguesa que acaba por se mostrar relevante para a reflexão filosófica. "Errar" é uma ação, ao passo que "estar errado" é um estado, uma circunstância. Assim, por exemplo, "Eu não posso errar quanto ao meu nome" sugere que é a infalibilidade do agente o que está em questão: ele não poderia cometer esse tipo de erro. Ao passo que "Eu não posso estar errado quanto ao meu nome" parece indicar que, se houvesse um erro, ele seria circunstancial. Essa distinção, sintática e morfologicamente marcada no português, só se mostra contextualmente no alemão, o que exige interpretação do tradutor em cada caso.
   Cabe ainda comentar uma outra possibilidade que se abre ao tradutor de língua portuguesa, mas que nós evitamos: verter o par *(sich) irren / Irrtum* por "enganar-se" e "engano". Embora essa escolha pudesse ser recomendada em muitos contextos, preferimos não a adotar para evitar as ressonâncias associadas ao engano doloso ("Eu o enganei" ou "Eu fui enganado"). Em contrapartida, fizemos com que "enganar" remetesse inequivocamente ao campo da ilusão, já que traduz o termo *täuschen* (o qual, substantivado — *Täuschung* — é invariavelmente traduzido por "ilusão"; ver verbete correspondente). Seja como for, o que se mostra por essas aproximações é o parentesco conceitual desses termos, frequentemente ressaltado por Wittgenstein em sua busca pela compreensão do que seja a certeza e o saber em nossos jogos de linguagem.

(sich) irren
   cometer um erro: 367, 659, 671, 673-6

errar: 25-6, 67, 155-6, 158, 195, 304, 425, 443, 606
estar errado: 8, 15, 22, 32, 54, 69, 70, 138, 173, 302, 304, 397, 419, 520, 558, 572, 574, 576, 596-8, 606, 624, 628-31, 633-9, 641, 643, 645, 648, 651, 659-64, 667-9
aquele que erra (para *der Irrende*): 74
fehlgehen
  equivocar-se: 408, 420
  equivocado (para *fehlgegangen*): 37
verlegen
  colocar em lugar errado: 532
verrechnen
  errar na conta: 43-4, 55, 303
  errar no cálculo: 447
versprechen
  cometer um lapso de fala: 625-6, 648
verzählen
  errar na contagem: 447
ver também **(sich) beirren, falsch, Irrtum** e **täuschen**

Irrtum / *Fehler* / *Korrektur*
Irrtum
  erro: 15, 17, 21, 26, 32, 54, 66-7, 70-5, 79, 138, 194-6, 367, 420, 443, 558, 574, 647, 650, 659, 662, 671
  cometer um erro (para *im Irrtum sein*): 217, 663
  estar errado (para *im Irrtum sein*): 286
Fehler
  erro: 28-9, 51, 217, 301, 397, 405, 521, 640, 650
  erro de cálculo (para *Rechnungsfehler*): 650
  infalível (para *unfehlbar*): 16-7, 425, 596
Korrektur
  correção: 300
ver também **(sich) beirren, falsch, (sich) irren** e **Täuschung**

kennen / Kenntnis
ver **Wissen**

können / imstande sein
O verbo *können* impõe, na tradução do *Sobre a certeza*, cuidados semelhantes aos que já havia imposto na tradução das *Investigações filosóficas*. Em geral, é traduzido como "poder", e foi assim que o traduzimos na imensa maioria de suas ocorrências. Contudo, o verbo português carrega muito presente a ideia de permissão, o que não é o caso do verbo alemão. Em muitos contextos, é fundamental evitar qualquer confusão a esse respeito. Isso acontece particularmente nas reiteradas ocasiões em que Wittgenstein discute as capacidades que alguém deve ter (ou o aprendizado pelo qual alguém deve passar) para realizar certas tarefas, em especial relativas ao uso da linguagem. Nesses casos, as soluções adotadas foram as mesmas duas que já haviam aparecido nas *Investigações*: "ser capaz de" e "conseguir".
können
  conseguir: 154, 423, 581
  poder: *passim*
  ser capaz de: 84, 108, 206, 264, 279, 283, 347, 350, 387, 534-5, 542-3, 547-8, 566, 586, 591-2
imstande sein
  ser capaz de: 382, 412

lehren / *beibringen* / *belehren* / *Erziehung* / *unterrichten*
Como já ocorria nas *Investigações filosóficas*, os contextos de ensino e aprendizagem de jogos de linguagem são usados

paradigmaticamente por Wittgenstein no *Sobre a certeza* para esclarecer usos e confusões linguísticos e filosóficos. Embora a tradução dos termos associados a essas práticas seja pouco problemática, convidamos o leitor brasileiro ao exame da lista a seguir (somada à entrada *lernen*, "aprender"), que reúne os diferentes termos alemães associados ao tema e lhe oferece um quadro sinóptico.

lehren
  ensinar: 51, 113, 130, 134, 153, 274, 282, 283 315, 361, 374, 429, 434, 449, 472, 555, 578, 603
  aceitar o que alguém diz (para *sich von jdm. belehren lassen*): 668
  erudito (para *gelehrt*): 453
  manual (para *Lehrbuch*): 162, 555, 599, 600
  manual de língua (para *Sprachlehre*): 393
  período de aprendizagem (para *Lehrdauer*): 434
  princípios da física (para *Lehrsätze der Physik*): 555
  professor (para *Lehrer*): 34, 263, 310, 314-5
beibringen
  ensinar: 34, 107, 140, 233, 262, 283, 477
belehren
  ensinar: 262
  instrução (para *Belehrung*): 35
Erziehung
  educação: 298
unterrichten
  dar aulas: 530
  aula de História (para *Geschichtsunterricht*): 316
  instrução (para *Unterricht*): 279
ver também lernen

lernen / erlernen / kennenlernen
lernen
  aprender: 28, 44, 45, 47, 61 (*erlernen*), 95, 128-9, 133, 140, 143-4, 152, 159-61, 165, 167, 170-1, 176, 206, 240, 279, 283 (*erlernen*), 284, 286, 290, 297, 315, 329 (*erlernen*), 374, 434, 434, 455, 472-3, 476, 480, 527, 530, 536, 538, 540, 548, 566, 581, 583, 589, 664
  aprendizado (para *das Lernen*): 315, 450
erlernen
  aprender: 61, 283, 329
kennenlernen
  aprender a conhecer: 129
  ser apresentado: 45
ver também lehren

meinen
Nas *Investigações filosóficas*, este era talvez o verbo mais difícil — e importante — de traduzir. Tematizado explicitamente em inúmeras passagens, por ele passavam algumas das discussões mais importantes daquela obra, em especial os diferentes aspectos de certa "intencionalidade" no uso da linguagem e, de maneira associada, os supostos "conteúdos mentais" que supostamente estariam por trás desse mesmo uso. Conseguimos então reduzir a tradução de *meinen* a três soluções, agrupadas ao longo do texto de maneira bastante coerente: "querer dizer", "querer se referir" e "ter em mente". Aqui no *Sobre a certeza*, é importante indicar não apenas que esse verbo ocorre bem mais raramente, mas também que perde muito de sua relevância filosófica. Essa mudança, cujo significado não se deve subestimar, já é indício

razoável de que a filosofia final de Wittgenstein, embora consistente com as percepções alcançadas nas *Investigações*, leva essas percepções a novas direções. Seja como for, do ponto de vista do tradutor, a situação mostra-se aqui bem menos dramática. Em boa parte dos casos, pudemos manter com grande naturalidade a tradução principal adotada nas *Investigações*: "querer dizer". Em quase todos os casos em que essa tradução não era adequada, *meinen* assumia o sentido, também muito frequente no alemão, de "ter certa opinião", que traduzimos como "achar que" ou "pensar que".

    achar (ter a opinião de que): 42, 465
    pensar (ter a opinião de que): 10, 169, 237, 470
    querer dizer: 237, 325, 349, 393, 414, 459, 468, 559
    querer expressar: 372
    ver também **denken**, **halten für**, **Meinung** e **vorstellen**

Meinung / Anschauung / Ansicht / Betrachtung
    Meinung
        opinião: 155, 206, 512, 599, 606
    Anschauung
        concepção: 92
        concepção de natureza (para *Naturanschauung*): 291
        pontos de vista mais básicos (para *Grundanschauung*): 238
        visão de mundo (para *Weltanschauung*): 422
    Ansicht
        opinião: 282, 291, 300
        ponto de vista: 21, 66
    Betrachtung
        consideração: 211, 226
        exame: 601
        ponto de vista: 292
    ver também **Begriff**, **betrachten** e **meinen**

mitteilen / übermitteln
    mitteilen
        comunicar: 84, 424-5, 584, 668
        contar: 208
        informar: 460, 596
        informação (para *Mitteilung*): 460-1, 463, 468
    übermitteln
        comunicar: 170
    ver **Aussage**, **Äußerung**, **aussprechen** e **Bericht**

müssen / brauchen / sollen
Tanto o verbo *müssen* como o verbo *sollen* costumam ser traduzidos para o português como "dever". Em nossa língua, com efeito, esse é um verbo bastante polissêmico, que admite confortavelmente muitos usos. O contexto, normalmente, é suficiente para evitar mal-entendidos. Na tradução do texto de Wittgenstein, no entanto, o rigor em algumas distinções pode ser muito útil. O verbo *müssen* indica, de modo consistente, a ideia de necessidade (natural e, principalmente, lógica). Por esse motivo, optamos por traduzi-lo sempre por expressões como "é necessário" e "é preciso". É a mesma solução, aliás, adotada para o verbo *brauchen*. Já o verbo *sollen* foi traduzido, quase sempre, por "dever". Vale a pena chamar a atenção, no entanto, para o fato de que aparecem aqui dois tipos de casos. Na maioria das vezes, o verbo *sollen*, assim como o nosso "dever", indica a ideia de obrigação moral. Em muitos outros casos, porém, *sollen*

admite um uso muito mais flexível, para expressar ideias tão diferentes como expectativa, probabilidade e intenção. Felizmente, essa variedade de usos é bastante próxima daquela presente no verbo "dever". Assim, em apenas cinco ocasiões tivemos de recorrer a outras soluções, ditadas pelo contexto.

müssen
   necessariamente: 375, 415
   ser preciso: *passim*
   ser necessário: *passim*
brauchen
   é necessário (para *es/man braucht*): 46, 56, 122, 139, 520
sollen
   dever: *passim*
   poder: 519, 595
   pretender: 433
   ter que: 315, 339

Not-
   notgedrungen
      forçosamente: 343
   nötig
      necessário: 305
      desnecessário (para *unnötig*): 133
   notwendig
      necessário: 392
   ver também **unbedingt**

offenbar / einleuchten / Evidenz / selbstverständlich / outros
   offenbar
      aparente: 513
      claro: 415
      evidente: 381, 569, 598, 671
      óbvio: 144, 444
   einleuchten
      aparecer evidentemente como verdadeira (para *als wahr einleuchten*): 204
      parecer evidente: 142
      evidente (para *einleuchtend*): 144

Evidenz
   evidência: 162, 185, 188, 190, 196-7, 201-3, 231, 239, 250, 281, 302, 324, 432, 504, 517, 600, 641, 657, 672
selbstverständlich
   evidente: 167, 617
   óbvio: 568
   obviedade (para *Selbstverständlichkeit*): 10, 87
outros
   freilich (evidentemente): 397, 411-2, 476, 549, 603, 643
   klar (evidente): 167, 480
   natürlich (evidentemente): 58, 524, 618, 654

Prinzip / Gesetz / Norm / Richtschnur
   Prinzip
      princípio: 117, 124, 135, 172, 611
      princípio fundamental (para *Grundprinzip*): 670
   Gesetz
      lei: 133, 287, 499, 500
      lei natural (para *Naturgesetz*): 135, 172
      ... que a natureza segue leis (para *Gesetzlichkeit der Natur*): 315
      princípio de identidade (para *Gesetz der Identität*): 494
   Norm
      norma: 167, 321, 473, 634
   Richtschnur
      princípio orientador: 409
   ver também **Grund** e **Satz**

prüfen / bekräftigen / kontrollieren / nachrechnen / verifizieren
A reflexão gramatical a respeito de nossa certeza e de nosso saber passa invariavelmente pela exploração do vocabulário que expressa nossos modos de verificá-los ou checá-los.

A proliferação de opções empregadas por Wittgenstein é sintoma da importância do tema. O termo mais comumente usado por ele, nesse âmbito, é o par *prüfen / Prüfung*, o qual traduzimos invariavelmente por "checar" e "checagem". Em muitos casos, os termos "testar" e "teste" poderiam parecer uma opção desejável; nós os evitamos, contudo, em razão do caráter mais formal e estruturado que o substantivo "teste" assume em muitas de suas ocorrências em português. Embora possamos dizer que *testamos* o grau de nossa certeza, dificilmente diremos que fazemos *testes* a respeito dela. Os termos "verificar" e "verificação" seriam traduções igualmente possíveis para os termos alemães em questão, mas somente ao preço de certa perda na fluência do texto. Note-se, além disso, que Wittgenstein usa os termos latinos *Verifikation* e *verifizieren* em seu texto, de modo que preferimos reservar seus correlatos em português especialmente para esses casos.

prüfen
 checar: 50, 79, 80, 98, 109, 125, 163, 349, 355, 574
 conferir: 444
 checagem (para *Prüfung*): 66, 82, 98, 105, 110, 136, 162, 164, 355
 checagem (para *Nachprüfung*): 77
 checagem (para *Überprüfung*): 356
 checar (para *überprüfen*): 485, 524

bekräftigen
 corroborar: 210
 corroboração (para *Bekräftigung*): 203

kontrollieren
 checar: 212
nachrechnen
 conferir a conta: 77, 650
verifizieren
 verificar: 79
 verificação (para *Verifikation*): 279, 510, 632
 ver também *bestätigen* e *(sich) überzeugen*

Raisonnement
 raciocínio: 135, 475
 ver também *beweisen*

rechnen / berechnen / rechen
A matemática desempenha, também no *Sobre a certeza*, importante papel nas discussões propostas por Wittgenstein. Nessa área, a maior dificuldade imposta ao tradutor diz respeito ao verbo *rechnen*, que poderia ser vertido por "calcular", como acontece na maioria das traduções existentes. Não acreditamos que essa seja a melhor solução. É bastante relevante, para as considerações do autor, que o verbo indique aquelas operações mais simples que aprendemos a fazer já nos primeiros níveis escolares e que são repetidas ao longo da vida nos contextos mais triviais, como adições e multiplicações. Ao menos em português, a expressão "fazer contas" transmite melhor essa ideia — vale dizer, de maneira menos ambígua e mais concreta — do que "calcular". O mesmo vale para a tradução de *Rechnung* como "conta", e não como "cálculo". (Por outro lado, reservamos o par "calcular e "cálculo" para alguns outros termos, usados bem mais

raramente, do mesmo campo semântico, conforme lista a seguir.)
rechnen
  fazer contas: 34, 39, 44-7, 77, 212, 447, 656
  conferir a conta (para *nachrechnen*): 77, 650
  conta (para *Rechnung*): 25, 30, 34, 39, 46, 48-50, 55, 212, 217, 303, 337, 650, 654, 656
  errar na conta (para *verrechnen*): 43-4, 55, 303, 447
berechnen
  calcular: 146
  ponderar: 419
rechen
  regra de cálculo (para *Rechenregel*): 26
  pessoa que sabe calcular (para *der Rechenkundige*): 654
  proposições do cálculo (para *Rechensätze*): 652
  ver também *zählen*

Recht / berechtigt / recht (adv.) / recht geben / recht haben / Rechtfertigung

  A possibilidade de oferecer razões ou justificativas para nossas crenças é um dos principais candidatos para julgar o grau e o valor de nossas certezas. Wittgenstein efetivamente explora esse caminho de investigação, com diferentes resultados, do início ao fim do livro. É essa possibilidade o que nos autorizaria a dizer que alguém está correto (ou certo) ao sustentar sua crença. Em língua alemã, boa parte dessa discussão gira em torno de verbos, substantivos e locuções formados a partir e em torno de um único conceito, *Recht*, frequentemente traduzido por "direito". Isso oferece a esse conjunto de reflexões certa "unidade semântica" (complementada pelos termos associados a *Grund* — ver verbete correspondente). Os falantes de português, contudo, têm dificuldade para manter essa unidade semântica em torno de uma única palavra, sendo convidados a usar, de acordo com o contexto, uma pluralidade de termos: direito, justificação, legitimidade, correção e certeza. A lista a seguir pode ajudar o leitor brasileiro a passar dessa dispersão lexical para a coesão conceitual sugerida pela língua alemã.

Recht
  com que direito (para *mit welchem Recht*): 24
  dar direito (para *ein Recht geben*): 212, 662
  estar justificado (para *etw. gibt jdm. ein Recht*): 295
  estar justificado em (para *mit Recht*): 674
  justificadamente (para *mit Recht*): 37, 294, 407, 423
  justificadamente ou não (para *mit Recht oder mit Unrecht*): 517, 645
  ter direito (para *ein Recht haben*): 202, 350, 520, 549, 663
berechtigt
  justificado: 359, 613, 620, 638, 654
  legítimo: 315, 375
  ter razão (para *berechtigt sein*): 30
recht (adv.)
  certamente: 431
  corretamente: 648
  legítimo (para *regelrecht*): 596
recht geben
  dar razão: 53, 91, 134, 504
recht haben
  estar certo: 315, 397, 513, 520, 610

estar correto: 245
ter razão: 676
estar errado (para *unrecht haben*): 98, 549, 610
Rechtfertigung
  justificação: 192, 204
  justificativa: 175, 217, 563
  injustificado (para *ungerechtfertigt*): 553
  justificação (para *das Rechtfertigen*): 212
  justificado (para *gerechtfertigt*): 553
  justificar (para *rechtfertigen*): 287, 652
  ver também **Grund, falsch** e **(sich) irren**

richtig
  ver **falsch**

Satz
  Temos aqui um caso em que o português dispõe de uma ampla variedade de termos para cobrir os diferentes usos de um único vocábulo alemão. Com efeito, *Satz* foi traduzido por nós de diferentes maneiras: como princípio, formulação, proposição e frase. O contexto de uso na língua original por vezes marcava com clareza o termo em português a ser usado em cada situação, mas infelizmente isso não é verdade para a maioria dos usos que Wittgenstein faz de *Satz* no *Sobre a certeza*. A maior dificuldade enfrentada reside na escolha entre as duas traduções mais frequentes: "proposição", termo técnico da lógica e altamente carregado filosoficamente, e "frase", termo gramatical que se acomoda muito mais facilmente a usos cotidianos. Essa dificuldade está profundamente associada à natureza do livro e a particularidades da filosofia wittgensteiniana como um todo. Por um lado, o *Sobre a certeza* é um livro de lógica, e Wittgenstein, um lógico. Por outro lado, um dos mais importantes traços do método wittgensteiniano (de reflexão sobre a lógica e a linguagem) é o exame dos usos ordinários de nossas expressões linguísticas. Essa oscilação entre a reflexão abstrata (e, em alguma medida, técnica) e a atenção aos usos cotidianos da linguagem se manifesta claramente nos diferentes usos de *Satz*. Isso pode passar despercebido para o leitor em alemão. Mas o tradutor para a língua portuguesa precisa fazer escolhas, as quais se revelam ainda mais sensíveis nos casos em que Wittgenstein faz considerações lógicas a respeito de usos cotidianos — algo que compõe parte significativa do livro. Na nossa tradução, buscamos produzir critérios objetivos para essas escolhas, mas sempre admitindo alguma flexibilidade, a depender de contextos específicos. Adotamos "proposição", em primeiro lugar, para contextos de reflexão mais marcadamente lógica. Exemplos disso são as "proposições de Moore" (e.g., "Aqui está uma mão") e os muitos empregos das locuções "proposição empírica" e "proposição gramatical" (o que justifica a total ausência, em nossa tradução, das locuções "frase empírica" ou "frase gramatical"). Em segundo lugar, usamos "proposição" para traduzir os usos

de *Satz* em que Wittgenstein discute o conteúdo ou valor de verdade de uma afirmação. Em contrapartida, adotamos "frase" para os usos mais coloquiais (e.g., §347-352), para os casos de autorreferência (e.g., §158, §216) e de referência a línguas vernáculas (e.g., §352: "Uma frase do português"), bem como para os casos de locuções sem valor de verdade (e.g., §384). Há ainda alguns casos em que o uso de "frase" foi adotado por contaminação de contexto, ou seja, casos em que o termo "proposição" talvez fosse a melhor escolha se sua ocorrência estivesse isolada, mas em que a discussão geral já havia determinado a adoção do termo menos técnico. Finalmente, como critério geral de escolha, buscamos fazer justiça à prosódia do português: é mais comum falar ou ouvir uma *frase*; é altamente incomum escutar ou escrever uma *proposição*.
formulação: 321
frase: 158, 216, 347, 349-50, 352, 370, 372, 384, 423, 425, 450-1, 465, 468, 554, 566, 587
proposição: 1, 4-5, 10, 13, 31, 33, 35-8, 43, 51-3, 57-8, 83-4, 86-8, 90, 93, 95-6, 98, 101, 109, 112, 136-7, 141, 145, 152-3, 155, 162-3, 167, 169, 178, 193, 198, 200, 202-4, 212-3, 225, 245, 258, 273-4, 290, 293, 295, 297, 308-9, 313, 318-21, 330, 340-1, 388-9, 393, 401-2, 412, 415-6, 420, 443, 447-8, 485, 494-5, 499, 534, 569, 574, 599, 608, 613, 622, 628, 634, 636, 638-40, 643, 651-8, 664, 669
adendo (para *Nachsatz*): 624
princípio (para *Grundsatz*): 87, 551
princípio (para *Lehrsatz*): 555

schließen / entnehmen / folgern / ziehen aus
  schließen
    concluir: 13, 21, 30, 84, 167, 287
    inferir: 431
    conclusão (*Schluss*): 297, 619
    inferência (para *Schluss*): 315
    inferência (para *das Schließen*): 135
  entnehmen
    concluir: 417, 431
    extrair: 130, 365
  folgern
    concluir: 654
    inferir: 30
  ziehen aus
    extrair: 397, 399, 668
  ver também ***folgen*** *e* ***beweisen***

Sicherheit / sicher / sicher sein
  ver ***Gewißheit***

sichern
  ver ***versichern***

Sinn / Bedeutung / Unsinn
  Valemo-nos, na tradução do *Sobre a certeza*, da distinção entre "sentido" e "significado" como correlata da distinção entre *Sinn* e *Bedeutung*, tornada clássica por Gottlob Frege. Não há exceções para essa escolha, como consignado a seguir.
  Já *Unsinn* (o antônimo de *Sinn*) apresenta dificuldades maiores. Como termo isolado, por um lado, denota um *contrassenso*, algo que não faz sentido; seu uso corrente na língua alemã, contudo, também sugere o sentido de "absurdo" — ou seja, não tanto no sentido lógico (aquilo que é desprovido de sentido), mas no sentido mais coloquial de "inimaginável" ou

"inaceitável". Além disso, usado isoladamente na interjeição *"Unsinn!"*, o termo pareceu-nos mais bem traduzido por frases completas do português: "Isso não faz sentido!" e "Que absurdo!". A partir desse último par de frases, aliás, é fácil compreender em que medida o tradutor de um livro de lógica moldado metodologicamente pelo exame da linguagem ordinária, como é o *Sobre a certeza*, precisa tomar decisões difíceis entre o sentido mais estritamente lógico e o mais coloquial. Essas decisões podem ser consultadas a seguir.

Sinn
sentido: 4, 8, 10, 56, 58, 90, 114, 152-3, 229, 295, 310, 347-8, 351, 371-2, 387-8, 390, 403, 413, 423, 425, 451, 456, 459, 461, 463, 466, 496, 587-8, 596, 598, 622, 625, 659, 669
dados sensíveis (para *Sinnesdaten*): 90, 426
fazer sentido ... (para *sinnvoll ...*): 2, 308
evidência sensorial (para *Evidenz der Sinne*): 281
estúpido (para *blödsinnig*): 662
falta de sentido (para *Sinnlosigkeit*): 627
não estar em juízo perfeito (para *nicht bei Sinnen sein*): 659
não fazer sentido (para *sinnlos sein*): 383, 629
sem sentido (para *sinnlos*): 469
sentidos (para *Sinne*): 34, 201, 447
significativamente (para *sinnvoll*): 76
ter sentido (para *sinnvoll sein*): 486
Bedeutung
significado: 10, 61-2, 64-5, 90, 126, 158, 310, 345, 347, 369, 383, 432, 456, 486, 522-3, 576, 601
significar (para *bedeuten*): 23, 36, 125, 283, 306, 308, 349, 379, 414, 506, 519, 545, 629
Unsinn (unsinnig, Wahnsinn)
absurdo: 197, 461, 500
algo sem sentido: 10, 35, 37
absurdo (para *absurd*): 460, 605
louco (para *wahnsinnig*): 420
loucura (para *Wahnsinn*): 281
"Isso não faz sentido!" (para a exclamação *Unsinn!*): 10
não fazer sentido (para *unsinnig sein*): 628
"Que absurdo!" (para a exclamação *Unsinn!*): 138, 495, 498
ser sem sentido (para *Unsinn sein*): 10, 412
tornar sem sentido (para *zum Unsinn machen*): 633
ver também *Gefühl*

sollen
ver *müssen*

Sprache / Deutsch
Traduzimos o termo *Sprache*, em geral, por "linguagem". É a tradução mais adequada para discussões na área de lógica (não à toa, temos "filosofia da linguagem"). Somente quando ele se refere a línguas vernáculas — o alemão, o português, o inglês — é que usamos "língua", como em "um manual de língua portuguesa" (§393). Outra questão relevante diz respeito ao uso do termo *Deutsch* para referir-se à língua alemã. Na maioria dos casos em que o termo aparece, Wittgenstein está citando e discutindo exemplos (de frases, expressões ou palavras) extraídos do alemão. É claro que, na tradução,

esses exemplos estão em português, de modo que nos pareceu preferível traduzir *Deutsch* por "português", para evitar a estranheza de uma formulação como "Esta cor se chama 'vermelho' em alemão". Contudo, o termo é traduzido por "alemão" quando Wittgenstein se refere à sua língua materna.

Sprache
  língua: 393, 526-8, 630
  linguagem: 31, 61, 63, 260, 350, 401, 443, 472, 475, 501, 522, 524, 536, 562, 572, 620, 632
  jogo de linguagem (para *Sprachspiel*): *passim*
Deutsch
  alemão: 70, 528
  português: 158, 345, 342, 393, 433, 486, 526, 527, 530, 531, 544, 624, 626

streiten / bekämpfen / bestreiten / widersprechen / widerstreiten
  streiten
    contestar: 279
    discutir: 655
    disputar: 273
    controverso (para *streitig*): 389
    controverso (para *umstritten*): 211
    discussão (para *Streit*): 655
  bekämpfen
    combater: 609-10, 612
    contestar: 520
  bestreiten
    contestar: 594, 649, 654
    (ser) indiscutível (para *Unbestreitbarkeit*): 655
  widersprechen
    contestar: 239
    contradizer: 132, 236, 364, 365, 614
    contrariar: 502, 504
    contradição (para *Widerspruch*): 392
  objeção (para *Widerspruch*): 587, 591
  estar em desacordo (para *im Widerspruch sein*): 238, 503
  incontroverso (para *unwidersprochen*): 587
  widerstreiten
    contrariar: 361
  ver também *übereinstimmen*

Tatbestand
  ver *Zustand*

Tatsache / Fakt / Faktum / Tat
  Tatsache
    fato: 63, 90, 114, 170, 191, 199, 203, 236, 306, 462, 519, 558, 584, 588, 616-8
    de fato (para *tatsächlich*): 676
    real (para *tatsächlich*): 111
  Fakt
    fato: 143, 159, 162, 232
  Faktum
    fato: 380
  Tat
    ato: 402
    fato: 342
  ver também *Wirklichkeit*

täuschen / betrügen / (sich) einbilden / hintergehen / trügen
  täuschen
    enganar: 212, 415-6, 497, 506-7
  betrügen
    ludibriar: 497
  (sich) einbilden
    estar iludido, imaginando que...: 642
    imaginar: 71, 442, 648, 671
    ilusão (para *Einbildung*): 643
  hintergehen
    trapacear: 345
  trügen
    iludir: 447
  ver também *(sich) beirren, falsch, (sich) irren* e *Täuschung*

Täuschung / Einbildung / Schwindel / Sinnestrug / Trug / Verblendung
É notável a ampla variedade de vocábulos disponíveis na língua alemã para aquilo que, em português, parece mais adequado referir por um único termo: "ilusão". Dada a importância filosófica desse conceito, tanto na tradição epistemológica moderna quanto no *Sobre a certeza*, reunimos aqui, para referência do leitor brasileiro, a variedade de termos alemães utilizados por Wittgenstein.
Täuschung
   ilusão: 19, 651
Einbildung
   ilusão: 642-3
Schwindel
   impostura: 163
Sinnestrug
   ilusão: 163
Trug
   ilusão: 361
Verblendung
   ilusão: 624
   ver também **(sich) beirren, falsch, Irrtum** e **täuschen**

übereinstimmen
   concordar: 595
   estar de acordo: 150, 191, 199, 203, 281, 555
   acordo (para *Übereinstimmung*): 199, 203, 281
   concordância (para *Übereinstimmung*): 203, 215
   ver também **streiten**

überlegen
   ver **denken**

(sich) überzeugen / bewähren / outros
   Uma das discussões centrais do *Sobre a certeza* diz respeito aos diversos mecanismos pelos quais podemos estabelecer as proposições como "verdadeiras", com diferentes graus de convicção. Pode-se ter uma boa ideia do conjunto de termos usados por Wittgenstein nesses contextos, bem como da tradução que adotamos para eles, consultando-se a presente entrada e as entradas ***bestätigen, beweisen*** e ***prüfen***.
   No âmbito dessa discussão, vale atentar ainda para a ambiguidade do termo principal da presente entrada: *sich überzeugen* por vezes se refere mais marcadamente ao *processo* que leva à convicção (caso em que a melhor tradução é "certificar-se"), e por vezes ao *resultado* desse processo (caso em que a melhor tradução é "convencer-se"). Desnecessário dizer que a distinção desses dois usos exige alguma interpretação da parte do tradutor.
(sich) überzeugen
   certificar-se: 3, 23, 46, 148, 476, 497, 590
   convencer(-se): 21, 30, 86, 91-2, 94, 104, 106, 133, 137, 194, 208, 243, 245-6, 255, 257, 289, 291, 294, 380, 382, 438, 441, 524, 573, 648, 671
   convicção (para *Überzeugung, Überzeugtheit*): 42, 91, 93, 102-3, 194, 210, 238, 248, 668
   convincente (para *überzeugend*): 350, 439, 563
bewähren
   certificar-se: 9
outros
   convincente (para *triftig*): 92, 107, 271, 609
   convicção (para *Bestimmtheit*): 242, 284, 425, 577
   ver também **bestätigen, beweisen** e ***prüfen***

unbedingt
  forçosamente: 223, 431
  incondicionalmente: 39, 196, 203, 251, 337, 604
  necessariamente: 236, 258, 403, 425
  condicionado (para *bedingt*): 617
  ver também **Not-**

unterrichten
  ver **lehren**

Untersuchung / Forschung
  Untersuchung
    exame: 459
    investigação: 37, 138, 342, 372, 374
    pesquisa: 84, 167
    examinar (para *untersuchen*): 459
    investigar (para *untersuchen*): 143, 151, 343, 353, 472, 519
  Forschung
    investigação: 670
    pesquisa: 162, 167, 211
    investigação (para *das Forschen*): 87-8
  ver também **betrachten**

Urteil / beurteilen / urteilen
  Urteil
    ato de julgar: 308
    juízo: 66, 124, 126, 129, 137, 140, 149-50, 419-20, 434, 490, 492, 494, 517, 519, 558, 614
    julgamento: 605-6
    opinião: 555
    estar em condições de fazer juízos (para *Urteilsfähig sein*): 645
    jogo de julgar (para *Urteilsspiel*): 131
  beurteilen
    julgar: 146, 150, 557, 598, 603
    julgamento (para *Beurteilung*): 613

urteilen
  julgar: 128-30, 132, 149-50, 156
  fazer juízos: 124, 232, 493, 615
  ver também **betrachten, meinen** e **Meinung**

Verbindung
  ver **Zusammenhang**

(sich) verhalten / (sich) benehmen
  (sich) verhalten
    comportar-se: 558
    relacionar-se: 67
    as coisas se passam assim / de certa maneira (para *es verhält sich so*): 84, 245, 289
    como as coisas se passam (para *wie es sich verhält*): 652
    comportamento (para *das Verhalten*): 668
    relação (para *Verhältnis*): 96, 111
    situação (para *Sachverhalt*): 146
  (sich) benehmen
    comportar-se: 615
    comportamento (para *das Benehmen*): 354
  ver também **(sich) beziehen** e **Zusammenhang**

(sich) verlassen / Getrost / glaubwürdig / (ver)trauen
  (sich) verlassen
    confiar: 34, 176, 201-2, 217, 433, 491, 508-9, 515, 561, 563, 571, 603, 620
    confiabilidade (para *Verläßlichkeit*): 46, 445
    confiável (para *verläßlich*): 444
    confiável (para *zuverlässig*): 39, 48, 524, 575, 632
  Getrost
    confiante: 402
  glaubwürdig
    confiável: 23, 143
    a pessoa confiável (para *der Glaubwürdige*): 21-3, 137

não confiável (para *unglaubwürdig*): 143
(ver)trauen
  confiar: 125, 133, 150, 302-3, 337, 434, 599, 600, 668, 671-2
  confiança (para *Vertrauen*): 170, 172, 275, 603
  desconfiança (para *Mißtrauen*): 321-3
  desconfiar (para *mißtrauen*): 604

vermuten
  ver **annehmen**

Vernunft
  pessoa dotada de razão (para *der Vernunftbegabte*): 325
  irracional (para *Unvernunft sein*): 325
  razoável (para *vernünftig*): 19, 108, 219, 252, 254, 261, 323-7, 334, 336, 452-4, 556-7, 559
  ver também **Grund**

versichern / sichern / vergewissern
  versichern
    assegurar: 113, 389-90, 424, 426, 428, 438, 441, 520, 554, 578, 581
    asseverar: 137
    asseveração (para *Versicherung*): 15, 21, 23, 37, 137, 431, 441, 620
  sichern
    assegurar: 594
  vergewissern
    assegurar: 125
  ver também **Gewißheit**

Versicherung
  ver **Aussage**

versprechen
  ver **(sich) irren**

verstehen / auffassen
  verstehen
    compreender: 24, 81, 290, 515
    entender: 32, 36, 154, 157, 231, 345, 347, 356, 412, 460, 465, 481, 519, 526, 648, 669
    compreender mal (para *mißverstehen*): 447
    entender mal (para *mißverstehen*): 648
    compreensão (para *Verständnis*): 80, 376, 418, 563
    compreensível (para *verständlich*): 513
    evidente (para *selbstverständlich*): 167, 617
    óbvio (para *selbstverständlich*): 568
    incompreensível (para *unverständlich*): 10
    mal-entendido (para *Mißverständnis*): 393, 599
    obviedade (para *Selbstverständlichkeit*): 10, 87
  auffassen
    compreender: 4
    conceber: 57-8, 359
    considerar: 250
    ver também **Begriff**

verwenden
  ver **gebrauchen**

voraussetzen
  ver **annehmen**

Vorgang
  procedimento: 654
  processo: 38, 90, 230, 671

vorstellen / (sich) denken / (sich) einbilden
  vorstellen
    imaginar: 4, 10, 18, 35, 63, 67, 93, 96, 182, 203, 247, 261-2, 301, 332, 412, 423, 460, 562, 595, 609, 622, 643
    ideia (para *Vorstellung*): 17, 182

representação (para
Vorstellung): 90, 671
(sich) denken
(uso retórico) **imaginar:** 8, 237,
264, 311, 314, 332, 338-9, 391, 431,
453, 485, 500, 518
(sich) einbilden
estar iludido, imaginando que...:
642
imaginar: 71, 442, 648, 671
ilusão (para *Einbildung*): 643
ver também **denken, meinen** e
Vorstellung

Vorstellung / Idee
Acontece com o termo *Vorstellung*
o mesmo que com o termo *Bild*
(ver verbete anterior): de uma
posição de grande destaque nas
Investigações filosóficas, associada
às amplas discussões acerca do
vocabulário da psicologia (em
particular acerca do suposto papel
que "entidades mentais" poderiam
desempenhar no uso da linguagem),
ele quase desaparece no *Sobre a
certeza*. Entre os dois termos,
porém, há uma diferença que vale a
pena notar. A tradução de *Bild*
como "imagem" pôde ser mantida,
com grande consistência, de uma
obra para a outra. Já a tradução
de *Vorstellung* como "imaginação",
adotada nas *Investigações* por suas
conexões com *Bild* no contexto das
já mencionadas discussões, não
era aqui a mais recomendada.
Vorstellung
ideia: 17, 182
representação: 90, 671
Idee
ideia: 138, 215, 264
ver também ***Begriff, Bild,
darstellen*** e ***vorstellen***

weisen auf
ver ***zeigen***

widersprechen / widerstreiten
ver ***streiten***

Wirklichkeit / Realität
Wirklichkeit
realidade: 66, 191, 215, 595, 643
Realität
realidade: 595
ver também ***Tatsache***

***Wissen / Erkenntnis / Kenntnis /*
outros**
A língua alemã dispõe de uma classe
bastante ampla de conceitos
associados aos verbos portugueses
"conhecer" e "saber" — os quais
constituem um dos principais eixos
temáticos do *Sobre a certeza*
(em seu primeiro prefácio, não
publicado, os editores se referem
ao material que compõe o livro
como observações "Sobre
conhecimento e certeza" [*über
Wissen und Sicherheit*]).
Em nossa tradução, buscamos
associar os termos alemães com
raiz em *kennen* a "conhecer"
e "conhecimento", e o verbo
wissen (bem como sua versão
substantivada) a "saber". Ocorre
que esse par de conceitos
(conhecer/saber) não comporta
uma distinção de sentido forte
o bastante para justificar a
invariabilidade dessa escolha. No
caso particular do termo *wissen*, o
contexto filosófico e as exigências
prosódicas exigiram uma frequente
flutuação entre "saber" e
"conhecer"/"conhecimento". Os
casos paradigmáticos dessas
dificuldades estão ligados a certo

procedimento usual da reflexão de Wittgenstein: ele parte de uma frase do tipo "Eu sei que ..." [*Ich weiß, daß* ...] para em seguida tematizá-la do ponto de vista lógico-gramatical, transitando do particular ao geral. Mas cabe então a pergunta: quando se alcançam as considerações gerais a partir de *Ich weiß*, trata-se do *saber* [*das Wissen*] de que algo é assim e assim ou do *conhecimento* [*das Wissen*] de que algo é assim e assim? O leitor encontrará, na listagem a seguir, um catálogo de nossas escolhas de tradução. O critério usado aqui foi, grosso modo, o seguinte: usar o substantivo "saber" apenas quando a relação entre o verbo conjugado ("eu sei") e o verbo substantivado (o "saber") é uma exigência para a compreensão da passagem; e usar "conhecimento" em todos os demais casos, em que essa conexão não é essencial. Um dos pressupostos dessa variação é o fato de que a locução "o saber" soa quase sempre artificial em português. Mais que isso, essa artificialidade é indicativa de algo importante: ela corresponde ao típico expediente filosófico rejeitado por Wittgenstein, pelo qual tornamos abstrato e geral aquilo que deveria ser examinado em sua concretude e particularidade.

Vale notar, ainda, que os termos associados a *kennen* assumem uma variedade bastante ampla de sentidos, situação que oferece dificuldades ao tradutor. O leitor terá uma ideia clara disso ao comparar com algo semelhante na língua portuguesa: "conhecer" e "reconhecer" são termos evidentemente associados, mas têm usos e sentidos muito diferentes. Essa situação faz com que, a depender do contexto, verbos alemães muito próximos uns dos outros sejam traduzidos às vezes por "conhecer", às vezes por "reconhecer", às vezes por "aceitar". (Para entender o parentesco entre o último par de palavras, que o leitor pense nos contextos em que as expressões "Eu reconheço isso" e "Eu aceito isso" são semanticamente próximas.)

Wissen
   conhecimento: 20, 38, 74, 90, 230, 286, 409-10, 419
   corpo de conhecimento (para *Wissenskörper*): 288
   saber (subst.) 42, 111, 121, 245, 308, 356, 362, 364, 378, 415, 431-2, 436, 477, 484, 511, 534, 538-9, 560, 565, 567, 589-90
   saber (verbo): *passim*

Erkenntnis
   conhecimento: 275, 361, 365, 380, 479
   conhecer (para *erkennen*): 423, 428
   reconhecer (para *erkennen*): 27, 108, 110, 387, 425, 446, 481, 589, 601, 607
   reconhecer (para *wiedererkennen*): 355, 455
   reconhecimento (para *das Erkennen*): 590
   tornar manifesto (para *zu erkennen geben*): 588

Kenntnis
   conhecimento: 85
   conhecer (para *kennen*): 18, 21, 158, 240, 355, 441, 483, 530, 546, 613, 625

desconhecer (para *nicht kennen*): 360
anerkennen
  aceitar: 360, 368
  reconhecer: 493
  reconhecido (para *anerkannt*): 551
  aceitação (para *Anerkennung*): 378
(sich) auskennen
  entender bem dessas coisas: 187
  orientar-se: 434
  orientar-se em meio às coisas (para das *Sichauskennen*): 355
bekannt
  conhecido: 66, 336, 350, 424, 462, 582, 584, 624
  reconhecer (para *jdm. bekannt sein*): 272
  desconhecido (para *nicht bekannt*): 106
  desconhecido (para *unbekannt*): 613, 624, 662
kennenlernen
  aprender a conhecer: 129
  ser apresentado: 45

Wort
  expressão (usualmente para o plural *Worte*): 6, 10, 58, 127, 348, 412, 427, 460, 465, 483, 498, 524, 531, 533, 575, 588, 621
  palavra: *passim*

(sich) wundern / erstaunt / verblüffen
  (sich) wundern
    espantar-se: 331, 350, 430, 448, 523
  erstaunt
    perplexo: 448, 469, 613
    espantoso (para *erstaunlich*): 622, 648
  verblüffen
    deixar alguém pasmo: 425
  ficar pasmo (para *Verbluffung eintreten*): 355
  ver também **(sich) beirren**

zählen / Anzahl / aufzählen / Nummer
  zählen
    contar: 564
    contagem (para *Zählen*): 564
    errar na contagem (para *verzählen*): 447
    incontável (para *unzählig*): 371, 374, 443, 558, 568
    inúmero (para *unzählig*): 70, 594, 650
    sem-número (para *Unzahl*): 273
  Anzahl
    número: 564
  aufzählen
    enumerar: 6, 136-7, 488, 674
  Nummer
    número: 70
  ver também **rechnen**

Zeichen
  símbolo: 443
  sinal: 10, 67, 154, 575

zeigen / aufzeigen / vorzeigen
  zeigen
    indicar: 496
    mostrar: 6, 7, 19, 29, 37, 66, 90, 120, 145, 203, 285, 286, 362, 370, 392, 395, 397, 399, 426-8, 430-1, 433-4, 441, 450, 460-1, 524, 569, 577, 587, 599, 618, 627, 648
    mostrar (para *herzeigen*): 351
    transparecer (para *sich zeigen lassen*): 243
  aufzeigen
    exibir: 580
  vorzeigen
    exibir: 450
  ver também **beweisen, (sich) herausstellen** e **zeigen auf**

zeigen auf / angeben / anzeigen / bezeichnen / deuten auf / einzeichnen / hindeuten / hinweisen / kennzeichnen / überweisen / weisen auf
  zeigen auf
    apontar: 17, 145, 467
  angeben
    indicar: 27, 76, 386, 638
  anzeigen
    indicar: 443, 445, 575
  bezeichnen
    indicar: 48
    designar: 191
    designação (para *Bezeichnung*): 630
  deuten auf
    apontar: 54, 544, 598
  einzeichnen
    indicar: 350
  hindeuten
    indicar: 190, 203
  hinweisen
    indicar: 20
    explicação ostensiva (para *hinweisende Erklärung*): 477
  kennzeichnen
    caracterizar: 631
    indicar: 145
  überweisen
    indicar: 66
  weisen auf
    apontar: 28
  ver também **zeigen**

Ziel
  ver **Zweck**

zugrunde liegen
  ver **Grund**

Zusammenhang / Verbindung
  Zusammenhang
    conexão: 140
    contexto: 237, 348-50, 465, 469, 533, 554
    conectar-se (para *zusammenhängen*): 117, 279, 311-3, 392
    estar associado (para *zusammenhängen*): 47
    estar relacionado (para *zusammenhängen*): 676
    interdependente (para *zusammenhängend*): 274
  Verbindung
    conexão: 432, 594-5
    contexto: 622
  ver também **(sich) beziehen** e **(sich) verhalten**

Zustand / Tatbestand
  Zustand
    estado: 6, 30, 38, 42, 102, 214, 230, 475, 531-3, 588-90
    estado anímico (para *Seelenzustand*): 42, 308, 356
  Tatbestand
    estado de coisas: 12, 30
  ver **Geist**

Zweck / Ziel
  Zweck
    fim: 284
    propósito: 49, 367, 575, 669
  Ziel
    alvo: 387, 406
    objetivo: 76

zweifeln / anzweifeln / bezweifeln
  duvidar: *passim* (ver índice remissivo em português)
  dúvida (para *Zweifel*): *passim* (idem)

Índice remissivo

Este índice remete apenas ao texto principal (não às variantes indicadas em nota).
Os números remetem a parágrafos, não a páginas.
Indicamos, entre parênteses, qual termo alemão é traduzido pela entrada em português.
(↓) indica que a especificação do termo alemão aparece na subentrada correspondente.
(-) indica que não há palavra correspondente no original alemão.

absurdo (*Unsinn*): 138, 197, 460 (*absurd*), 461, 495, 498, 500, 605 (*absurd*)
ação (*Handlung, das Handeln*): 87, 229, 284, 287, 409, 411, 428, 431, 603, 606, 608, 651
ver **agir**
acordo (↓): 150, 191, 199, 203, 238, 281, 360, 434, 481, 503, 555
  a. (*Übereinstimmung*): 199, 203, 281
  agir de a. com (*gemäß handeln*): 360
  de a. com a experiência (*erfahrungsgemäß*): 434
  estar de a. (*übereinstimmen*): 150, 191, 199, 203, 281, 555
  estar de a. com o combinado (*ausgemacht sein*): 481
  estar em desac.: 238 (*widersprechen* e *im Widerspruch sein*), 503 (*in Widerspruch sein*)
  ver **concordar, contestar, contradizer, desacordo** e **objeção**
acreditar (*glauben*): 12, 21-3, 42, 70, 75, 84-5, 89, 91-3, 102, 106, 108, 134, 137, 141, 144, 160, 163, 170-1, 173, 177, 179-80, 195, 218, 234, 239, 241-3, 247, 252, 262-3, 265, 275-7, 279, 281-2, 284-6, 288-91, 308, 313, 322-5, 326-7, 330, 333, 336-7, 339-40, 364, 366-7, 373, 381, 415, 424-5, 428, 478, 483, 485-6, 488-92, 500, 506, 520, 526, 550, 556, 564, 571, 588, 597, 599-600, 602, 645, 659, 667, 671, 675
ver **crédito, confiar, credulidade** e **crer**
adulto (*Erwachsener*): 85, 106, 160, 570
agir (*handeln*): 110, 144, 148, 174, 196, 204, 232, 251, 254, 255, 284, 307,

331, 360, 363, 368, 395, 414, 428
ver **ação**
alemão (*Deutsch*): 70, 528
ver **português**
alicerce (*Grundmauer*): 248
alienista (*Irrenarzt*): 355
aluno (*Schüler*): 263, 310-1, 314-6, 322
ver **escola**
alvo (*Ziel*): 387, 406
ver **fim, objetivo** e **propósito**
anatomia (*Anatomie*): 240, 275, 621, 666
ancestrais (*Ahnen*): 234, 288
animal, animalesco (*Tier, animalisch*): 240, 284, 359, 475
anímico (*Seele-, seelisch*): *ver* **estado (anímico)**
aparência (*Schein*): 636
aprender, aprendizado (*lernen, das Lernen*): 28, 44-5, 47, 61 (*erlernen*), 95, 128-9, 133, 140, 143-4, 152, 159-61, 165, 167, 170-1, 176, 206, 240, 279, 283 (*erlernen*), 284, 286, 290, 297, 315, 329 (*erlernen*), 374, 434, 434, 450, 455, 472-3, 476, 480, 527, 530, 536, 538, 540, 548, 566, 581, 583, 589, 664
ver **criança**
arbitrário (*willkürlich*): 105
argumento (*Argument*): 105, 138, 383, 577, 599
aritmética, aritmético (*Arithmetik, arithmetisch*): 10, 375, 447-8
proposição a.: 10, 447-8
ver **calcular** e **matemática**
artístico (*künstlich*): 451
árvore (*Baum*), 234, 267, 282, 349-50, 352-3, 387, 389, 393, 424-5, 433, 443, 451-2, 463, 465, 467-8, 480-1, 483, 503, 513, 520, 532-3, 585, 591
"Eu sei que isto (isso) é uma a.": 349-50, 352-3, 387, 389, 393, 425, 433, 465, 467, 481, 585, 591
ver **mudas**

Ásia Menor (*Kleinasien*): 419
assegurar (*versichern, Versicherung*): 113, 125 (*vergewissern*), 389-90, 424, 426, 428, 438, 441, 520, 554, 578, 581, 594 (*sichern*)
ver **asseverar**
assentir (*bejahen*): 136
assertivo: *ver* **proposição (assertiva)**
asseverar, asseveração (*versichern, Versicherung*): 15, 21, 23, 37, 113, 137, 431, 441, 620
ver **assegurar**
atmosfera (*Atmosphäre*): 108
ato (*Tat*): 308 (↓), 402
a. de julgar (*das Urteilen*): 308
"No princípio era o a.": 402
aula (*unterrichten, Unterricht*): 316, 530
Austerlitz, batalha de: 183
ver **Napoleão**
Austrália: 159
automóvel (*Automobil*): 279
autoridade (*Autorität*): 161, 493, 578
avião (*Aeroplan*): 132
avós, bisavós (*Großeltern, Urgroßeltern*): 138, 159
axioma (*Axiom*): 142

Bálcãs (*Balkan*): 269
balsa (*Fähre*): 146
bandagens (*Decken*): 23
basear, base, básico (*gründen, Grund, Grund-*): 153 (*ruhen*), 163 e 170 (*beruhen*), 171-2, 204, 238, 240, 281, 335 e 341 (*beruhen*), 378, 385 e 446-7 (*beruhen*), 455 (*beruhen*), 473, 477 (*ruhen*), 519 (*beruhen*), 563, 599, 605 (*richten*)
ver **fundamentar** e **razão**
batalha (*Schlacht*): 66, 183
b. de Austerlitz: 183
berrar (*ausrufen*): 350
ver **gritar**

bíblico (*Bibel-*): 336
bisavós: *ver* **avós**
braço (*Arm*): 23, 41, 274, 417
brasileiro (*deutsch*): 527
brincadeira (*Scherz*): 106
bronca, dar uma (*zurechtweisen*): 495
Bulgária (*Bulgarien*): 269

cabeça (*Kopf*): 274, 281, 350
calcular, cálculo (*berechnen, Rechen*): 26, 146, 652, 654
 ver **contagem, (fazer) contas, multiplicar** e **número**
caldeira (*Kessel*): 338
capacidade (*Vermögen*): 264, 355, 549 (↓)
 c. de voar (*Flugvermögen*): 264
 c. de pensar (*Denkkraft*) **do filósofo**: 549
capaz de, ser (*können*): 84, 108, 206, 264, 279, 283, 347, 350, 382 (*imstande sein*), 387, 412 (*imstande sein*), 480 (*fähig sein*), 534-5, 542-3, 547-8, 566, 586, 591-2
 ver **conseguir**
caracterizar, caráter,
 característico (*charakterisieren, Charakter, charakteristisch*): 149, 255, 318, 336 (↓), 494, 631 (*kennzeichnen*), 646, 649, 674 (*Charakteristik*)
 traço c. (*Merkmal*): 336
carta (*Brief*): 70, 337
carteira (*Tasche*): 387
casa (*Haus*): 70, 85, 233-4, 248, 398, 434, 483, 513
categoria (*Kategorie*): 308
católico (*Katholik*): 239
causa (*Ursache*): 74, 130, 429, 474, 513
 c. vs. fundamento: 74, 130, 429, 474

cegueira, cego (*Blindheit, der Blinde*): 125, 413, 418
censura (*Opprobrium*): 367
cérebro (*Gehirn*): 4, 118, 159, 207, 621
certamente (*gewiß*): 39, 145 (*sicher*), 191, 197, 203, 434, 487, 494 (*sicher*), 516, 582, 626, 671, 669 (*sicher*)
 c. verdadeiro: 145, 191, 197, 203
certeza (*Gewißheit, Sicherheit*): 7-8, 30, 47, 56, 66-7, 77, 90, 114-5, 126, 134, 155, 157, 174, 176, 185, 194, 217, **245**, 264, 269-70, 273, 275, 279, 281, 286, 298, 308, 337-8, 340, 357-8, 360, 373, 381, 386-7, 404, 409, 413, **415**, 423, 425, 429-31, 444, 446, 448, 456-7, 459, 461, 481, 485, 490-1, 497, 511, 524, 526-8, 549, 553, 555, 563, 579, **591**-2, 599, 606, 613, 617, 629, 632, 638, 651, 654
 c. (*Gewißheit*): 30, 115, 174, 194, **245**, 270 e 273 (*gewiß*), 275, 340, 386, **415**, 423, 448 (↓), 481, 497, **591**, 613, 638, 654
 c. (*Sicherheit*): 47, 56, 66-7, 77, 134, 185, **245**, 264, 270, 279 (*sicher*), 308, 337, 357-8, 360, 404, **415**, 425, 429-30, 444, 446, 457, 459 (↓), 485, 511, 524, 563, 579, **591**-2, 599, 606 (↓), 617, 629 (↓), 632, 651
 c. absoluta (*absolut gewiß*): 404, 425, 448
 c. apaziguada (*vs.* **c. em luta**): 357
 c. da memória: 66
 c. matemática: 651, 654
 c. objetiva: 270, 273
 c. subjetiva: 194, 245, 415, 563
 c. transcendente: 47
 c. vs. saber: 511
 estado (subjetivo) **de c.**: 30
 grau de c.: 66, 386, 415
incerteza (*Unsicherheit*): 606, 632, 651

---

* Em negrito, parágrafos em que "certeza" traduz tanto "*Sicherheit*" quanto "*Gewißheit*".

sentimento de c.: 524
valor de c. (*Gewißheitswert*): 638
ter c. (*gewiß sein*): 114, 126, 155 (*für g. erklärt*), 245, 269, 273, 298
ter c. (*sicher sein*): 7-8, 66, 90, 157, 176, 217, 269, 279 (*für s. halten*), 281, 286, 308, 338, 373, 381, 387, 409, 413, 415, 429, 431, 446, 456, 461, 490-1, 524, 526-8, 549, 553, 555, 563
ver **assegurar, asseverar, certo, confiável, incerteza** e **segurança**
certo [certeza] (*gewiß, sicher*): 81, 108, 183-5, 193-4, 217, 245, 273, 279, 463, 599, 632, 648, 654
 c. (*gewiß*): 108, 193-4, 245, 273, 463, 599, 648
  objetivamente c.: 194, 273
 c. (*sicher*): 81, 183-5, 217, 279, 632, 654
  inc. / não c. (*uns.*): 81, 217, 632
certo [correto] (*recht*): 30 (↓), 315, 397, 431, 513, 520, 610
 c.mente: 431
 estar c. (*recht haben*): 397, 513, 520, 610
 estar c. (*stimmen*): 30
certificar-se (*sich überzeugen*): 3, 9 (*bewähren*), 23, 46, 148, 476, 497, 590
ceticismo, cético (*Skepsis, skeptisch*): 37, 524
chaleira (*Kessel*): 613
checar, checagem (*prüfen, Prüfung*): 50, 66, 77 (*Nachprüfung*), 79-80, 82, 98, 105, 109-10, 125, 136, 162-4, 212 (*kontrollieren*), 349, 355, 356 (*Überprüfung*), 485 e 524 (*überprüfen*), 574
 c. suficiente (*ausreichend*): 82, 110
ver **conferir** e **verificar**
China, chinês: (*China, chinesisch*): 10, 70, 333
chover (*regnen*): 92, 132, 676

acreditar poder fazer c. (*Regen machen*): 92, 132
ciência, científico (*Wissenschaft, wissenschaftlich*): 97, 169-70, 236-7, 259, 298, 324, 342, 468
cifras (*Ziffern*): 337
círculo, mover-se em (*im Kreise bewegen*): 191, 203
cogente (*zwingend*): 243, 265-6, 270
 razões c.: 243, 265-6, 270
coincidência (*Zufall*): 207
combater (*bekämpfen*): 609, 610, 612
ver **contestar** e **lutar**
combustão (*Verbrennung*): 167
começo (*Anfang*): 182, 471
ver **partida, ponto de** e **princípio**
comportar-se, comportamento (*sich verhalten, Verhalten*): 354 (*das Benehmen*), 427 (*Gebaren*), 558, 615 (*sich benehmen*), 668
compreender, compreensão, compreensível (*verstehen, Verständnis, verständlich*): 4 (*auffassen*), 10, 24, 80-1, 290, 375, 418, 447 (↓), 513, 515, 563
ver **entender, reconhecer** e **saber**
comunicação, meio de (*Verständigungsmittel*): 475
comprovar (*beweisen*): 20, 336 (*erwiesenermaßen*)
comum (*gewöhnlich*): 339, 638
ver **usual**
comunicar (*mitteilen*): 84, 170 (*übermitteln*), 424-5, 584, 668
ver **informar**
comunidade (*Gemeinschaft*): 298
concebível (*denkbar*): 54, 282, 558, 616, 625
 inconcebível (*undenkbar*): 616, 625
conceito, conceitual (*Begriff, begrifflich*): 8, 21, 36, 42, 47, 51, 62, 65, 85, 138, 320, 393, 536-7, 560, 562

determinação c.
(*Begriffsbestimmung*): 138
concepção (*Anschauung*): 92, 291
concluir, conclusão (*schließen, Schluss*): 13, 21, 30, 84, 142 (*Folge*), 167, 287, 417 e 431 (*entnehmen*), 654 (*folgern*), 654 (*Folgerung*)
ver **consequência, derivar, extrair, inferir** e **seguir(-se)**
concordar, concordância (*übereinstimmen, Übereinstimmung*): 203, 215, 595
  c. com a realidade: 215, 595
  ver **acordo**
conduzir (*führen*): 413
  c. a mão de um cego: 413
conferir (*prüfen*): 77 (↓), 444, 650 (↓)
  c. (a conta) (*nachrechnen*): 77, 650
  ver **checar** e **verificar**
confiabilidade (*Verläßlichkeit*): 46, 445
confiar, confiança ((*ver*)*trauen, Vertrauen*): 34 (↓), 125, 133, 150, 170, 172, 176 (↓), 201-2 (↓), 217 (↓), 275, 302-3, 337, 433 (↓), 434, 491 (↓), 508-9 (↓), 515 (↓), 561 (↓), 563 (↓), 571 (↓), 599-600, 603, 603 (↓), 620 (↓), 668, 671-2
  c. (*verlassen*): 34, 176, 201-2, 217, 433, 491, 508-9, 515, 563, 571, 603, 620
  ver **desconfiar**
confiável (*zuverlässig*): 21-3 (↓), 39, 48, 137 e 143 (↓), 444 (*verläßlich*), 524, 564 (*sicher*), 575, 632
  pessoa c. (*der Glaubwürdige*): 21-3, 137, 143
confirmar, confirmação (*bestätigen, Bestätigung*): 60, 161-2, 241, 288, 355, 421, 632
  c. pela experiência: 60, 161
confundir, confusão, confuso (*irremachen, Verwirrung, verwirrt*): 304, 498, 625-6

congelar (*gefrieren*): 338, 558, 613
conhecer (*kennen*): 18, 21, 129, 158, 240, 355, 360 (↓), 423 e 428 (*erkennen*), 441, 483, 530, 546, 613, 625
  desc. (*nicht kennen*): 360
  ver **compreender, entender, reconhecer** e **saber**
conhecido (*bekannt*): 66, 106 (↓), 336, 350, 424, 462, 582, 584, 613 (↓), 624, 662 (↓)
  desc. (*nicht bekannt / unbekannt*): 106, 613, 662
conhecimento (*das Wissen*): 20, 38, 74, 85 (*Kenntnis*), 90, 230, 275 (*Erkenntnis*), 286, 288, 361 e 365 (*Erkenntnis*), 380 (*Erkenntnis*), 409-10, 419, 479 (*Erkenntnis*)
  ver **saber** [subst.]
consciência, consciente (*Bewußtsein*): 90, 102 (↓), 103, 417, 552, 676
  inc. (*bewußtlos*): 102
conseguir (*können*): 108 (-), 154, 423, 581
  ver **capaz**
consequência (*Konsequenz*): 57, 66, 143 (*Folgerung*), 363 (*Folge*), 397, 399, 409, 437 e 450 (*Folge*), 524 (*Eintrag*), 668 (*Folge*)
  c. prática: 450, 524, 668
  ver **concluir, derivar, extrair, inferir** e **seguir(-se)**
constatar, constatação (*feststellen, Feststellung*): 30, 401, 501 (*Konstatierung*)
  ver **determinar**
construir, construção (*bauen, Bau*): 36 (*bilden*), 56 (*konstruiert*), 85, 88 (*einstellen*), 396, 483, 564, 566
  materiais de c.: 396, 564, 566
consultar (*befragen*): 170 (*nachsehen*), 339 (*nachsuchen*), 444 (*nachschauen*), 453, 519 (*nachschlagen*), 609

contagem (*das Zählen*): 447 (↓), 564
errar na c. (*verzählen*): 447
ver **calcular, contagem, (fazer) contas e número**
contar (*erzählen*): 106, 143, 554, 648
(fazer) contas, conta (*rechnen, Rechnung*): 25, 30, 34, 39, 43-50, 55, 77, 212, 217, 303, 337, 419, 447, 563 (*zählen*), 654, 656
errar na c. (*verrechnen*): 43-4, 55, 303, 447, 650 (*Rechnungsfehler*)
essência do fazer c.: 45
ver **calcular, contagem e número**
contestar (*bestreiten*): 239 (*widersprechen*), 279, 520 (*bekämpfen*), 594, 649, 654, 655 (↓)
incontestabilidade (*Unbestreitbarkeit*): 655
contexto (*Zusammenhang*): 237, 237 (*Umgebung*), 348-50, 465, 469, 533, 554, 622 (*Verbindung*)
fora de c.: 349-50, 465, 469, 533, 554
contradizer, contradição (*widersprechen, Widerspruch*): 132, 236, 364-5, 392, 595, 614
ver **acordo, concordar, desacordo e objeção**
contrariar (*widersprechen*): 361 (*widerstreiten*), 502, 504, 636 (*gegen etw. sprechen*)
controverso: 211 (*umstritten*), 389 (*streitig*), 587 (↓)
inc. (*unwidersprochen*): 587
convencer (*überzeugen*): 21, 30, 86 (*der Überzeugung sein*), 91-2, 94, 104, 106, 133, 137, 194, 208, 243, 245-6, 255, 257, 289, 291, 294, 380, 382, 438, 441, 524, 573, 648, 671
convicção (*Überzeugung*): 42 (*Überzeugtheit*), 91, 93, 102-3, 194, 210, 238, 242 (↓), 248, 284 e 425 (↓), 577 (↓), 668
com c. (*mit Bestimmtheit*): 242, 284, 425, 577

convincente (*triftig*): 92, 107, 271, 350-439-563 (*überzeugend*), 609
fundamento / razão c.: 92, 107, 271, 563, 609
converter, conversão (*bekehren, Bekehrung*): 92, 321 (↓), 612
c. (*umwandeln*) **proposição empírica em postulado**: 321
cor (*Farbe*): 36, 53, 57, 126, 150, 214, 340, 345, 481, 522, 524-8, 530-1, 542, 544-8, 566, 624-6
azul (*blau*): 126, 150, 522, 545, 547
branco (*weiß*): 522
cor de sangue: 340, 544
mancha de c.: 53, 481
nomes das c.: 345, 522, 525-8, 530-1, 542, 544-8, 566, 624
preto (*schwarz*): 522, 524
tons de c.: 546
verde (*grün*): 524, 624-6
vermelho (*rot*): 53, 57, 522, 524, 526-7, 530, 542, 547
violeta (*veilchen*): 450
ver **daltônico**
corpo (*Körper*): 85, 101, 152, 234, 244, 257-8, 281 (*Leib*), 288, 389, 603 (-)
c. (humano): 101, 244, 257-8, 281, 389
Terra como um c.: 85, 152, 234, 288
correção (*Korrektur*): 300
correção (*Richtigkeit*): 92, 94
correto (*richtig*): 18, 37, 39, 41, 74-5, 91-2, 98, 118, 130, 179, 188, 201, 232, 245 e 315 (*recht haben*), 370, 425, 429, 434, 483, 498, 500, 526, 531, 533, 535, 621-3, 629, 648 (*recht*), 650, 656, 664
ver **incorreto e certo**
corriqueiro (*alltäglich*): 553
corroborar, corroboração (*bekräftigen, Bekräftigung*): 203, 210
ver **fortalecer**
cotidiano (*alltäglich, Alltag-*): 347,

406 (gewöhnlich), 620, 638
ver **normal, ordinário** e **usual**
crânio (Schädel): 4, 118, 207
crédito (↓): 134, 643-4
   digno de c. (gut beglaubigt): 134
   ficar sem c. (diskrediert werden): 644
   tirar o c. (diskredieren): 643
   ver **acreditar, credulidade** e **crer**
credulidade, crédulo (Leichtgläubigkeit, gläubig): 159, 235
crença (Glaube): 72, 89, 92, 106-7, 144, 159-60, 166, 173, 175, 209, 236, 240, 245-6, 251, 253, 284, 312, 331, 360, 459, 492, 516
crer, crível (glauben, glaubhaft): 6, 90, 159, 239 (↓), 275 (↓), 279 (↓), 320, 355, 375, 387, 673
   c. (Glauben schenken): 239, 275, 279
   ver **acreditar**
criança (Kind): 106-7, 128, 143-4, 159-60, 165, 167, 182, 233, 283, 290, 374, 450, 472, 476-8, 480, 522, 527, 529, 534-6, 538, 543, 545, 547-8, 566, 581
   ver **aprender**
criação (Schöpfung), **relato bíblico da**: 336
cultura (Kultur): 132
curativos (Verbänden): 23

daltônico (farbenblind): 526
   ver **cor**
decidir, decisão (entscheiden, Entscheidung): 49, 125, 146, 198, 200, 230, 271, 362, 368, 516, 641
   ver **escolher**
dedos: 157 (Finger), 429-30 (Zehen)
definir, definição (definieren, Definition): 168, 497
deliberadamente (absichtlich): 279, 614
demonstração (Dartun): 243

demonstrar (erweisen): 14-5, 59 (beweisen), 92, 488
derivar: 1 (herleiten), 42 (kommen)
desacordo (Widerspruch): 238, 503
   ver **contradizer** e **objeção**
desaparecer (verschwinden): 85 (vergehen), 101, 134, 153, 214, 234
   corpos (em geral) d.: 85, 101, 134, 153, 214, 234
descobrir, descoberta (entdecken, Entdeckung): 20, 32, 134 (finden), 238 (herausfinden), 301, 558 (finden), 603 (herausfinden), 650, 658 (herausfinden)
   d. um erro: 301, 558, 650
desconfiar, desconfiança (mißtrauen, Mißtrauen): 321-3, 604
   ver **confiar**
desconhecer, desconhecido (nicht kennen, unbekannt, nicht bekannt): 106, 360, 613, 624, 662
descrever, descrição (beschreiben, Beschreibung): 12, 27, 46, 51, 56, 82, 95, 102, 162, 167, 189, 255, 501, 531, 533, 542, 598-9, 628, 666, 671
desejar (wollen): 79, 469 (wünschen), 485
designar, designação (bezeichnen, Bezeichnung): 191, 630
desorientado, ficar (irre werden): 421
desinteressante: ver **interessante**
desmentir (Lügen strafen): 292
desterrar (hinausziehen): 370
determinar, determinação (bestimmen, Bestimmung): 5, 28, 60, 138, 152, 198, 348, 451, 476, 564 (Konstatierung)
   ver **constatar** e **especificação**
Deus (Gott): 107, 361, 436, 554
dinheiro (Geld): 387
direito (Recht): 24, 202, 212, 350, 520, 549, 662-3
discurso (Rede): 229

discutir, discussão (*streiten, Streit*):
655, 655 (↓)
indiscutível (*unbestreitbar*): 655
disposição (*Einstellung*): 89
disputar (*streiten*): 273
distinguir, distinção
(*Unterscheidung, Unterschied*):
48, 94, 97, 245, 338, 563, 598, 641,
659
ver **diferenciar**
distração (*Übersehen*): 651
diferenciar, diferença
(*unterscheiden, Unterschied*): 8,
42 (*Verschiedenheit*), 73, 120, 195,
338, 406, 524, 613, 647, 651, 664,
673
ver **distinção**
dobradiça (*Angel*): 341, 343, 655
dor (*Schmerz*): 41, 178, 371, 389, 504,
555, 563
"Eu sei onde sinto d.": 41
Ter d. num lugar específico: 41,
371, 389
ele sabe (eu sei) que tem (tenho)
dor: 504, 555, 563
duto (*Leitung*): 96
duvidar, dúvida, duvidoso
(*anzweifeln, bezweifeln, zweifeln,
Zweifel, zweifelhaft*): 2, 4, 10, 19-21,
24, 56, 58, 87-8, 92, 105, 115, 117,
120-3, 125-7, 147, 150-1, 154, 160,
178, 185, 188, 194, 196, 219-223,
231-2, 234, 247, 249, 255, 257,
259, 261, 274, 280-3, 288, 307-12,
315-7, 325, 329, 331, 334, 337-9,
341-2, 345-6, 354, 356, 360, 365,
369-72, 375, 387, 391-2, 394, 409,
414, 420, 425, 433, 450, 452-4, 456,
458, 460, 463, 470, 472, 480-1, 490,
492, 494-5, 497-8, 510, 516, 519,
522-5, 613, 625, 628-9, 643, 652-3,
666, 668-9
"A d. vem *depois* da crença": 160
d. científica *vs.* d. filosófica: 259
d. de tudo: 115, 234, 392, 450

d. prática: 19, 120, 342
d. razoável: 19, 261, 334, 452-4
d. é incompreensível: 10
impossibilidade da d.: 178, 219,
222, 308, 331, 345-6, 387, 391-2,
394, 463, 494
indubitabilidade
(*Zweifellosigkeit*): 370, 375
indubitável (*unzweifelhaft,
zweifellos*): 420, 470, 452, 490
jogo do d.: 115
justificativa da d.: 652
método do d.: 151
"(Minhas) d. constituem um
sistema": 126
papel lógico da d.: 308
razões/fundamento para d.: 4,
92, 122-3, 288, 458, 516
sentido da d.: 2, 56, 310, 629
subtrair à d.: 87, 341, 653, 666

edifício (*Gebäude*): 276
educação (*Erziehung*): 298
efeito (*Wirkung*): 134, 390 (↓)
não ter nenhum e. (*nichts
ausrichten*): 390
eixo (de rotação) ((*Rotations*)*achse*):
152
elemento, elementar (*Element,
elementar*): 105, 135 (*Glied*), 397,
410 (↓), 593, 599
eliminar (*ausmerzen*): 31, 33, 650
(*eliminieren*)
e. erros de cálculo: 650
e. proposições da linguagem
filosófica: 31, 33
empírico (*Erfahrungs-*): 35, 83, 96, 98,
109, 136, 167, 213, 273, 296 (↓), 306,
308-9, 319-320, 401-2, 494, 499,
519, 563, 569, 651
proposição e.: 35, 83, 96, 109, 136,
167, 213, 273, 308-9, 319, 321, 401-2,
494, 519 (juízo e.), 569, 651
ver **experiência**
empregado (*Beamte*): 64

enfatizar, ênfase (*betonen, Betonung*): 482, 591
   e. metafísica: 482
   ver **entonação** e **tom**
enfeitiçado: 31 (*gebannt*), 435 (*behext*)
enganar (*täuschen*): 212, 415-6, 497, 506-7
   ver **trapacear** e **ludibriar**
enigmático (*rätselhaft*): 349
enrijecer, enrijecido (*erstarrt*): 96
   ver **rígido**
ensinar (*lehren*): 34 (*beibringen*), 51, 107 (*beibringen*), 113, 130, 134, 140 (*beibringen*), 153, 233 e 262 (*beibringen*), 262 (*belehren*), 274, 282, 283 (*beibringen*), 315, 361, 374, 429, 434, 449, 472, 477 (*beibringen*), 555, 578, 603
entender (*verstehen*): 32, 36, 154, 157, 187, 231, 345, 347, 356, 412, 460, 465, 481, 519, 526, 648, 669
   ver **compreender, mal-entendido, reconhecer** e **saber**
entonação (*Intonation*): 587
   ver **ênfase** e **tom**
enumerar (*aufzählen*): 6, 136-7, 488, 674
   Moore e. o que sabe: 6, 136-7
enunciado (*Aussage*): 21
equipamento (*Apparat*): 163, 337
equivaler (*darauf hinauskommen*): 16, 43, 492 e 598 (*gleichkommen*)
equivocado (*falsch*): 37 (*fehlgegangen*), 178, 567, 608-9
equivocar-se (*fehlgehen*): 408, 420
errado (*falsch*): 25, 41, 249, 297, 355, 425, 496-7, 532 (*verlegen*), 534, 549, 623
   ver **falso**
errado, estar (*sich irren*): 8, 15, 22, 32, 54, 69-70, 98 (*unrecht haben*), 138, 173, 286 (*im Irrtum sein*), 302, 304, 397, 419, 520, 549 (*unrecht haben*), 558, 572, 574, 576, 596-8, 606, 610 (*unrecht haben*), 624, 628-31, 633-9, 641, 643, 645, 648, 651, 659-64, 667-9
   (não) pode e.: 8, 15, 22, 32, 138, 173, 419, 520, 572, 574, 596-8, 624, 629-31, 633-6, 638-9, 641, 643, 645, 648, 651, 659-64, 667-9
errar (*sich irren*): 25, 26, 43-4 e 55 (*verrechnen*), 67, 74, 155-6, 158, 195, 303 (*verrechnen*), 304, 425, 443, 447 (*verrechnen*), 606
   e. na conta/cálculo (*verrechnen*): 25, 43-4, 55, 303, 447
   (não) se pode e.: 25, 155, 158, 425, 606
erro (*Irrtum*): 15, 17, 21, 26, 28-9 (*Fehler*), 32, 42 (*fälschlich*), 51 (*Fehler*), 54, 66-7, 70-5, 79, 138, 194-6, 217 e 301 (*Fehler*), 367, 367 (*sich irren*), 397 e 405 (*Fehler*), 420, 443, 521 (*Fehler*), 558, 574, 640 (*Fehler*), 647, 650, 650 (*Fehler*), 659 (*sich irren*), 662-3, 671 e 673-6 (*sich irren*)
   cometer um e. (*im Irrtum sein*): 217, 367 e 659 (*sich irren*), 663, 671, 671 e 673-6 (*sich irren*)
   poder cometer um e. (*sich irren können*): 671-6
   (im)possibilidade de e.: 194, 650, 662, 671
   Que aparência teria um e.?: 17, 32, 51
escada (*Stiege*): 398, 431 (*Treppe*), 439
escola, escolar (*Schule, Schul-*): 46, 263, 599, 664
   livro e.: 263
   ver **aluno**
escolher: 84 (*wählen*), 317 (*aussuchen*)
   ver **decidir**
escora (*Widerhalt*): 657

escrever, escrito (*schreiben, Schrift-*): 10, 70, 216, 290, 337, 402, 473, 486, 675
esfera (*Kugel*): 146-7
ver **redondo** e **Terra**
espaço (*Raum*): 146
espantar-se (*sich wundern*): 331, 350, 430, 448, 523
espantoso (*erstaunlich*): 622, 648
especialista (*Fachmann*): 621
especificação (*Bestimmung*): 372
espécime (*Specimen*): 621
espírito, espiritual (*Geist, geistig, Geistes-*): 6, 89, 108, 601 (*Stimmung*)
   estado de e.: 6
   e. humano: 89
   ver **mente**
esquecer, esquecimento (*vergessen, das Vergessen*): 12, 47, 224, 227-8, 651
   impossível e.: 224, 227
esquilo (*Eichhörnchen*): 287
essência, essencial (*Wesen, wesentlich*): 3, 45, 105, 146, 149, 188, 195, 239, 370, 457, 524, 599, 637
   e. do jogo de linguagem: 3, 370, 457, 524, 599
estabelecido, estar firmemente (*feststehen*): 48-9, 111-2, 116, 125, 144, 151-2, 210, 234-5, 655
ver **constatar, firme, fixar** e **manter**
estação de trem (*Bahnhof*): 339
estado de coisas (*Tatbestand*): 12, 30
estado (*Zustand*): 6, 30, 38, 42, 102, 214, 230, 308, 356, 475, 531-3, 588-90
   e. anímico: 42, 308, 356
   ver **espírito** e **mente**
Estados Unidos (*Amerika*): 674-5
estranho (*seltsam*): 6, 22
   (*merkwürdig*), 207, 237, 307
(*sonderbar*), 389, 411 (*sonderbar*), 460, 498, 553, 623, 642 (*sonderbar*)
estratosfera (*Stratosphäre*): 218, 222
estrelas (*Sterne*): 84
estrutura: 102 (*Gebäude*), 211 (*Gerüst*)
estupidez, estúpido (*Dummheit, blödsinnig*): 235, 662
europeus (*Europäer*): 333
evaporar: 134 (*verdunsten*), 513 (*in Dampf verwandeln*)
evidência (*Evidenz*): 162, 185, 188, 190, 196-7, 201-3, 231, 239, 250, 281, 302, 324, 432, 504, 517, 600, 641, 657, 672
evidente (*offenbar*): 142 (↓), 144 (*einleuchtend*), 167 (*klar*), 167 (↓), 204 (↓), 381, 480 (*klar*), 569, 598, 617 (*selbsverständlich*), 671
ver **obviedade**
examinar, exame (*untersuchen, Untersuchung*): 459, 601 (*Betrachtung*)
ver **investigar** e **pesquisa**
exceção, excepcionalmente (*Ausnahme, ausnahmsweise*): 34, 647
excentricidade (*Verschrobenheit*): 524
exclamação (*Ausruf*): 468
exemplo (*Beispiel*): 56, 137, 139, 389, 423, 468, 674
exercício (*Das Üben*): 29
existir, existência (*existieren, Existenz*): 20, 24, 35-7 (*es gibt*), 52, 55-7 (*es gibt*), 84-5, 89, 91-2, 107 (*es gibt*), 138, 143, 159 e 182 (*es gibt*), 183, 185-8, 190, 203, 208-10, 231, 233-4, 236-8, 255, 259, 261-2, 288, 301, 310-1, 327, 337, 371, 388, 397, 411, 476-7, 478-9 (*es gibt*), 480
   e. da Terra: 84-5, 89, 91-2, 138,

---

* Foi excluída do índice a expressão "por exemplo".

182-3, 185-6, 187-8, 190, 203, 208-10, 231, 233-4, 236, 238, 259, 261, 288, 301, 311, 327, 397, 411
  e. das minhas mãos: 24, 255, 371
  e. de um deus: 107
  e. do mundo exterior: 35-7, 20, 55, 57, 310, 388, 477, 479
experiência (*Erfahrung*): 35, 60, 130-4, 145, 161, 169, 173 (*erfahren*), 212, 224, 240, 274-5, 281, 284, 360, 364, 368, 385, 389 (↓), 429, 434, 477, 555, 569 (↓), 575, 603
  e. (*Erlebnis*) pessoal/interior: 389, 569
  ver empírico
experimento, experimental (*Experiment, experimental*): 163, 167, 292 e 297 (*Versuch*), 337 (*experimentieren*), 524 (*Versuch*), 599, 600, 603-4 (*Versuch*)
explicar (*erklären*): 79, 108, 117, 310
explicação (*Erklärung*): 34, 79, 189, 412, 460, 477, 648 (*Ausführung*)
  e. ostensiva: 477
explícito (-): 87
  regra e.mente enunciada (*ausgesprochene Regel*): 87
exterior (*äußere, Außen-*): 20, 90, 388
  mundo/coisas e.: 20, 90, 388
externo (*äußere*): 90
  processo e.: 90
extrair (*entnehmen*): 35 (-), 130, 297 (-), 365, 393 (-), 397 e 399 (*ziehen*), 465 (-), 619 (-), 668 (*ziehen*)
  ver concluir, consequência, derivar, inferir e seguir(-se)

fabricar (*herstellen*): 237
fábula (*Fabel*): 186
faia (*junge Buche*): 349
falsificar (*falsifizieren*): 375
falso (*falsch, fälschlich*): 5, 54, 60, 70, 72, 75, 81, 94, 108, 155, 162, 199-200, 203, 205, 237, 275, 336, 402-3, 408, 436-7, 481, 492, 514-5, 554, 557, 571-2, 580, 596, 599, 641
  ver errado
fato (*Tatsache*): 63, 90, 114, 143 e 159 e 162 (*Fakt*), 170, 191, 199, 203, 232 (*Fakt*), 236, 306, 342 (*Tat*), 380 (*Faktum*), 462, 519, 558, 584, 588, 616-8
favor, a/em (*dafür/für*): 4, 89, 93, 117-9, 190-1, 198, 200, 203, 563
  decisão a f.: 198, 200
  "Tudo fala a f. e nada contra": 4, 89, 117-9, 191, 203
ferramenta (*Werkzeug*): 351
ferver (*kochen*): 293 (*sieden*), 338, 555, 558, 567 (*sieden*), 599, 604, 613
figura (*Figur*): 350
filosofar, filosofia, filósofo, filosófico (*philosophieren, Philosophie, Philosoph, philosophisch*): 31, 84, 259, 332, 347, 350, 387-8, 406-8, 415, 433, 467, 520, 524, 532, 549, 622
fim (*Ende*): 34, 110, 164, 192, 204, 212, 284 (*Zweck*), 563, 612, 625
  "A checagem não tem um f.?": 164
  a dúvida precisa ter f.: 625
  a fundamentação precisa ter f.: 110, 204, 563
  a justificação precisa ter f.: 192, 204, 212
  as explicações precisam ter f.: 34
  no f. das razões está a persuasão: 612
  ver alvo, objetivo e propósito
firme (*fest*): 151, 289, 343 (*festehen*)
  as dobradiças precisam estar f.: 343
  ver estabelecer
físico (*physikalisch*): 23, 35-7, 53-4, 57, 84, 389, 402 (-), 479, 488
  objetos f.: 23, 35-7, 53-4, 57, 389, 402, 479, 488

física, físico [disciplina] (*Physik, Physiker*): 108, 264, 447, 555, 600, 602, 604-5, 608-9, 613
fisiologia (*Physiologie*): 240, 275
fixar (*festlegen*): 167
 ver **estabelecer**
floresta (*Wald*): 353
 guarda-florestal (*Förster*): 353
fluido (*flüssig*): 96-7
flutuar (*schweben*): 146
fogo (*Feuer*): 338, 555, 605
 prova do f.: 605
formato (*Gestalt*): 159
fortalecer (*bekräften*): 105
 ver **corroborar**
frase (*Satz*): 158, 216, 347, 349-50, 352, 370, 372, 384, 423, 425, 450-1, 465, 468, 554, 566, 587
 ver **proposição**
fronteira (*Grenze*): 52, 318-9, 333, 454
 f. nítida / clara: 52, 318-9, 454
 f. entre regra e proposição empírica: 319
funcionar, função (*funktionieren, Funktion*): 64, 87, 96, 355, 433, 632
fundamentar, fundamentação, fundamentado (*begründen, Begründung, begründet*): 110-1, 166 (*Grund-*), 173, 204-5, 253, 296, 307, 499, 559, 563
 ver **basear** e **razão**
fundamental (*fundamental*): 332 (*grund-*), 512, 514, 517, 670
fundamento (↓): 74, 90, 91-2, 130-1, 166, 205-6, 235, 246, 253, 275, 322-3, 375, 380, 401-3, 411, 414-5, 429, 449, 474, 484, 498, 516, 559, 574, 599-600, 614
 f. (*Fundament*): 401-2, 411, 498, 559
 f. (*Grund*): 74, 90-2, 130-1, 205-6, 235, 253, 275, 322-3, 375, 380, 415, 429, 474, 484, 516, 574, 599-600
 f. (*Grundlage*): 166, 246, 403, 411, 414, 449, 614
 causa vs. f.: 74, 130, 429, 474

fundo: *ver* **pano de fundo** e **porta dos fundos**
futuro (*Zukunft*): 510, 558, 571

garantir, garantia (*verbürgen, Gewähr*): 12, 69, 356
gato (*Katze*): 282, 478
gaveta (*Lade*): 134, 315
geografia, geográfico (*Geographie, geographisch*): 162, 170, 234, 236
geral (*allgemein*): 111, 133, 162, 234 (*überhaupt*), 273, 321, 440, 551, 555, 632, 637, 665, 674
gestos (*Gebärden*): 42, 350 (*Mimik*)
gramática, gramatical (*Grammatik, grammatisch*): 56-7, 313, 415, 433, 468
 proposição g.: 56-7
gravidade, força da (*Schwerkraft*): 108
gritar, grito (*ausrufen, Ausruf*): 360, 363, 540 (*Ruf*)
 ver **berrar**
groselheira (*Ribiselpflanze*): 349
guerra, tribunal de (*Kriegsgericht*): 557

herege (*Ketzer*): 611
hipótese (*Hypothese*): 52, 55, 60, 87, 167, 190-1, 203, 241, 399, 402
hipoteca (*Hypothek*): 549
história, histórico (*Geschichte, geschichtlich/historisch*): 66, 85, 138, 170, 188, 206, 234, 236, 311-2, 316, 534
 h. natural: 534
homem (*Mensch*): 10, 19, 42, 79 (*Mann*), 85, 92-3, 108, 111, 132, 207, 234, 262, 264, 284, 288, 322, 340, 349, 428, 467, 475, 513, 518, 599, 607, 613, 652, 667, 671
 ver **ser humano**
homogêneo (*homogen*): 213
hóstia (*Oblate*): 239

humanidade (*Menschheit*): 156
humano: *ver* **ser humano**

idealista (*Idealist*): 19, 24, 37
iludir, iludido: 447 (*trügen*), 642 (*eingebildet*)
ver **enganar, ludibriar** e **trapacear**
ilusão (*Täuschung*): 19, 163 (*Sinnestrug*), 361 (*Trug*), 624 (*Verblendung*), 642-3 (*Einbildung*), 651
imagem (*Bild*): 90, 93-5, 146-7, 162, 167, 209, 233, 249, 262, 417, 450
  i. da dúvida: 249
  i. de mundo: 93-5, 162, 167, 233, 262
  i. do conhecimento: 90
imaginar (↓): 4, 8, 10, 18, 35, 63, 67, 71, 93, 96, 182, 201, 203, 237, 247, 261-2, 264, 301, 311, 314, 332, 338-9, 391, 412, 423, 431, 442, 453, 460, 485, 500, 518, 562, 595, 609, 622, 642, 643, 648, 671
  i. (*vorstellen*): 4, 10, 18, 35, 63, 67, 93, 96, 182, 203, 247, 261-2, 301, 332, 412, 423, 460, 562, 595, 609, 622, 643
  i. (*sich denken*): 8, 201, 237, 264, 311, 314, 338-9, 391, 431, 453, 485, 500, 518
  i. (*sich einbilden*): 71, 442, 642, 648, 671
  estar iludido, imaginando que (*sich einbilden*): 642
  ver **pensar**
imemorial: *ver* **memória**
imitação (*Imitation*): 451
imóvel (*unbewegt*): 152
impossibilidade: *ver* **possibilitar**
impostura (*Schwindel*): 163
impressão (*Eindruck*): 267, 464 (-), 481 (-), 489 (-), 650 (-)
  i. visual: 267

incerteza (*Unsicherheit*): 606, 632, 651
  i. relativa das proposições empíricas: 651
  ver **certeza**
incondicional (*unbedingt*): 39, 196, 203, 251, 337, 604
inconsciência: *ver* **consciência**
incorreto (*falsch*): 37, 353, 414-5, 446, 498 (*unrichtig*), 517 (↓), 623 (*unrichtig*), 629, 645 (↓), 662, 664, 671
  não corretamente (*mit Unrecht*): 517, 645
  ver **errado** e **falso**
indício (*Spur*): 377
indubitabilidade: *ver* **duvidar**
indução, indutivo (*Induktion*): 133, 287, 315, 499-500, 618-9
inferir, inferência (*schließen, Schluss*): 30 (*folgern*), 135, 315, 431
  ver **concluir, consequência, derivar, extrair** e **seguir(-se)**
informar, informação (*mitteilen, Mitteilung*): 388 (↓), 460-1, 463, 468, 483 (*erkundigen*), 524 e 564 (*melden*), 596
  ver **comunicar**
infundado: *ver* **fundamentar**
Inglaterra (*England*): 420-1, 423, 462, 674-5
instrução: 36 (*Belehrung*), 279 (*Unterricht*)
instrumento (*Instrument*): 298
intenção (*Absicht*): 407, 577
interessar, interesse, interessante (*interessieren, Interesse, interessant*): 38, 84, 137, 308, 387, 389, 401, 415, 427 (*was uns ankommt*), 437
interpretar, interpretação (*deuten, Interpretation*): 53, 106, 145, 367 (*konstruieren*)
inventar (*erfinden*): 167

investigar, investigação (*untersuchen, Untersuchung*): 37, 87-8 (*das Forschen*), 138, 143, 151, 342-3, 353, 372, 374, 472, 519, 670 (*Forschung*)
  ver **examinar** e **pesquisa**
irracional (*Unvernunft*): 325

Jesus: 239
jogar, jogo (*spielen, Spiel*): 95, 115, 131, 255, 315, 317, 329, 446-7, 452 (-), 474, 496-7, 519, 617, 637, 647, 662
jogo de linguagem: *ver* **linguagem, jogo de**
juiz (*Richter*): 453, 607
juízo (*Urteil*): 66, 124, 126, 129, 137, 140, 149-50, 232, 419-20, 434, 490, 492-4, 517, 519, 558, 614-5, 645, 659
  fazer j. (*das Urteilen*): 124, 232, 493, 615
julgamento (*Urteil*): 605-6, 613 (*Beurteilung*)
julgar ((*be*)*urteilen*): 128-32, 146, 149-50, 156, 308 (*Urteil*), 557, 598, 603
  ato de j. (*Urteil*): 308
  j. conforme à humanidade: 156
justificação (*Rechtfertigung*): 192, 204, 212 (*das Rechtfertigen*)
  as j. têm um fim: 192, 212
  ver **justificativa**
justificadamente (*mit Recht*): 37, 294, 407, 423, 517, 645
justificado (*berechtigt*): 295 (*mit Recht*), 359, 553 (*gerechtfertigt*), 613, 620, 638, 654, 674 (*mit Recht*)
  inj. (*unb.*): 359, 553 (*ungerechtfertigt*), 620
  ver **legítimo**
justificar (*rechtfertigen*): 287, 295 (*ein Recht geben*), 652
justificativa (*Rechtfertigung*): 175, 217, 563
  ver **justificação**

laboratório (*Laboratorium*): 167
lamento (*Seufzer*): 349
lampejo [lógico] (*Einsicht*): 37
lapso de fala, cometer um (*versprechen*): 625-6, 648
latão (*Messing*): 388
Lavoisier, Antoine: 167
legítimo (*berechtigt*): 315, 375, 596 (*regelrecht*)
  ver **justificado**
lei (*Gesetz*): 133, 135, 172, 287, 315, 499-500
  l. da indução: 133, 287, 499-500
  l. natural: 135, 172, 315
  ver **princípio**
leite (*Milch*): 478
leito (*Bett*): 10, 97
  l. do rio (*Flußbett*): 97
lembrar, lembrança (*erinnern, Erinnerung*): 93, 157, 322 (*Gedenken*), 332, 468, 494, 598 (*entsinnen*), 632
  ver **recordar**
ler (*lesen*): 70, 281, 387, 524, 598, 600
leviandade (*Gedankenlosigkeit*): 657
língua (*Sprache*): 393, 526-8, 583 (-), 630
  l. materna: 528, 630
linguagem, linguístico (*Sprache, sprachlich*): 31, 51, 61, 63, 260, 350, 401, 443, 472, 475, 501, 522, 524, 536, 562, 572, 620, 632
  aprender/dominar a l.: 472, 522, 536
  l. cotidiana: 620
  l. filosófica: 31
linguagem, jogo de (*Sprachspiel*): 3, 18, 21, 24, 56, 63, 65, 82, 196, 203-4, 256, 283, 370-1, 374-5, 391-3, 396, 403, 411, 446, 455, 457-8, 477, 480, 509, 519, 524, 534, 554-5, 558-60, 564, 579, 593, 596, 599, 609, 617-8, 620, 622, 627-8, 637, 646
  aprender/dominar o j.: 283, 534, 566

descrição do j. pertence à lógica: 56, 82, 628
essência do j.: 370, 375, 392, 457, 599
fundamento do j.: 403, 411, 558
j. (2) [*Investigações filosóficas*]: 396, 566
j. humano: 554
justificação/base do j.: 204, 446, 455, 477
ver **jogar**
livro (*Buch*): 17, 66 (*Werk*), 134, 263, 275, 288, 290, 476, 519, 600, 628
   meu l. (*Investigações*): 290
   ver **manual**
lógica, lógico (*Logik, Logiker, logisch*): 21, 26, 36, 43, 48, 51, 53, 56, 59-60, 68, 82, 98, 110, 155, 194, 308, 319, 342, 350, 353, 375, 401, 447, 454, 475, 501, 618, 628
   descrição do jogo pertence à l.: 56, 82, 628
   l.mente excluído: 26, 194
   l.mente (im)possível: 21, 454, 618
   observação l.: 353, 447
   papel l.: 136, 308
   proposição da l.: 43, 51, 319, 401
   a l. não se deixar descrever: 501
   "O que o l. deve dizer aqui?": 68
louco (*verrückt*): 217, 223, 257 (*narr*), 420 (*wahnsinnig*), 572, 611 (*narr*), 674 (*närrisch*)
   meio l. (*Halbnarr*): 257
   ver **maluco**
loucura (*Wahnsinn*): 281
   ver **perturbação mental**
L. W. (Ludwig Wittgenstein): 281, 328, 470, 486, 491, 515, 567, 594, 628, 642, 656, 660, 668
   Eu sei (acredito, duvido de) que me chamo L. W.: 328, 470, 486, 491, 567, 642, 660, 668
ludibriar (*betrügen*): 497
ver **enganar, iludir** e **trapacear**

lutar, luta (*kämpfen, Kampf*): 357, 400
ver **combater** e **contestar**
luz, luminoso (*Licht, Licht-*): 56, 141, 481, 554
   falsa l.: 481, 554

mãe (*Mutter*): 239, 282
   ver **língua**
maestro (*Dirigent*): 351
mal-entendido (*Mißverständnis*): 393, 599
maluco (*verrückt*): 420, 467-8
   ver **louco**
manual (*Lehrbuch*): 162, 393, 555, 599, 600
   ver **livro**
mão (*Hand*): 1, 3, 9, 13, 19-20, 23-5, 32, 40, 52, 54, 57, 125, 133, 150, 153, 157, 245, 247, 250, 252, 255, 268, 306, 369-72, 374, 388, 412-4, 428, 441, 445-6, 448, 456, 460-1, 502
   Aqui/ali está uma (minha/sua) m.: 1, 3, 9, 13, 19-20, 25, 32, 40, 52, 57
   existência das m.: 24, 54, 153, 250, 255
   saber (lembrar) se alguém tem duas m.: 23, 125, 133, 157, 245, 247, 252
   (não) saber que (se) isto é uma (minha) mão: 268, 306, 369-72, 374, 388, 412-4, 441, 446, 456, 460-1
marciano (*Marsbewohner*): 430
martelo (*Hammer*): 315
matemática, matemático (*Mathematik, mathematisch*): 38, 113, 340, 350, 392, 563, 651, 653-5, 657, 664
   certeza m.: 651
   conhecimento na m.: 38
   proposições m.: 38, 340, 651, 653-4, 657
   verdade m.: 350
   ver **aritmética** e **calcular**

materiais de construção
(*Bausteine*): 396, 564, 566
medida (*Maß*): 36, 492
  parâmetro de m. (*Maßstab*): 492
memória (*Gedächtnis*): 66, 182, 201, 211, 337, 345-6, 416, 419, 497, 506
mente, mental (*Geist, Geist-*): 47, 71, 73, 155, 230, 347
  perturbação m.: 71, 73, 155
  ver **espírito**
mente, ter em (*bedenken*): 92, 320
  (*denken*), 559
mentir, mentira (*lügen, Lüge*): 13, 288, 659
mesa (*Tisch*): 75, 119, 163, 214, 234, 237, 314, 450, 675
metafísico (*metaphysisch*): 482
método, metodológico (*Methode, methodologisch*): 151, 318, 476
mística, crença (*mystisch*): 236
mitologia (*Mythologie*): 95, 97
moinhos de vento (*Windmühlen*): 400
Mont Blanc: 170
montanha (*Berg*): 85, 143, 233, 237, 322
Moore, G. E.: 6, 20-1, 32, 53, 84, 86, 91-3, 100, 112, 116, 136-7, 151, 155, 171, 178, 181, 202, 218, 239, 264, 325, 371, 386, 387, 389, 397, 403, 407, 423-4, 451, 462, 481, 510, 520-1, 532, 622
mudas (*Bäumchen*): 208
  ver **árvore**
mulher (*Frau*): 79
multiplicar, multiplicação (*multiplizieren, Multiplikation*): 77, 111
  ver **calcular**
mundo (*Welt*): 20, 84, 90, 92-5, 162, 167, 203, 233, 262, 335, 380-2, 384, 422, 595, 671
  imagem de m.: 93-5, 162, 167, 233, 262
  m. exterior: 20, 90

"**Nada no m. me convencerá do contrário!**": 380-2, 384
  visão de m.: 422

Napoleão Bonaparte: 163, 183, 185-6
nascimento (*Geburt*): 84-5, (89), 92, 190, 203, 233-4, 238, 288, 301, 327, 333, 397
natureza, natural (*Natur, Natur-, natürlich*): 135, 169-70, 172, 182, 291, 315, 505, 534, 619
  ciência n.: 169
  história n.: 534
  lei n.: 135, 172, 315
necessário (↓): 37, 46, 56, 122, 133, 139, 236, 258, 266, 305, 375, 392, 403, 415, 425, 449, 477, 520, 550-1
  a regra não é n. (*es braucht die Regel nicht*): 46
  desn. (*unnötig*): 133
  é n. (*es/man muss*): 37, 266, 449, 477, 550-1
  é n. (*man braucht*): 56, 122, 139, 520
  é n. (*nötig sein*): 305
  n.mente (*unbedingt*): 236, 258, 375 (*müssen*), 403, 415 (*müssen*), 425
  n. (*notwendig*): 392
necessidade (*Bedürfnis*): 553
negar, negação (*leugnen, Negation*): 4, 134, 593
negligência (*Fahrlässigkeit*): 77
nervos, [sistema] nervoso (*Nerven*): 327, 621
Newman, John Henry: 1
nitidez, nítido (*Schärfe, scharf*): 52, 97, 318-20
  fronteira/separação n.: 52, 97, 318-9
nome (*Name*): 42, 70, 345, 355, 462 (-), 477, 490 (-), 511, 515, 522, 525-6, 530, 541, 543, 546, 548, 566, 568, 572, 576-7, 579, 594, 596, 598, 614 (-), 626, 628-9

n. das cores: 345, 522, 525-6, 548, 626
meu n.: 490, 515, 568, 572, 576-7, 594, 598, 628-9
norma, normal (Norm, normal): 27, 167, 250, 260, 321, 333, 420, 428, 473, 552 (gewöhnlich), 634
n. vs. an. / louco: 27, 420
proposição (empírica) como n.: 167, 321, 634
ver cotidiano, ordinário e usual
Nova York (New York): 208, 210
número (Anzahl): 70 (Nummer), 564
ver calcular

objeção (Widerspruch): 451 (Einwurf), 587, 591
ver desacordo
objetivo [subst.] (Ziel): 76, 345 (-), 459 (-)
ver alvo, fim e propósito
objetivo [adj.] (objektiv): 15-6, 108, 194, 203, 270, 273, 336
certeza o.: 270, 273
verdade o.: 108
objeto (Gegenstand): 17, 23, 35-7, 53-4, 56-7, 315, 389, 402, 446, 451, 455, 477, 479, 503, 519
observação (Bemerkung): 1, 20 e 279 (Beobachtung), 349, 402, 433, 447, 464
o. lógica: 353, 447
observar ((an)schauen): 10, 214 e 255 (betrachten), 441 (ansehen), 503, 518 (beobachten), 613, 621 (beobachten)
obviedade, óbvio (Selbstverständlichkeit, selbsverständlich): 10, 87, 144 e 444 (offenbar), 568
ver evidente
olho (Auge): 90, 125, 337, 349, 355, 387, 443, 502, 578, 613
testar / confiar em meus o.: 125, 349, 355, 387, 443

opinião (Meinung): 155, 206, 282 e 291 e 300 (Ansicht), 452 (das Dafürhalten), 512, 555 (Urteil), 599, 606
oráculo (Orakel): 609
ordenar, ordem (befehlen, Befehl): 353, 519, 524
ver seguir
ordinário (gewöhnlich): 347, 377
ver cotidiano, normal e usual
orientar (richten): 409 (↓), 603, 608-9
princípio orientador (Richtschnur): 409
orientar-se (sich auskennen): 355, 434
ver desorientado
osso (Knochen): 284
ostensivo (hinweisend): 477
explicação o. (hinweisende Erklärung): 477
ouro (Gold): 388
ouvido (Ohr): 443
ouvir (hören): 93, 138, 240, 280, 450, 467-8, 481, 513 (↓), 599, 600
inaudito (Unerhörtes): 513

pai, pais (Vater, Eltern): 138, 159, 211, 239-40, 282, 333, 335
paixão, apaixonadamente (Leidenschaft, mit L.): 376-7, 379
palavra de ordem (Schlagwort): 610
pano de fundo (Hintergrund): 94, 350, 461
partida, ponto de: 105 (Anfangspunkt), 209 (Ausgangspunkt)
ver começo e princípio
pasmo (Verblüffung, verblüffen): 355, 425
pé (Fuß): 360-1, 364, 376-7, 379, 387, 409, 428-9
peculiaridade, peculiar (Eigentümlichkeit, eigentümlich): 136, 262 (besonder), 415

pensamento (*Gedanke, das Denken*):
84, 97, 83, 159, 350, 401, 411, 421,
415, 465, 469-70, 662
fundamento do p.: 401, 411, 415
pensar (*denken*): 10 (*meinen*), 85, 108,
159, 169 e 237 (*meinen*), 347, 349,
349 (*halten für*), 358, 387, 397-8,
465, 470 (*meinen*), 480, 492, 510,
549, 595, 601, 676
capacidade de p. (*Denkkraft*): 549
p. por si próprio: 387
p. vs. saber: 397, 480
ver **imaginar**
perceber (*einsehen*): 21, 26 (*ersehen*),
99 (↓), 346 (*merken*), 375, 452
(*ersehen*), 469, 645, 659 (*wissen*)
imperceptível (*unmerkbar*): 99
percepção (*Wahrnehmung*): 21
(*einsehen*), 66, 90 (*Wahrnehmen*)
perplexo (*erstaunt*): 448, 469, 613
perseverar (*verharren*): 291
persuasão (*Überredung*): 262, 612,
669
perturbação mental
(*Geistesstörung*): *ver* **mente**
pesquisa (*Untersuchung*): 84, 162
(*das Forschen*), 167, 167 e 211
(*Forschung*)
ver **examinar** e **investigar**
pessoal (*persönlich*): 389, 440
placa: 565-6 (*Platte*), 588 (*Aufschrift*)
planeta (*Planet*): 20, 52, 54, 56, 184
planta (*Pflanze*): 349, 534
plausível (*plausibel*): 140
poltrona (*Sessel*): 7, 148, 173, 355, 455,
476, 549, 552-3
ponderar, ponderação (*berechnen*,
Bedenken): 419, 642
ponte (*Brücke*): 146
ponto de vista (*Ansicht*): 21, 66, 238
(*Anschauung*), 292 (*Betrachtung*)
p. básico (*Grundanschauungen*):
238
porta (*Tür*): 7, 139, 343, 391, 431, 439
p. dos fundos (*Hintertür*): 139

português (*Deutsch*): 158, 342, 345,
393, 433, 486, 526-7, 530-1, 544,
624, 626
ver **alemão**
**possibilitar, possibilidade, (im)
possível** (*ermöglichen*,
Möglichkeit, *(un)möglich*): 3, 15, 21,
23, 26 (*können*), 37 (*es läßt sich*),
42, 46 (*es läßt sich*), 55, 74 (*es läßt
sich*), 117, 138, 169, 173 (*Betracht*),
194, 200, 217, 222, 224, 243, 279,
286, 308, 338, 356, 368, 372-3,
391-2, 420, 431 (*es läßt sich*), 454,
476, 509, 517, 519, 525, 574 (*können*),
584, 617-8, 624, 633, 643, 650, 660,
662, 671, 674, 676
dúvida (im)p.: 117, 222, 391-2, 525
erro p.: 15, 138, 194, 217, 574, 633,
650, 660, 662, 671, 674, 676
logicamente (im)p.: 21, 454, 618
p. do jogo de linguagem: 392, 509,
617
postulado (*Postulat*): 321
povo (*Volk*): 132, 667
ver **tribo**
povoado (*Dorf*): 332, 462
pragmatismo (*Pragmatismus*): 422
preciso [adj.], **precisamente**
(*bestimmt, genau*): 27, 349, 387,
483
premissa (*Prämisse*): 142
presente [temporal-espacial]
(*gegenwärtig*): 119 (*vorhanden*),
302, 429, 531, 552
presumir (*vermuten*): 308, 650
ver **supor**
pressupor, pressuposição
(*voraussetzen, Voraussetzung*): 40,
110, 115, 117, 153, 163, 168, 337, 446,
534, 566, 628
previsão, previsto (*Vorhersage*,
vorgesehen): 287, 385, 434, 559,
647
imprevisível (*unvorhersehbar*):
559

primitivo (*primitiv*): 90, 182, 475, 609
princípio (*Anfang*): 282, 402
   "no p. era o ato": 402
   ver **começo** e **partida**
princípio (*Prinzip*): 87 (*Grundsatz*),
117, 124, 135, 172, 409 (*Richtschnur*),
494 (*Gesetz*), 551 (*Grundsatz*), 555
(*Lehrsatz*), 611, 670
   p. de identidade: 494
   ver **lei**
probabilidade, provável
(*Wahrscheinlichkeit,
wahrscheinlich*): 54 (↓), 237, 335,
338, 374, 443, 650
   improvável (*unwahrscheinlich*):
54, 338
procedimento: 335 (*Verfahren*), 610
(*Vorgehen*), 654 (*Vorgang*)
processo (*Vorgang*): 38, 90, 230, 671
   p. mental / interno: 38, 230
   p. externo: 90
procurar (*suchen*): 285, 315, 347, 532, 601
professor (*Lehrer*): 34, 263, 310, 314-5
profundidade (*Tiefe*): 85
proibir, proibido (*verbieten, verboten*): 8, 108
   as leis da física nos p.: 108
projetar, projeção (*projizieren, Projektion*): 90
projétil (*Wurfgeschoß*): 351
pronunciar (*aussprechen*): 340, 423, 465, 533
proposição (*Satz*): 1, 4-5, 10, 13, 31, 33,
35-8, 43, 51-3, 57-8, 83-4, 86-8, 90,
93, 95-6, 98, 101, 109, 112, 136-7, 141,
145, 152-3, 155, 162-3, 167, 169, 178,
193, 198, 200, 202-4, 212-3, 225, 245,
258, 273-4, 290, 293, 295, 297, 308-9,
313, 318-21, 330, 340-1, 388-9, 393,
401-2, 412, 415-6, 420, 443, 447-8,
485, 494-5, 499, 534, 569, 574, 599,
608, 613, 622, 628, 634, 636, 638-40,
643, 651-8, 664, 669

   p. científica: 169, 447, 608
   p. gramatical: 57-8
   p. lógica: 43, 51, 319, 401
   p. matemática: 10, 38, 340, 447-8, 651-5, 657-8
   p. assertiva (*Behauptungssatz*): 87, 290
   p. empírica: 35, 83, 96, 109, 136,
167, 213, 273, 308-9, 319, 321, 401-2,
494, 569, 651
   sistema de p.: 141
   ver **frase**
propósito (*Zweck*): 49, 367, 575, 669
   ver **alvo, fim** e **objetivo**
prova (*Beweis*): 240, 245, 295, 360,
368, 388, 420, 487, 563, 604
(*Feuerprobe*)
   p. contrária / em contrário: 245, 360, 368
   p. da existência das coisas exteriores: 388
   p. do fogo (*Feuerprobe*): 604
provar (*beweisen*): 1, 20 (*nachweisen*), 239, 488, 603, 604
provável: ver **probabilidade**
provisão (*Vorräte*): 284
psicologia, psicológico (*Psychologie, psychologisch*): 447, 459, 494

quadro (*Bild*): 37
quarto (*Zimmer*): 90, 195, 315, 355, 416, 420, 431, 472
querer dizer (*meinen*): 237, 325, 349, 393, 414, 459, 468, 559
   conceito de "q.": 393
química, químico (*Chemie, chemisch*): 167, 169-70

raciocínio (*Raisonnement*): 135, 475
racional: ver **irracional**
rádio (*Radio*): 132
raios visuais (*Sehstrahlen*): 90
ramal desativado (*totes Geleise*): 211
razão [razões] (*Grund*): 4, 18, 78, 90,
107, 111, 122-3, 171, 182, 200, 243,

264-6, 270-1, 282, 288, 307, 333,
336, 373, 387, 438, 458-9, 563, 606,
608-9, 612
ver **basear** e **fundamentar**
razão (*Vernunft*): 325
  pessoa dotada de r. (*der Vernunftbegabte*): 325
razão, dar (*recht geben*): 53, 91, 134, 504
razão, ter (*berechtigt sein*): 30, 676 (*recht haben*)
razoável (*vernünftig*): 19, 108, 219-20, 252, 254, 261, 323-7, 334, 336, 452-4, 556-7, 559
  dúvida r.: 261, 334, 452-4
  homem/pessoa r.: 19, 108, 219-220, 252, 254, 323-5, 327, 334, 453
  irracional (*Unvernunft*): 325
reagir (*reagieren*): 168, 217, 492, 538
realidade (*Wirklichkeit*): 66, 191, 215, 595, 595 (*Realität*), 643
realismo, realista (*der Realist, Realismus*): 37, 59
reconhecer, reconhecimento (*erkennen, Erkennen*): 27, 108, 110, 272 (*bekannt sein*), 355 (*wiedererkennen*), 387, 425, 446, 455 (*wiedererkennen*), 481, 493 e 551 (*anerkennen*), 589-90, 601, 607, 639 (*zugegebenermaßen*)
recordar, recordação (*erinnern, Erinnerung*): 38, 352, 417, 632
ver **lembrar**
recusar, recusa (*weigern, Zurückweisung*): 138, 492, 577
redondo (*rund*): 291, 299 (*round*)
ver **esfera** e **Terra**
refeição (*Tisch*): 659
refletir, reflexão (*überlegen, Überlegung*): 49 (*bedenken*), 135, 625
reflexo (*Spiegelung*): 255
regra (*Regel*): 26-9, 34, 44, 46, 62, 87, 95, 98, 111, 139-40, 309, 319, 452, 476, 494, 519, 625, 647

r. explícita: 87, 95
r. matemática: 26, 46, 111
r. e proposição empírica: 140, 309, 319, 494
regularidade (*Regelmäßigkeit*): 618-9
  irr. (*Unr.*): 619
rei, reino (*König, Reich*): 90, 92, 132
relatividade, teoria da (*Relativitätstheorie*): 305
relato (*Angabe*): 138 e 163 (*Bericht*), 336 (*Geschichte*), 502, 564, 603 (*Bericht*)
relevante (*relevant*): 349, 468
  irr. (*irrelevant*): 468
representação (*Vorstellung*): 90, 671
representar (*darstellen*): 481
resistência do ar (*Luftswiderstand*): 603
revisar, revisão (*revidieren, Revision*): 492
rígido (*fest*): 96
rio (*Fluß*): 97, 99
rocha (*Gestein*): 99
rotação: ver **eixo**
rua (*Straße*): 70, 88, 552
Russell, Bertrand: 91

saber [subst.] (*das Wissen*): 42, 111, 121, 245, 308, 356, 362, 364, 378, 415, 431-2, 436, 477, 484, 511, 534, 538-9, 560, 565, 567, 589-90
ver **conhecimento**
sangue (*Blut*): 239, 340, 544
  cor de s.: 340, 544
sapatos (*Schuhe*): 430
satisfeito, dar-se por: 238 (*dabei bewenden lassen*), 344 (*sich zufriedengeben*)
Saturno (*Saturn*): 20
ver **planeta**
seguir(-se) (*folgen*): 2, 13 (*daher kommen*), 23, 44 (*hervorgehen*), 58, 117, 135, 178, 360, 415
  de "eu sei p" s.-se p: 415
ver **concluir, consequência, derivar, extrair** e **inferir**

seguir (uma ordem) (*befolgen*): 519
  ver **ordem**
segurança (*Sicherheit*): 154, 196, 233, 331, 524, 557, 613
  com s. (*mit S.*): 154, 196, 233, 331, 524, 557, 613
  ver **certeza**
seguro (*sicher*): 1, 196-7, 240, 243, 250, 255, 298, 307, 447, 517
  ver **certeza** e **certo**
sem sentido: *ver* **sentido**
sensação (*Gefühl*): 233, 315, 347
  ter a s. (*empfinden*): 315, 347 (*jdm. vorkommen*)
sensato (*gescheit*): 85
sensoriais (*Sinne-*): 281
  evidência s. (*Evidenz der S.*): 281
sentido (*Sinn*): 2, 4, 8, 10, 35, 37, 56, 58, 114, 152-3, 229, 295, 308, 310, 347-8, 351, 371-2, 382, 387-8, 390, 403, 412-3, 423, 425, 451, 456, 459, 461, 463, 466, 469, 486, 496, 587-8, 596, 598, 622, 625, 627-9, 633, 659, 669
  algo sem s. (*Unsinn*): 10, 35, 37
  falta de s. (*Sinnlosigkeit*): 627
  "Isso não faz s.!" (*Unsinn!*): 10
  não fazer s. (*unsinnig sein*): 382 (*sinnlos sein*), 628, 629 (*sinnlos sein*)
  sem s. (*sinnlos*): 469
  ser sem s. (*Unsinn sein*): 10, 412
  tornar sem s. (*zum Unsinn machen*): 633
  adquirir s. (*S. erhalten*): 153, 229
  determinação do s.: 348, 451
  fazer s. duvidar (*sinnvoll bezweifeln*): 2
  ver **absurdo** e **significado**
sentidos, sensível (*Sinne, sinnlich*): 34, 90, 201, 426, 447
  dados s. (*Sinnesdaten*): 90, 426
sentimento (*Gefühl*): 524, 601
  s. de certeza: 524
ser humano, humano (*Mensch, menschlich*): 4, 89, 159, 239-40, 340, 430, 460, 554, 622 (*human being*), 670
  ver **homem**
serrar, serrote, serragem (*sägen, Fuchsschwanz, Sägespäne*): 281, 350
sexual (*Geschlechts-*): 240
significado (*Bedeutung*): 10, 61-2, 64-5, 90, 126, 158, 310, 345, 347, 369, 383, 432, 456, 486, 522-3, 576, 601
  ver **sentido**
significar (*bedeuten*): 23, 36, 125, 283, 306, 308, 349, 379, 414, 506, 519, 545, 629
significar (*heißen*): 1, 8, 16, 18, 20, 103, 135, 165, 200, 203, 206, 257, 298, 329, 359, 425, 577, 622, 624, 626
significativamente (*sinnvoll*): 76
símbolo (*Zeichen*): 443
simetria (*Symmetrie*): 92
simplicidade, simples (*Einfachheit, einfach*): 92, 147, 158, 347, 545, 584
sinal (*Zeichen*): 10, 67, 154, 575
  s. de certeza: 67
  s. de dúvida: 154
sistema (*System*): 83, 102, 105, 108, 126, 134, 136-7, 141-2, 144, 185, 247, 279, 286, 327, 410-1, 603
situar-se (*liegen*): 359, 375, 406
situação (*Situation*): 10, 51-2, 146 (*Sachverhalt*), 325-6 (*Lage*), 348, 468, 503 (-), 524 (*Gelegenheit*), 556-7 (*Lage*), 595 (*Fall*), 654 (*Lage*)
Sol (*Sonne*): 52, 104
sólido (*fest*): 234
solo (*Boden*): 248, 492
sonhar, sonho (*träumen, Traum*): 106, 383, 421, 648, 667, 671, 676
subjetivo (*subjektiv*): 179, 194, 245, 415, 563
  certeza s.: 194, 245, 415, 563
  saber s.: 415
  verdade s.: 179
sucesso (*Erfolg*): 131

suficiente (*genug, genügend*): 37, 82 e
110 (*ausreichend*), 182, 212, 426,
438, 475, 497, 524
superfície, superficialidade
(*Oberfläche, Oberflächlichkeit*):
234, 327, 358
  s. terrestre: 234, 327
supor (*annehmen*): 17, 21 e 57
(*vermuten*), 67, 92, 106 (-), 134, 171,
182, 186, 214, 217, 224, 228, 243, 295,
301, 308, 337, 349, 411, 413, 425
(*vermuten*), 429, 439, 460-1, 468,
491 e 500 e 523 (*vermuten*), 524,
556-7, 606, 609, 613, 650, 676
ver **presumir**
suposição (*Annahme*): 105, 117, 134,
146, 226, 296, 343, 411, 424-5 e 459
(*Vermutung*) 492, 659, 661
suspeita, suspeito (*Verdacht,
verdächtig*): 264, 423
sustentar: 248 (*tragen*), 587
(*aufrechthalten*), 639 (*stützen*)

tabela de horários (*Fahrplan*): 339,
444
tabuada (*Einmaleins*): 304, 448, 658
telefone (*Telephon*): 208-9
tempo, temporal (*Zeit, temporal*): 57,
96, 182, 211, 256, 519, 648
  t. imemoriais: 182, 211
tentativa (*Versuch*): 498, 36-7
ver **experimento**
teoria, teoricamente (*Theorie,
theoretisch*): 305, 321
  t. da relatividade: 305
terra (*Erde*): 279, 285, 398
Terra (*Erde*): 84-5, 89, 91-3, 102, 138,
146-7, 165, 182-3, 185-8, 190, 203,
208-10, 231, 233-4, 236, 238, 258-9,
261-2, 264, 288, 291, 301, 311, 316,
327, 397, 411
  afastar-se da T.: 93, 102, 258, 327
  existência/idade da T.: 84-5, 89,
  91-2, 138, 165, 182-3, 185-8, 190,
  203, 208-10, 231, 233-4, 236, 238,

259, 261-2, 288, 301, 311, 316, 327,
397, 411
  imagem da T. como esfera: 146-7
  T. é redonda: 291
  ver **planeta**
testemunha, testemunho (*Zeugen,
Zeugnis*): 8, 441, 485, 502-3
tom (*Ton*): 30, 42, 350
  a certeza é um t.: 30
  t. de cores: 546
  ver **ênfase** e **entonação**
Tractatus Logico-Philosophicus: 321
transcendente (*transzendent*): 47
transição (*Übergang*): 363
trapacear (*hintergehen*): 345
  ver **enganar, iludir** e **ludibriar**
trem (*Zug*): 339, 339 (↓), 444
  estação de t. (*Bahnhof*): 339
tribo (*Volksstamm*): 106, 264
  ver **povo**
tribunal (*Gerichtssaal*): 8, 335, 441,
485 (*Gericht*), 500 (*Gerichtshof*),
557 (↓), 604
  t. de guerra (*Kriegsgericht*): 557
  ver **testemunha**
Turquia (*Türkei*): 332

unicórnio (*Einhorn*): 476
usual (*gewöhnlich*): 106, 133, 237
(*gewohnt*), 391, 434, 445, 630
  ver **cotidiano, normal** e **ordinário**
utilidade: 444 (*Nützlichkeit*), 575
(*Brauchbarkeit*), 637 (*Nutzen*)

valer, valor, valioso (*wert sein,
Wert*): 147 (↓), 409-10, 474 (↓), 599,
603 (↓), 638
  mostrar-se valioso (*sich
  bewähren*): 147, 474, 603
  v. de certeza: 638
verdade, verdadeiro (*Wahrheit,
wahr*): 10, 54, 21, 69, 80, 83, 94, 100,
108, 137-8, 145, 153, 162-3, 172, 179,
191, 193, 197, 199-200, 203-6, 222,
275, 301, 350, 403-4, 419, 423-6,
451-2 (*wirklich*), 464, 466, 470, 480,

500, 514-5, 532, 544, 549, 553, 578, 602, 604, 607
proposição aritmética v.: 10
v. e certeza: 404, 423, 553
v. e compreensão: 80
v. e erro: 138
v. e falso: 94, 162, 199-200
v. e proposições empíricas: 83, 137
v. indubitável: 470
v. matemática ou lógica: 350
v. objetiva: 108
v. subjetiva: 179
verificar, verificação (*verifizieren, Verifikation*): 79, 279, 510, 632
ver **checar** e **conferir**
vida: *ver* **viver**
visão (*Augenschein*): 133, 250 (*Anblick*), 267 (↓), 349 (*Augen*), 483 (↓)

vista fraca, alguém de (*ein Schwachsichtiger*): 483
visual (*visuell*), **impressão**: 267
visão de mundo (*Weltanschauung*): 422
vísceras (*Innereien*): 327
viver, vida, vital (*leben, Leben, Lebens-*): 7, 9, 71, 93, 105, 108, 117, 138, 240, 274 (↓), 327, 338, 344, 358, 406, 420, 425, 559, 598, 651
forma de v.: 358
v. cotidiana: 406
voar (*fliegen*): 106, 264, 67
vulcão (*Vulkan*): 237

Wittgenstein, Ludwig: *ver* **L. W.**

xadrez (*Schach*): 346
xeque-mate (*matt*): 346

Dados Internacionais de Catalogação na Publicação (CIP)
(Câmara Brasileira do Livro, SP, Brasil)

> Wittgenstein, Ludwig, 1889-1951
> Sobre a certeza / Ludwig Wittgenstein ; tradução, organização, apresentação e vocabulário crítico Giovane Rodrigues, Tiago Tranjan ; posfácio Paulo Estrella Faria. — São Paulo : Fósforo, 2023.
>
> Título original: Über Gewißheit.
> Bibliografia.
> ISBN: 978-65-84568-94-5
>
> 1. Certeza (Filosofia) 2. Filosofia 3. Língua e linguagem 4. Linguística 5. Lógica I. Rodrigues, Giovane. II. Tranjan, Tiago. III. Faria, Paulo Estrella. IV. Título.

23-162666   CDD — 193

Índice para catálogo sistemático:
1. Filosofia alemã   193

Tábata Alves da Silva — Bibliotecária — CRB-8/9253

Editora Fósforo
Rua 24 de Maio, 270/276, 10º andar, salas 1 e 2 — República
01041-001 — São Paulo, SP, Brasil — Tel: (11) 3224.2055
contato@fosforoeditora.com.br / www.fosforoeditora.com.br

Copyright © 2023 Editora Fósforo
Copyright da tradução © 2023 Giovane Rodrigues e Tiago Tranjan

A tradução deste livro contou com o apoio do programa de fomento à tradução do Goethe-Institut.

Todos os direitos reservados. Nenhuma parte desta obra pode ser reproduzida, arquivada ou transmitida de nenhuma forma ou por nenhum meio sem a permissão expressa e por escrito da Editora Fósforo.

Título original: *Über Gewißheit*

COORDENAÇÃO DA COLEÇÃO Giovane Rodrigues e Tiago Tranjan
EDITORAS Rita Mattar e Eloah Pina
ASSISTENTE EDITORIAL Cristiane Alves Avelar
PREPARAÇÃO Bonie Santos
REVISÃO Tácia Soares e Eduardo Russo
DIREÇÃO DE ARTE Julia Monteiro
CAPA Alles Blau
IMAGENS DO VERSO DA CAPA Fac-símiles CC BY-NC 4.0. Originais na Wren Library, Trinity College, Cambridge, onde, em 2014-15, por requisição do Wittgenstein Archives da University of Bergen (WAB) e com apoio financeiro generoso da Stanhill Foundation, Londres, esta reprodução foi feita. A imagem foi posteriormente tratada no WAB e foi aqui reproduzida com a permissão de The Master and Fellows of Trinity College, Cambridge, and the University of Bergen, Bergen. A venda e outras reproduções ou usos dessas imagens com fins comerciais sem permissão prévia dos detentores do copyright são proibidos. © 2015 The Master and Fellows of Trinity College, Cambridge; The University of Bergen, Bergen.
PROJETO GRÁFICO DO MIOLO Alles Blau
EDITORAÇÃO ELETRÔNICA Página Viva

A marca FSC® é a garantia de que a madeira utilizada na fabricação do papel deste livro provém de florestas gerenciadas de maneira ambientalmente correta, socialmente justa e economicamente viável e de outras fontes de origem controlada.

Este livro foi composto em GT Alpina e
GT Flexa e impresso pela Ipsis em papel
Pólen Natural 70 g/m² da Suzano para a
Editora Fósforo em agosto de 2023.